商店街機能とまちづくり

―― 地域社会の持続ある発展に向けて ――

小川　雅人　編著

創風社

まえがき

　商店街は，これまで数多くの研究でも指摘されているように社会にとって，その役割は単に経済的な商品供給機能だけではない。既に商品供給だけが目的の商店街は存続していないのではないかと思われる。特に地方都市にとっては中心市街地でさえ，シャッター通りと言われるところを至る所で目にする。大都市でも超広域商店街と言われる繁華街ではない日常的な商品を供給している近隣型商店街でもシャッター街と揶揄されるところは多い。

　しかし，環境が厳しい立地でも立派に活動している商店街は数多く見られる。そのような商店街はどのような特徴があるのか，我々はこれまでの数多い商店街の支援を通じて本書にまとめた。商店街の機能分類することにより，どのような機能を持っていることが商店街にとって何が必要なのかを確認するためである。商店街機能については本書第1章で詳述してある。結論的にいえば，商店街は商品供給などの経済的機能だけでなく，地域が抱える課題を解決する社会的機能等を多く発揮している商店街は活気があるといえる。

　商店街の機能を多く発揮するためには避けては通れない視点がある。第1は支援する立場の人も含め，多くが商店街に対して誤解があるのは，商業活性化を商店や商店街だけの視点で見ることである。商店・商店街は地域社会と切り離されては存続できないという現実を見る必要がある。地域商業活性化は地域産業・経済が活気を持つことで，雇用機会を通じて結果として地域商業が活性化できるのである。

　本書では，全国で商店街が地域の様々な主体と関わって地域を活性化している例を事例として紹介する。例えば，松本市の産業ネットワーク，千曲川のワインバレー，沖縄の共同売店など著者自らが地域と一体で活動する中で地域社会の活力が結果として地域の商業を活性化することを実証している。大都会でも近隣型の商店街の多くは大変厳しいのは同様である。

　避けては通れない視点の第2は，商店，商店街の役割としてマーケティングの原点である，顧客の求める価値を提供することについて本当にできているのであろうかという疑問である。大規模商業は，業態間競争，地域間競争の中で熾烈な競争をしている。仙台の老舗百貨店「さくら野百貨店」は，「老舗百貨店

の突然の閉店に，買い物客や取引先からは驚きの声が上がった」（2017年2月28日『毎日新聞』）という。GMSの低迷は顕著で，大手百貨店も大半で売上は前年割れである。その中でコンビニや業態改革した小型店が都市部で増加している。中小の小売専門店も業績を伸ばしているところが少なくない。これら業績を伸ばしている小売店はターゲットや立地を厳選し，経営としての明確な個性を発揮している。環境は小売業に，これまでになく経営の原点に戻ることを強制している。本書のいくつかの章でも言及するが，商店街実態調査では商店街の景況として繁栄しているところは2.2％にすぎない。小なりとも対象顧客が明確で，商品コンセプトが明確で，顧客からなくては困ると言われる店は決して少なくない。本来地域密着が原点の商売にとっては最も得意とする視点のはずである。

　第3の視点は，商店街・商店は，住民の1人として地域社会構成メンバーであるという自覚があるかという視点である。現時点で活気のある商店街はほぼ例外なくといってよいほど地域社会との一体感がある。地域社会からなくては困ると言われる存在になっている。例えば，商店街での活動はボランティアと思っている経営者は多い。商店街活動として地域貢献活動するのは，地域から支持される存在になることであり，結果として自らの経営のためそのものである。旧知の経営者で商店街がなくなっても単独店で立派に生き残っている店がある。その経営者は，商店街があったときの方が経営としてどれだけ楽だったかと述懐している。

　本書は，商店街の機能を整理し，それをどう発揮させていくか地域商業，商店街，個店経営のあり方を研究してきた成果としてまとめた。さらに本書は大学教員として研究を現場で実証している研究者，最先端の商店街支援者であり，今後大学での教鞭を執る実務家・研究者である執筆者で構成できた。本書が商店街を通じて地域活性化を意識されている方々のご参考となれば執筆者一同望外の喜びである。また，本書は研究者としてだけでなく学生の実践教育を重視し，実践してきた同じ志の研究者である故 毒島龍一氏（元千葉商科大学教授）との関わりを持つ執筆者も多い。改めて道半ばでご逝去された毒島氏を悼むとともにご夫人である順子様とともにご冥福を祈りたい。

　最後に，いつもながら辛抱強く発刊を支援してくれた創風社の皆様に心から感謝したい。また，編著者を代表して大変な多忙の中，各執筆者を支えてくれた家族・妻に感謝の気持ちを表明しておきたい。

2017年3月

代表 編著者　千葉商科大学大学院客員教授　小　川　雅　人

目　次

まえがき……………………………………………………………… 3

序章　商店街機能と地域商業活性化……………………………… 13
　第1節　本書の問題意識と視点………………………………… 13
　第2節　商店街機能の視点からの地域商業活性化…………… 15
　第3節　本書の全体構成………………………………………… 17

第1章　商店街の経済的機能と社会的機能……………………… 23
　第1節　本章の狙い……………………………………………… 23
　第2節　事例調査の対象と方法………………………………… 25
　第3節　商店街の経済的機能…………………………………… 25
　第4節　商店街の社会的機能…………………………………… 32

第2章　商店街の内部組織の突出と外部組織の連携…………… 53
　第1節　本章の狙い……………………………………………… 53
　第2節　商店街の自己組織化…………………………………… 54
　第3節　内外の主体との関係性………………………………… 55
　第4節　中間支援組織との連携と課題………………………… 60
　第5節　商店街の地域活動団体との連携……………………… 61
　　　　　──地域とのパートナーシップ──

第3章　商店街組織と外部組織連携事例………………………… 79
　第1節　本章の狙い……………………………………………… 79
　第2節　長野県佐久市岩村田本町商店街……………………… 80
　第3節　神奈川県茅ヶ崎市商店会連合会……………………… 87
　第4節　これまでの商店街連携と仮説の検証………………… 94
　第5節　これからの商店街連携モデル………………………… 98

第4章　地域商業に求められる社会性と経済性……………………101
　　　　──地域住民が主役となった持続性のある共同売店を主体に──
　はじめに……………………………………………………………101
　第1節　内需型産業である小売業の構造変化と地域の課題……102
　第2節　地域商業の構造変化による買物難民問題の顕在化と課題……109
　第3節　地域商業の機能遂行に伴う買物難民問題解消の課題……114
　第4節　ローカル・ガバナンス視点でみる沖縄の共同売店………118
　おわりに……………………………………………………………121

第5章　商店街活性化組織の経営戦略………………………………127
　　　　──にこにこ星ふちのべ商店街の活性化事例──
　はじめに……………………………………………………………127
　第1節　大学との地域連携の背景（産学官連携事業）…………131
　第2節　「キラキラふちのベストリート☆」の取り組みと活性化事業……132
　第3節　理論的背景（先行研究のレビュー）……………………135
　第4節　現場（フィールド）での観察……………………………140
　第5節　インタビュー調査…………………………………………143
　第6節　母体組織（商店街）と「新しい組織」の関係性の発展……148
　第7節　発見事実の要約……………………………………………160
　第8節　本研究の課題と更なるディスカッションに向けて……161

第6章　商店街における小型専門店のあり方………………………167
　第1節　本章の狙い…………………………………………………167
　第2節　近江商人の歴史・理念と人材育成………………………168
　第3節　松下電器の経営理念と実践経営の姿……………………174
　第4節　小型専門店（パナソニックショップ）と活力ある
　　　　　首都圏商店街の共通性と個店の方向性…………………187
　まとめ………………………………………………………………192

第7章　クラスター化による地域資源を活用したまちづくり……195
　　　　──千曲川ワインバレーの活動事例から──
　第1節　本章のねらい………………………………………………195
　第2節　国家主導によるクラスターの形成………………………196

　　　　　　　　序　章　商店街機能から見た商店街と外部組織との連携　7

　第3節　内発的発展と6次産業化……………………………………………201
　第4節　「社会的機能」を形成するネットワーク……………………………205
　第5節　クラスター化とまちづくり…………………………………………208
　第6節　まちづくりのサステイナビリティ（人口減少と高齢化への対応）
　　　　　について……………………………………………………………214
　第7節　クラスター化による地域資源の活用（千曲川ワインバレーの
　　　　　事例）………………………………………………………………216
　ま と め………………………………………………………………………221

第8章　地方都市における産業ネットワークとまちづくり……………227
　　　　──松本市の事例を中心として──
　第1節　は じ め に──地方都市の実態分析から──…………………227
　第2節　松本市のまちづくりの分析・考察…………………………………230
　第3節　これからのまちづくりの方向性……………………………………239
　第4節　「健康寿命延伸都市・松本」のまちづくり…………………………249
　ま と め………………………………………………………………………254

第9章　商店街活性化における自治体の役割……………………………259
　　　　──神奈川県の事例に基づく──
　は じ め に……………………………………………………………………259
　第1節　全国及び神奈川県の商店街の現状について………………………260
　第2節　商店街の役割と先行研究のレビュー………………………………263
　第3節　事例分析………………………………………………………………266
　第4節　商店街活性化における自治体の役割について……………………275
　第5節　まとめと今後の展望と課題…………………………………………279

第10章　商店街活動におけるリーダーシップとマネジメント…………283
　は じ め に……………………………………………………………………283
　第1節　まちづくりと商業活性化……………………………………………284
　第2節　商店街におけるリーダーシップの要件……………………………288
　第3節　商店街リーダーのリーダーシップとマネジメントの実際………297
　お わ り に……………………………………………………………………301

第11章　商店街の自己組織化の要としてのリーダーの役割……………305
　　　　——墨田区向島橘銀座商店街の活動とリーダー育成——
　第1節　商店街の自己組織化とリーダーシップについて………………305
　第2節　商店街リーダーシップの発揮のための基礎的自治体の役割………307
　第3節　墨田区橘銀座商店街の活動…………………………………313

終　章　今日の商店街とまちづくり政策の限界と方向………………325
　　　　——商店街機能強化のための政策と実践活動の決意——
　第1節　国のまちづくり政策の現状と課題……………………………325
　第2節　自治体の地域商業支援の実態と課題…………………………327
　第3節　商店街支援についての本書の狙い……………………………328

執筆者略歴………………………………………………………………331

第六章　東大阪市における小零細製造業の取引関係（鈍動憲治）
1　調査対象企業と調査方法　2　A製作所の主要取引先との取引関係　3　相互に発注を行う企業との取引　4　主要外注先と相互に発注する企業との取引関係の違い　5　おわりに

第七章　東大阪地域中小製造業の金融（忽那憲治：大阪市立大学経済研究所助教授）　1　はじめに
2　東大阪地域の金融概観と分析データ　3　中小企業の銀行サービスに対する評価　4　八尾市中小製造業の資金調達の現状分析　5　おわりに

第八章　自治体産業政策——その形成と類型（桑原武志：大阪経済大学非常勤講師）　1　はじめに
2　自治体産業政策の形成——東京・大阪の4自治体の事例として　3　東京と大阪の比較　5　おわり
に

終章（植田）　1　東大阪地域と産業集積　2　東大阪地域産業集積の強みと弱み　3　東大阪地域産業
集積の課題　4　おわりに

株式会社　創風社　東京都文京区本郷4-17-2　振替 00120-1-129648　TEL 03-3818-4161　FAX 03-3818-4173
http://www.mmjp.or.jp/soufushiya

━━━━━━━━━━━━━━━きりとり線━━━━━━━━━━━━━━━

創　風　社　刊　　　　　　　　書店でご購入の場合、この用紙をお持ちください。

申し込み書　　　　　産業集積と中小企業　　　　　取り扱い書店名

株式会社　創風社　東京都文京区本郷4-17-2
TEL 03-3818-4161
FAX 03-3818-4173

植田浩史編　本体 2600円（含金　　）部

大学)
1 労働過程と価値増殖過程
2 不変資本と可変資本
3 剰余価値率と労働日
4 絶対的剰余価値と相対的剰余価値
5 資本主義的生産様式の生成と展開(①分業とマニュファクチュア ③機械と大工業)

第4章 独占段階の工業と資本蓄積(金田重喜)
1 自由競争と生産の大規模化
2 資本の集中・集積と独占の形成
3 独占的結合の諸形態(① カルテル、② カルテルと国家、③ トラスト、④ コンツェルン、⑤ べなる協調・提携関係の形成、③ 事業合併ない し経営の統合、資本関係の強化 ④ 生産系列の変化、⑤ 産業政策)
4 現代の産業構造(① 日本の産業構造転換、② 日本の産業連関の若干の特徴、③ 産業構造政策と勤労権)

第6章 発展途上国工業化の諸問題(石上悦朗・福岡大学)
1 1980年代から90年代へ——拡大する経済格差とアジア経済の発展
2 アジアの国際輸出加工基地化
3 グローバル化とアジアにおける労働

―――――きりとり線―――――

株式会社 創風社 東京都文京区本郷4-17-2
http://www.mmjp.or.jp/soufushiya
振替 00120-1-129648 FAX 03-3818-4173
TEL 03-3818-4161
FAX 03-3818-4173

創風社刊 **新版・現代工業経済論**
申し込み書 金田重喜編 本体 3500円( )部

書店でご購入の場合、この用紙をお持ちください。
取り扱い書店名

金田重喜（東北大学名誉教授）編著

新版・現代工業経済論

A5版 上製 482頁 本体 3500円

情報化と国際化の進展によって大きく変化した資本主義的工業を最新のデータをもとにして全体を書き下ろした最新の本!!

主要目次

第1章 現代工業と工業経済論（富澤修身・大阪市立大学）
1 はじめに——若干の経済指標から見た現代工業
2 資本主義工業の基本的性格
3 工業活動の分類と統計
4 産業連関と地域的分業
5 工業経済論の対象と方法
6 現代工業が提起している諸問題

第2章 産業革命と工業の進展（土屋慶之助・静岡大学）
1 産業革命についての諸見解
2 イギリス産業革命 ① 産業革命の前提諸条件の形成、② 産業革命の展開、③ 農業革命の終了、④ 交通革命、⑤ 産業革命の展開、⑥ 「世界の工場」イギリス）

金融資本
4 独占による市場支配＝競争制限の方法（① 垂直的統合による支配、② 水平的統合による支配、③ 特許権の独占による拘束的取引、④ コンツェルン化による競争制限、⑤ その他の独占的手段）
5 独占的蓄積の社会的性格

第5章 現代日本の工業経済——企業、産業、産業構造（富澤修身）
1 はじめに
2 現代の工業企業（① リストラクチャリング、② 企業内世界分業の展開と空洞化、③ 労働力編成と労使関係、④ 企業政策）

植田浩史（大阪市立大学経済研究所助教授）編

産業集積と中小企業
―― 東大阪地域の構造と課題 ――

A5版 上製 244頁 本体 2600円

序章 （植田） 1 はじめに 2 本書の課題 3 本書の特徴 4 東大阪地域と産業集積 5 東大阪産業集積の特徴

第一章 産業集積研究と東大阪の産業集積 （植田） 1 はじめに 2 産業集積への問題関心 3 1970年代以降の産業集積研究 4 東大阪地域の産業集積

第二章 高度経済成長期以降の東大阪地域の企業 （中瀬哲史：大阪市立大学商学部助教授） 1 はじめに 2 高度経済成長期初期の企業の立地状況 3 高度経済成長期以降における事業所数の増加と立地地域の地理的拡大 4 東大阪市域の集積の形成・発展と企業 5 おわりに

第三章 東大阪地域における工場立地と地域的存立基盤 （長尾謙吉：大阪市立大学経済研究所講師） 1 はじめに 2 産業集積への経済地理学的アプローチ 3 産業集積の類型と東大阪地域 4 東大阪市域における工場の立地と存立基盤 5 おわりに

第四章 東大阪産業集積と中小・零細企業の事業活動 （太田康博：徳山大学経済学部講師） 1 はじめに 2 産業集積としての東大阪地域の構造と特徴 3 産業集積を活かした中小・零細企業の事業活動 4 おわりに

第五章 東大阪の取引・分業構造 （田口直樹：金沢大学経済学部講師） 1 はじめに 2 鉄鋼工

田中菊次（東北大学名誉教授）著作一覧　他

■ マルクス経済学の学問的達成と未成 ──『資本論』と『哲学の貧困』をめぐって──

A5判上製　420頁　本体3800円　ISBN978-4-915659-19-4　1989年

《主要目次》序説　マルクス経済学の未完成とその秘密について　第1編『資本論の原点』──『哲学の貧困』　第2編　マルクスのプルードン批判　第3編『資本論』の未完成とその秘密　第4編　マルクスの『資本論』仕上げと『哲学の貧困』の改訂　終章　マルクス経済学の学問的達成と未成について　付編著者自用訂正書き入れ本『哲学の貧困』（東北大学・櫛田民蔵文庫所蔵）の発見について。

■ 論集：新しい社会の経済学

A5判上製　260頁　本体2400円　ISBN978-4-88352-125-8　2007年

《主要目次》（序説）新しい世紀，新しい社会のための経済学は？　第1論：経済学と社会主義──人間・自然・社会の新しい時代のために──　第2論：人間・社会と貨幣，貨幣とは何か？──経済人類学のマルクス貨幣論批判　第3論：マルクスの「価値形態」論と「交換過程」論──学説と論争の本源的検討──　第4論：『資本論』の未完成と新MEGA・第Ⅱ部門の公刊──マルクスの『資本論』の仕上げ作業──第5論：『資本論』と「国家」論──「Ⅳ」国家」への上向の問題──（結説）マルクスの『資本論』および「プラン」の完成のために──体系の眼目となるべきもの──　付篇・Ⅰ：座談会：学問としての経済学を求めて　付篇・Ⅱ：A Summary of this book

■〈論究〉K.マルクス著　F.エンゲルス編　資本論──経済学の批判（全3部）──その学的未完成の解明とその完成のために──

A5判上製　216頁　本体2400円　ISBN978-4-88352-196-8　2013年

《主要目次》〈序説〉：K・マルクスの原手稿・『資本論─経済学の批判』（全4部）──それは，いったい，何だったのか？　21世紀初頭，いま，このグローバル化の時代に，改めて，問い直す！──前篇：K.マルクス著，F.エンゲルス編『資本論──経済学の批判』（全3部）の理論的・体系的未完成の解明　第1章　現行『資本論』第Ⅲ部　第6篇（地代論）の理論的・体系的未完成　第2章　現行『資本論』の「競争論」（第Ⅲ部第2篇第10章）の問題性　第3章　謎の"第Ⅱ部 第4章（編）"　第4章「形態論」と「過程論」の論理について　第5章「労働力の商品化」について　第6章"資本の内的核心構造の分析"としての『資本論』の生成について　後篇：K・マルクスの原手稿・『資本論─経済学の批判』（全4部）と"経済学の編別構想"の完成のために：試論　第1章「商品形態論」と「商品交換過程論」について　第2章「労働力の購買と販売」について　第3章「領有法則の転回」と「労賃形態」について　第4章　あるべき"第Ⅱ部 第3編「資本の全過程」"について　第5章『資本論』の"国民経済的枠組み"について　第6章「特別利潤の地代への転形」について　第7章　現行『資本論』の最終篇・第Ⅲ部 第7篇と「Ⅳ」国家"への上向の問題について　〈結説〉：人間・自然・社会・歴史の新しい眞の時代のために！　あとがき　付篇「学問としての経済学を求めて」　1）著者略歴　2）退官記念座談会：「学問としての経済学を求めて」3）著書正誤一覧

■ 政治経済学の再生　柴田信也（東北大学名誉教授）編著

A5判上製　304頁　本体2400円　ISBN978-4-88352-183-8　2011年

《主要目次》はしがき　第Ⅰ部　政治経済学の基礎　序説　第1章　資本の生産過程　1 商品と貨幣　2 資本の生成　3 絶対的剰余価値の生産 4 相対的剰余価値の生産　5 剰余価値論の総括　6 労賃資本の蓄積過程　第2章　資本の流通過程　1 資本の循環　2 資本の回転　3 社会的総資本の再生産と流通　第3章　資本の総過程　序「資本の総過程」論の対象　1 剰余価値（率）の利潤（率）への転化　2 利潤の平均利潤への転形　3 利潤率についての動態的分析　4 商業資本（商品取引資本と貨幣取引資本）5 利子生み資本と信用制度　6 地代　おわりに──資本の物神性　第Ⅱ部　第1章　マルクスの未来社会論（木島宣行）　第2章　政治経済学の復権──A.センにおける経済学と倫理学（守健二・玉手慎太郎）第3章　現代資本主義への基本視座（川村哲也）　第4章　グローバリゼーションの展開と本質（大澤健）第5章　資本主義的エクスプロイテーションと自然共生経済（山口拓美）

··きりとり線··

創風社刊申し込み書：TEL 03—3818—4161　FAX 03—3818—4173　取扱い書店名（　　　　　　　　　　　　　）

マルクス経済学の学問的達成と未成 ──『資本論』と『哲学の貧困』をめぐって──
　　　　　　　　　　　　　　　　　　　　　　本体3800円　ISBN978-4-915659-19-4　（　　）冊

論集：新しい社会の経済学　　　　　　　　　　本体2400円　ISBN978-4-88352-125-8　（　　）冊

〈論究〉K.マルクス著　F.エンゲルス編　資本論──経済学の批判（全3部）──その学的未完成の解明とその完成のために──
　　　　　　　　　　　　　　　　　　　　　　本体2400円　ISBN978-4-88352-196-8　（　　）冊

政治経済学の再生　　　　　　　　　　　　　　本体2400円　ISBN978-4-88352-183-8　（　　）冊

目黒 雄司（北海道新聞論説委員）著
論説委員『資本論』を学ぶ
——あるマルクス経済学者との対話——

A5判並製 180頁　本体1500円

　戦後日本のマルクス経済学研究において，東北大学名誉教授・田中菊次先生はいわゆる「『資本論』未完成論」と呼ばれる独自の見地を提起してこられた経済学者である。……その学説は『経済学の生成と地代の論理』（未来社，1972），『『資本論』の論理』（新評論，1972），『マルクス経済学の学問的達成と未成』（創風社，1989）などの諸著作にまとめられている。　では，そもそも「『資本論』未完成論」とはどのような内容の学説なのであろうか。『資本論』の未完成の秘密とは何であろうか。そして，その謎を解くカギはどこにあるのだろうか。こうした経済学の根幹にある諸問題の解決は，到底一日になしうるものではありえない。そこで，新聞記者を職業としている私は，田中先生に多くのインタビューをお願いし，その学説の内容をできるだけご自身の言葉で語っていただこうと考えた。このインタビューはほぼ一年に1回のペースで行われ，2013年ごろまでほぼ足掛け8年に及んだ。また，折りにふれて『資本論』の内容に関して手紙で質問を差し上げ，経済学の諸問題に関する多くの返信をいただいた。書簡は1990年代のソ連崩壊前後から始まり，最近の著作『論究』の出版前後の時期まで，ほぼ四半世紀に渡っている。私の手元には膨大な書簡とインタビューの記録が残されている。これらを元にして，『資本論』の未完成とその秘密を探ること。そして「田中経済学」は何を目指しているのかを，その現代的意義と共にできるだけ平明に叙述してみること。これが本書の目的である（本文「序文」より）。

（主要目次）

　序文　第1篇 現行「資本論」とは何か　第1章 ソ連崩壊と田中経済学　第2章「哲学の貧困」の問題性　第3章〈論集〉をめぐって（Ⅰ）——価値と価格の背離　第4章〈論集〉をめぐって（Ⅱ）——交換過程論の諸問題　第5章〈論集〉をめぐって（Ⅲ）——「形態論」と「過程論」　第6章『資本論』の理論的構造　第2篇「資本論」の完成のために　第1章 新著の構想　第2章 田中経済学の「プラン」　第3章〈論究〉に向けて　第4章〈論究〉の理論的内容（Ⅰ）　第5章〈論究〉の理論的内容（Ⅱ）　第6章〈論究〉の理論的内容（Ⅲ）　第3篇「田中経済学」と現代　第1節 今，なぜ「資本論」なのか　第2節「資本論」の「達成と未成」　第3節 方法について

株式会社　創風社　　東京都文京区本郷4—17—2　　振替 00120—1—129648　TEL 03—3818—4161
　　　　　　　　　soufusha.co.jp　　　　　　　　　　　　　　　　　　　　FAX 03—3818—4173

································ きりとり線 ································

創風社刊 申し込み書	書店でご購入の場合，この用紙をお持ちください。	取り扱い書店名
TEL 03—3818—4161 FAX 03—3818—4173	目黒 雄司 著 論説委員『資本論』を学ぶ ——あるマルクス経済学者との対話—— ISBN978—4—88352—231—6 　　本体1500円（　　）部 創風社 図書目録 希望（　　）部	

植田浩史（慶應義塾大学教授）・田中幹大（立命館大学教授）編

中小企業と産業集積
―― 2010年代の東大阪地域の現状と課題 ――

A5判並製 280頁　本体2500円

　本書では，われわれの前作である植田浩史編『産業集積と中小企業――東大阪地域の構造と課題――』（創風社，2000年）で分析した東大阪地域の産業集積と中小企業が，2000年代以降リーマンショックを経て，どのように変化し，どのような課題に直面しているのか，実態調査をベースに明らかにした。

　21世紀の今日，産業集積をめぐる環境は，国内製造業の縮小，国内消費の低迷など厳しい。経済や産業のグローバル化の影響，ICT産業の発展，IoTの広がりなど製造業をめぐる技術も大きく変化している。一方，中小企業経営者の高齢化が進み，廃業する企業も多く，企業数の減少が進んでいる。こうした状況の中で，ものづくり中小企業の課題も，産業集積の持つ意味も大きく変化している。

　本書は，多面的な視点から東大阪地域のものづくり中小企業の実態を分析し，東大阪地域の産業集積が中小企業の課題に対してどのような働きをしているのか，どのように機能すべきなのかを論じたものである。

（主要目次）

序章 東大阪地域産業集積研究への視角（植田）　第1章 2000～10年における東大阪地域の機械金属工業（大田康博：徳山大学経済学部教授）　第2章 製造業実態調査から見る東大阪地域産業集積（植田）　第3章 環境変化と中小企業（植田）　第4章 ねじ産業（田中）　第5章 金型産業（藤川健：兵庫県立大学経営学部准教授）　第6章 中小企業のグローバル化と生産ネットワーク（田口直樹：大阪市立大学大学院商学研究科教授）　第7章 産業集積と中小企業の海外事業展開（関智宏：同志社大学商学部教授）　第8章 中小企業ネットワークの変化（粂野博行：大阪商業大学総合経営学部教授／平野哲也：山口大学経済学部講師）　第9章 産業集積と住工混在問題（梅村仁：大阪経済大学経済学部教授）　第10章 地域金融機関の経営行動と存在意義（林幸治：大阪商業大学総合経営学部准教授）　第11章 ものづくりの技とアートの新結合（本田洋一：大阪市立大学大学院創造都市研究科客員研究員）　第12章 縮小期の産業集積におけるイノベーション（出石宏彦：Senior Lecturer, Aston Business School）　補章 地域産業政策（植田／宮川晃／三浦純一（大阪市立大学都市研究プラザ・特別研究員）　終章（植田）

◎ 創風社の植田浩史 編著書

産業集積と中小企業	本体2600円　ISBN978—4—88352—022—6	（　）部
「縮小」時代の産業集積	本体2800円　ISBN978—4—88352—094—3	（　）部
公設試験研究機関と中小企業	本体3200円　ISBN978—4—88352—119—2	（　）部
地域産業政策と自治体	本体2600円　ISBN978—4—88352—152—4	（　）部
地域産業政策	本体3200円　ISBN978—4—88352—173—9	（　）部

株式会社 創風社　東京都文京区本郷 4—17—2　振替 00120—1—129648　TEL03—3818—4161
soufusha.co.jp　FAX03—3818—4173

- きりとり線 -

創風社刊 申し込み書	書店でご購入の場合，この用紙をお持ちください。	取り扱い書店名
TEL03—3818—4161　FAX03—3818—4173	植田浩史・田中幹大 編著　『中小企業と産業集積』　ISBN978—4—88352—249—1　本体2500円（　）部　創風社図書目録希望（　）部	

富澤修身（大阪市立大学教授）著
都市型中小アパレル企業の過去・現在・未来
―― 商都大阪の問屋ともの作り ――

A5判並製 260頁　本体 2400円

本書は，「問屋ともの作り」の視点から大阪の中小アパレル企業の過去・現在・未来を論じている。大阪には，紡績企業・合繊企業，総合商社・専門商社，織編業者，糸商・生地問屋，染色加工業者，衣服問屋・衣服製造問屋・衣服製造卸，縫製業者，付属品業者，ミシンメーカー，業界団体，繊維関連マスコミ，大学の家政学部・服飾専門学校等々，繊維に関わるほとんどすべての企業・団体・機関が揃っていた。産業集積という点ではほぼ完璧であった。したがって，産業集積研究としては大阪は絶好の研究対象ではあるが，従来の研究史では時期区分した上での諸主体とその諸機能の作用と反作用の全体像は不明のままである（本書「はしがき」より）。

（主要目次）

- 第1章　戦前期大阪の繊維関連問屋卸商について
- 第2章　大阪の中小羅紗製品・紳士既製服企業史
- 第3章　ワンダーブラウス――商社と元請けの役割
- 第4章　戦後大阪の中小繊維アパレル企業変遷史
- 第5章　戦後における衣服縫製業の変遷――標準作業と中国移転を念頭に
- 第6章　大阪の繊維ファッション業界の構造とイノベーション指向度
- 終　章　アパレル産業からファッション産業へ

◎ 創風社の富澤修身の著書

『ファッション産業論』	本体 3200円	ISBN978―4―88352―072―2（　）部
『アメリカ南部の工業化』	本体 3800円	ISBN978―4―915659―43―7（　）部
『構造調整の産業分析』	本体 3800円	ISBN978―4―88352―012―9（　）部

株式会社　創風社　東京都文京区本郷 4―17―2　　振替　00120―1―129648　TEL03―3818―4161
soufusha.co.jp　　　　　　　　　　　　　　　　　　　　　　　　　　　　　FAX03―3818―4173

··きりとり線··

創風社刊
申し込み書

TEL03―3818―4161
FAX03―3818―4173

書店でご購入の場合，この用紙をお持ちください。

富澤修身　著
都市型中小アパレル企業の過去・現在・未来
ISBN978―4―88352―247―7

本体 2400円（　　）部

創風社図書目録希望（　　）部

取り扱い書店名

執筆担当

小川 雅人：序章，第 1 〜 3 章，終章

菊池 宏之：第 4 章

大熊 省三：第 5 章

古望 高芳：第 6 章

青木 靖喜：第 7 章

柳澤 智生：第 8 章

三浦 達：第 9 章

池田 智史：第 10 章

大和 和道・池田 智史：第 11 章

商店街機能とまちづくり

―― 地域社会の持続ある発展に向けて ――

序章　商店街機能と地域商業活性化

第1節　本書の問題意識と視点

　日本の地方都市で地域と商店街が衰退している。しかし，その一方で，話題性ある活動を実施していると紹介されている商店街（以下「話題活動商店街と呼ぶ」）がある。本書は，地域と商店街の衰退の実態を検証しつつ，話題活動商店街の活動内容を通じて商店街の機能には経済的・社会的機能とがあることを明らかにする。また，その活動が，当該商店街以外の組織との連携で進められている実態が見られる。そして，話題活動商店街の活動事例を参考として，商店街機能をより効果的に発揮するために，他の商店街以外の組織との連携が有効かつ必要であることを論じ，商店街と地域の活性化の方向性を示そうとするものである。

　商店街実態調査で商店街の景況を見ると，2015年調査では全国で「繁栄している」と回答している商店街は2.2％にすぎない[1]。その調査結果を見ても地方都市の商店街の景況の悪さは顕著である。今後，生き残れる商店街は大都市中心部の一部しかなくなってしまうのではないかと危惧するほどである。また，高齢者を中心とした「買物難民」が社会問題になっている。今日，地域社会での商店街の役割は改めて問い直されている。商店街には地域コミュニティの1つの主体として，買物の場だけではない役割が求められている。単に買物の場だけでは大型店の競争にはかなわない。地方の自立が叫ばれる中，商店街は今までのように行政からの補助金等の支援は期待できないだろう。補完性原理[2]の考え方が広まる中で地域社会の維持発展は市民，企業など地域社会を構成する主体が責任と自覚を持って中心的な役割を果たさねばならない時代だからである。石原（2005）も，都市が縮小する中での小売業の役割として「単に小売業の近代化といったものではない。都市あるいは地域社会と小売業の関係を全体として問いかけることになる」（10頁）と主張している。

　第1章および巻末資料で示す，商店街機能を分析対象とする話題活動商店街は，中小企業庁の『新・元気ある商店街77』をはじめ14の資料で紹介されている商店街等は延べ597である。本稿の事例研究に使用したのはこの中から抽

出した349の活性化事例のデータである[3]。

　話題活動商店街は、各商店街はそれぞれ商店街機能を発揮し活動をしている。その商店街活動は集客力があり、話題性を持っている。例えば、高齢者に宅配サービスをしている、イベントでイメージアップを図っている、商店街の照明を夜までつけるためLED照明にした、例を挙げればきりがないほどである。当然この活動について賛美すべきである。ただ、話題活動商店街でもその大半は、商店街実態調査の「繁栄」している商店街ではない[4]。話題活動商店街も、賑わいは継続的でなければならない。そのためにも商店街機能の分析は意義がある。

　本書で示す話題活動商店街以外の商店街でも、これまでも多くの商店街は共同の販売促進活動や地域の祭礼の協賛などに取り組んできた。それでも商店街の景況が改善していない状況は何が要因か、本書では、その話題活動商店街の活動内容を参考にして、商店街の再生と地域の活性化を考えていく。商店街機能を分析し、商店街が地域社会で再生するためにいくつかの話題活動商店街を参考に仮説を設定した。

　第1の仮説は、商店街は、経済的・社会的機能を総合的・融合的[5]に発揮されなければならないのではないかということである。商店街の地域社会での役割は、特定の活動（限定された商店街機能の発揮）に終わっていないか。今商店街に求められているのは、買物等の経済的機能に加え、地域社会貢献としての社会的機能を総合的・融合的に発揮することであり、そうしなければ、商店街は地域社会で生き残れない。第3章で示す長野県佐久市の岩村田本町商店街は地域住民の要望を取り入れた。例えば、ミニ食品スーパーの運営、コミュニティ施設や子育て支援施設など10を超える商店街活動を展開している。

　第2の仮説は、商店街の機能は他の組織と連携することでより広範な機能を発揮できるのではないかということである。商店街は、いくつかの商店街機能を組み合わせて活動することだけでなく、地域コミュニティの他の組織と連携することでより効果的に広範な機能を発揮することである。いくつかの機能を組み合わせる、あるいは連携するということである。例えば、よく知られた事例として東京都練馬区のニュー北町商店街は、NPOと連携して、地域の敬老会などの協力を得た。子育て支援する人は敬老会の地域の「おばあちゃん」である。若い母親の子育ての相談にものる。また、その際に代金として地域通貨を発行するなど総合的な連携を図っている。多くの商店街の現状は、組織の力で

は地域社会に求められる商店街機能は十分に発揮できないからである。

　第3の仮説は，商店街という人々や様々な組織が交流する「場」（プラットフォーム）を活用する必要があることである。商店街は地域のコミュニティの場であった。この「場」は人々が集まりやすく，買い物だけでない交流ができていた。地域社会で地域の課題を解決するNPOや各地域団体は，その商店街という「場」で活動することで各団体の活動がしやすくなるのである。NPOや商店街はこれまでも地域社会の課題の解決の役割を果たしてきた。しかし，より多くの地域の課題解決には商店街の「場」を使い，この場で地域社会の様々な主体と連携して地域社会の求めにより貢献できるのではないか。上記の3つの仮説で示した事例は，商店街がプラットフォームとなっている。このような仮説を立て商店街の活性化策を事例の分析を通じて検証していく。

第2節　商店街機能の視点からの地域商業活性化

　本書では商店街の機能を話題活動商店街から体系化した（第1章参照のこと）。前述したように商店街機能は経済的機能と社会的機能に分けられる。

　経済的機能とは商店街が本来的に求められている買物，商店街存続のための機能である。この機能は商店街が存続するための前提となる機能で3つに分けられる。第1の経営機能は，個店としてマーケティングを展開している店があることである。第2の業種機能は，商店街にとって必要な店の種類があることである。第3の組織機能は，商店街として活動するためには，組織としての意思決定ができる体制を持っていることである。

　社会的機能とは，商店街も地域社会での1つの主体としての役割を果たすことであり，地域コミュニティへの貢献機能といえる。この機能も3つに分けてみることができる。第1は，課題解決機能である。地域社会は少子高齢社会や環境問題など様々な課題がある。その中でも地域の中で解決できることも多い。高齢者の買物支援や子育て支援など地域社会でできる解決を商店街の「場」を使って果たそうという機能である。第2は地域交流機能である。自然と集まれる場としての商店街の役割である。第3は街区形成機能である。安全な「場」であることや便利な「場」であること，快適で楽しい「場」であることは地域住民にとってその商店街へ出向くことが楽しみとなるための機能である。

　「話題活動商店街」が発揮している商店街機能を，この機能の体系に基づき分

析する。これは，第1章で話題活動商店街を分析し，仮説として提示した内容を実証していく。話題活動商店街は機能を発揮し，連携しているところが多い。商店街機能の活性化を維持するためにも総合的・融合的に発揮し，より多くの地域団体と連携していく必要があることを示していく。

　大都市では地域社会での課題解決の主体となるNPO等は数多く，商店街が各主体の活動の場となっているだけでなく，商店街以外の場で活動していて結果として地域社会全体としての総合的機能を発揮している。しかし，地方都市は，商店街組織は弱く，NPO等の活動主体も少ない。結果として郊外の大型ショッピングセンターには限定的とはいえ，買い物以外の楽しみもあり，利用が多くなっている。このような傾向は，地域コミュニティは長年にわたって蓄積された商店街を含む地域資源を，消費者は買い物等経済生活の便利さだけを求め，商店街を衰退させる可能性がある。しかし，郊外の大型店は地域への広がりを持たず，新たなコミュニティを形成することは少ない。また，採算性の悪化から地域の状況を考慮せず撤退を決定することもある。地域コミュニティは商店街を含む様々な主体の連携で維持しなければならない。必ずしも大型店と敵対せず，地域を構成する1つの主体として位置づけ連携することも必要である。厳しい立地条件でも地方都市で商店街が地域コミュニティを支えている例がある。第3章で詳述するが，長野県佐久市の岩村田本町商店街，神奈川県茅ヶ崎市の茅ヶ崎商店会連合会は商店街が中心となって，地域社会の各主体と連携を組んで商店街の機能を総合的・融合的に発揮している。

　商店街の経済的機能と社会的機能は，確かに加藤（2005）[6]が指摘する「コインの裏表」というように切り離せないが，商店街機能はコインの裏表というような単純なものではなく，現実は数多い機能を如何に総合的・融合的に発揮するかということが重要である。

　郊外の大型店との競合，モータリゼーションなどの移動手段の広域化などの社会的背景のもとで商店街の衰退が続いた。前述の商店街を構成する各店の経営悪化や共同意識の希薄化などで，商店街機能を発揮できないところが多くなった。商店街機能が発揮できないまま今日の状況に至った。改めて経済的機能と社会的機能は商店街にとって切り離せないということを認識すべきである。すなわち，経済的機能だけなら大型店の効率性にはかなわず，社会的機能だけでは経営が立ちゆかないからである。

　また，商店街は大都市の中心商店街などでは賑わっているところを目にする

ことがあるが，多くの商店街は，人的に見た組織では商店街内部資源で商店街の機能を総合的に発揮できないであろう。商店街実態調査結果を見ても明らかである。第1章の商店街と組織の先行研究でも示すように，商店街が機能発揮のために新たな活動を展開しようとする際，全員一致での共同活動は非常に難しい。これは本来独立心が強く，個性豊かな経営者の集まりである商店街活動の限界ともいえる。その中でも危機感を持った商店街の有志の活動が商店街活動の牽引となっているところもある。これは話題活動商店街事例の多くは複数の商店街との連携や，地域団体との連携によって活動している。

連携の内容として主なものは商店街有志と既成商店街組織の連携，複数の商店街による連携，商店街と地域団体との連携である。

商店街が商店街機能を総合化して発揮するためには，組織が小さい，人がいない，資金がないというのは活動しないための言い訳にも見える。ここで敢えて強調しておきたいのは，この研究は決して既存の商店街組織を温存するためではない。これからの時代に地域コミュニティを維持，発展するために商店街が貢献するには新たな人材・組織に変わることは必然であるといっておきたい。

第3節　本書の全体構成

本書の全体構成を示しておく。

本書の目的である商店街の再生と地域社会の活性化のために，各章で事例として活動例を参考にしながら商店街機能を分析し，仮説を実証していく。本書は以下の章で論じる。

第1章では，商店街機能について分析する。349の話題活動商店街の事例について活動内容を機能別に整理する。商店街機能は経済的機能と社会的機能に大別できることを示す。さらにそれぞれを3つの機能に細分し，事例としてその細分化した商店街機能毎の活動内容を整理する。特に，社会的機能の地域課題解決機能の事例は多く，数多くの商店街が地域社会で課題解決の役割を果たしていることを明らかにする。この分析に基づき本書全体で理論を展開している。この商店街機能の類型化は，地域コミュニティの各主体との連携を進める場合の指針となる。

第2章では，商店街の中の組織（内部資源）だけで商店街機能を総合的・融合的に発揮できるかということについて，商店街の自己組織化という視点から

は否定的にならざるをえない。商店街が連携するとすれば，地域コミュニティの各主体と連携を組む際のポイント，各主体との関係性を整理する。さらに商店街がNPO等の組織とどのように連携しているか，またその可能性について商店街の事例と既存調査及びヒアリング等を基にまとめる。商店街リーダーの有無について大きなヒントを与える自己組織化の考え方，商店街と住民や自治体を始め中間支援組織等との関係性を通じて事例を基に論じた。商店街が，商品供給だけの場でないことを改めてみることで商店街の機能を重視する背景についてまとめた。

　第3章では，商店街の内外の組織との連携について事例を通じてまとめた。本章では商店街の連携についてまとめた2つの事例を紹介する。長野県佐久市の「岩村田本町商店街」と神奈川県茅ヶ崎市の「茅ヶ崎市商店会連合会」である。この2事例は大都市の中心商店街ではないが，2事例とも商店街が地域の様々な組織等と連携し，商店街機能を総合的・融合的に発揮している。これらの事例で強調したいのは，組織間で見事な連携がとれていることはもちろんであるが，行政との協力関係，役割分担が明確であること，行政と住民の中間にある中間支援組織としての役割を果たしていることである。今日の地方都市の課題を商店街の存在を示しながら他組織と連携して解決に向けて活動をしている商店街の先進事例である。

　第4章は，「まちづくりに求められる小売業の社会性と経済性」である。各地域での買物環境の悪化とともに商業機能の劣化が著しい。特に人口減少とともに高齢化が進展している地方都市では買物難民といわれる日常的に日常的な買物に不便を感じる人が増えているのである。この現象は近年大都市でも郊外の大型団地などでも深刻な課題となっている。

　サブタイトルとして「地域住民参加型の共同売店を主体に」とあるように，買物難民など高齢化社会とともに特に地方都市での小売機能の欠如が大きな社会的課題となっている。その中で沖縄での地域全体で買い物の機能を維持し続けている例を中心に，数多くの現場での実態を確認をし，まとめ上げたものである。

　第5章は，「商店街活性化組織の経営戦略」は「にこにこ星ふちのべ商店街の活性化事例」とあるようにごく身近にある商店街について大学との連携でどのように活性化ができるかについてまとめている。著者は，以前在籍していた大学で地域と大学の関係を重視し，実証的な活性化事例をまとめている。特に，

商店街組織について如何に活動しやすい体制を作れるか，商店街組織のガバナンスに注目して他の組織でも応用可能な商店街組織のあり方についてまとめている。

第6章は，「商店街における小型専門店のあり方」というタイトルの商店街活性化における各店舗のあり方を実証的にまとめた。著者は，パナソニックの加盟小売店の経営指導経験が長く，商店街における個店経営のあり方を経営者の経営思想の持ち方を近江商人，松下幸之助の考え方を通じて個店経営と商店街のあり方についてまとめ，特に商店街の社会的機能についてその重要性を説いている。本書でも主張する商店街は魅力ある店舗の集合体でなければならない。顧客に必要とされる店がなければ，外形的に見る商店の集合体である商店街は維持できないのである。改めて商店街の活性化で最も重視すべきは，商店街組織の活性化ではなく個店の活性化であることを示した。

第7章は「クラスター化による地域資源を活用したまちづくり――千曲川ワインバレーの活動事例から――」である。第7章及び，続く第8章は，地域商業の活性化を地域産業全体との関連で論じている。地域活性化は6次産業化あるいは交流ビジネスと言われるよう地域の様々な産業が連携して地域経済に活性化を図っている。商店街から見ると「経済的機能」と「社会的機能」を持つ地域内の多くのクラスターが形成されることで内発的発展を推進し，まちづくり活動へと進展することを見ていく。その事例として，長野県の信州ワインバレーの1つである千曲川ワインバレーの活動をクラスター化[7]による地域資源の活用事例として取り上げる。我が国の産業クラスター政策を背景としてまちづくり特に地域商業活動のエンジンとなる商店街機能を考察した。

第8章は「地方都市における産業ネットワークとまちづくり」がテーマである。本章は，長野県松本市におけるまちづくりの事例を中心として論じた。前章でも地域の産業が連携して産業ネットワークを形成し，地域の活性化を進めている。自治体行政を主体とした松本市の「まちづくり」を分析・考察する。松本市の事例として，地域においては，域外の資本に依存せず，域内の資源の再活用などで，内部から事業を創出する取組が一層必要となってくる。地域が主体となる産業振興の方策を模索しなければ，「しごと（事業）」の減少に伴い，雇用機会の減少，人口の流出という社会的な要因も加味して，出生数減少に拍車がかかるなど，地域の衰退は一層進んでいく。そのためには，地域社会に関わる様々な産業（事業者）のネットワーク化による，地域課題への取組が重要

であることを示した。

　第9章は,「商店街活性化における商店街と自治体の役割」について神奈川県の商店街事例に基づいて論じた。商店街活性化の自治体の役割は何であるか,今多くの自治体が苦慮している。地方都市が活性化を求められている商店街は,国のまちづくり政策のように中心市街地や多くの投資を投入できるような比較的大きな規模の商店街だけではない。地域で生活者に商品提供する身近な商店街（いわゆる近隣型商店街）が中心である。本書の中で商店街を自治体の支援の視点からまとめた唯一の章である。本章では事例として神奈川県内の6つの商店街のヒアリングを行った。また,その結果を踏まえて,商店街活性化における自治体の役割について述べる。

　商店街の厳しい実態を踏まえ,神奈川県においても「活性化している」商店街は非常に厳しい環境にあることを述べ,神奈川県内の商店街をヒアリングし,それを基に商店街活性化における自治体の役割について述べた。具体的には「個店の経営力向上」「商店街（地域）リーダーの育成」「商業者同士のネットワークづくりとノウハウの共有」の3つの役割について述べた。

　第10章は,「商店街におけるリーダーシップとマネジメント」は,数あるリーダーシップ論について商店街のリーダーシップをジョン・P・コッター（2012）[8]の理論をベースとして論じた。商店街活性化を制度面から支援している独立行政法人中小企業基盤整備機構が調査した,地域振興事業で成功を収めている地域リーダーに必要な要件で示した内容について,リーダーの「リーダーシップ」の機能と「マネジメント」の機能を明確に区分するコッターのリーダーシップ理論の視点から,地域活性化事業やまちづくり事業を進める中で求められるリーダーシップの先行研究のレビューを行い,仮説的にリーダーの要件を導出し,東京都墨田区向島橘銀座商店街の事例を通じて仮説の検証を行った。

　第11章は,「商店街の自己組織化の要としてのリーダーの役割——墨田区向島橘銀座商店街の活動と人材育成——」という表題の章である。本章は大和と池田の共著であるが,第10章を受け,事例として取り上げた。実践の商店街活動で商店街の自己組織化を結果として進めた背景は何が重要だったのかを池田とともにまとめた。大和は墨田区の向島橘銀座商店街で経営者（現在は商店街事務局長）としてだけでなく,永年商店街役員の役職を担うとともに,墨田区などの自治体の商業施策に商業者の立場から深く関与した。特に中小企業施策で区内産業の振興策として全国的な模範となった3M運動[9]や区の産業施策の

ための情報収集と施策の会議である「産業振興会議」には商業者の1人として委員を務めた。また区の具体的施策である「すみだ産業カレッジ」の商業振興スクールでは「商業人塾」の立ち上げに関与し，山田昇氏[10]とともに経営者人材育成にカリスマ性を発揮し，全国的に商店街のリーダー育成に尽力している。大和は自らの体験を整理し，商店街のリーダーのあり方について論じた。

終章は，今日の商店街とまちづくり政策の限界と方向と題して，国と自治体の商店・商店街支援策についての現状と課題について普段からの問題意識をまとめた。また，主張として中小企業診断士及び，その養成者としての思いをまとめた。

注

1）中小企業庁委託事業（2015）。
2）補完性原理は欧州地方自治憲章（1998年発効）に規定されている。内容としては公的部門がになう責務は第一義的に最も市民に身近な公共団体が履行し，国や他の公共団体は広域的な行政は規模や効果からみて適切な場合だけとする考え方であり，EUのマーストリヒト条約（1992年調印）にも規定されている。この考え方は広く行政思想として準用され，市民社会に対しても「公助，共助，自助」という役割の責務としている。ただ，この考え方はカトリックの社会教説を背景としており，自治体に大幅に権限と財源を委譲し，最も市民に近い自治体が大胆に自律的な施策を実行できることが前提である。
3）第3章の第2節で詳述しているが，選択の基準は活性化の内容が具体的に把握できる商店街である。除外したのは，複数の資料で同一商店街が事例として紹介しているもの（但し，活動内容が別のものは事例とした）。活動の主体がまちづくり会社等商店街ではない例。市役所等の街区整備等で商店街の関わりが直接的に見えないもの等である。
4）商店街実態調査（2015）の商店街の景況で「繁栄」と回答しているのは2.2％で，数にして65商店街（n=2,945）であり，活性化事例として紹介されている数と比較しても，活性化＝繁栄でないことは意識せざるをえない。
5）商店街機能の「総合的・融合的」という表現は，発揮の仕方のちがいを意識している。「総合的」というのは商店街機能を，数多く商店街活動として展開していくことを意味し，「融合的」というのは機能を発揮の仕方を指し，複数の機能を一体として展開することや他の団体と連携していくことを意味している。
6）加藤司（2005）は，買い物機能と社会機能を「商店街の二側面性」と表現して商店

街の「買い物機能（経済的システム）」と「コミュニティ機能（社会的システム）」に分けている。234ページ。
7）マイケル・ポーター（1998）。
8）ジョン・P・コッター著，DIAMONDハーバード・ビジネス・レビュー編集部（2012）
9）昭和60年から始まった墨田区の産業振興施策のイメージアップの施策展開の名称。① 小さな博物館：区内店舗，工場などの一角に地域の歴史物などを展示して区の歴史文化をPRするもの（ミニミュージアム），② モデルショップ：区内の町工場の製品を紹介し，技術やデザイン性をピアールする施設，③ マイスター：区内の伝統工芸などを中心とした技術者の技術を認定する制度　の3つでこのタイトルの頭文字をとって3M運動と名付けた施策（墨田区（昭和62年）164ページ）。
10）現 全国商店街連合会副会長および墨田区区商連会長。

参考文献

加藤司（2005）「商業・まちづくりの展開に向けて」石原武政・加藤司『商業・まちづくりネットワーク』ミネルヴァ書房

墨田区（1987）『イーストサイド』

中小企業庁（2015）『商店街実態調査』

ジョン・P・コッター著，DIAMONDハーバード・ビジネス・レビュー編集部，黒田由紀子，有賀裕子訳（2012）『第2版リーダーシップ論——人と組織を動かす能力』ダイヤモンド社。

Michael E. Porter（1998）"*ON COMPETITION*" 竹内広高訳（1999）『競争戦略論Ⅱ』ダイヤモンド社。

（小川　雅人）

第1章　商店街の経済的機能と社会的機能

第1節　本章の狙い

　地域コミュニティ法とも呼ばれる2009年に成立した「地域商店街活性化法」にもあるように，商店街が地域コミュニティの担い手としての役割が強く求められている。「80年代の流通ビジョン」[1]の時代においても中小小売店が大型量販店や専門大型店等とは同じエリアでの競争の激化を背景にして，地域密着をしながら棲み分けし，魅力あるまちづくりへの貢献を求めている。

　商店街の機能については，これまでも経済的機能・社会的機能の重要さについては本書以外でも議論されてきた。例えば加藤（2005）は，「商業はそれまで消費者に対して買物機能を提供する経済システムとして捉えられていたのに対し，地域に根ざした産業であり，地域コミュニティの核として，また地域文化の担い手として社会的・文化的機能を果たしているものと位置づけられるようになった」[2]と主張している。小川（2004）も，以前から「大型店や新業態店との競争が激しくなる中で，効率性あるいは低価格など経済的側面が強調され，地域との関わりの重要さが見過ごされてきたことを指摘してきた。地域社会にとって商店街が改めて重要であると認識される時代となったのである。（中略）商店街活性化の方向は，① 商業機能の発揮，② 地域社会への貢献に尽きる」[3]と指摘した。

　このように，80年代頃から地域社会への関係を強化すべきとする論調が多くなった[4]。商店街機能については前述したように，加藤は「買物機能（経済的システム）」と「コミュニティ機能（社会的システム）」に分けコインの両面と表現している。商店街の従来からいわれていた経済的機能を強化することは当然として，地域社会の1つの構成主体として地域の課題解決等の社会的機能を強化しなければならない。そのためには他の外部組織との連携を進めて，商店街の機能を総合的・融合的に果たさなければならない。経済的機能と社会的機能をより具体的な機能に細分して分析していくことが必要と考えている。繰り返すが，商店街にとって買物の場としての経済的機能は商店街存続の前提である[5]。買物の場として考えなければならないのは，欲しいものがない，いい店

図表1—1　商店街機能体系図

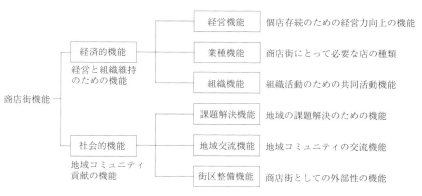

出所：筆者作成

がない商店街は，如何にお祭りに協賛しても消費者から見れば一過性である。常に ① 消費者からみたらどのように見えているのか，② 大型店や新業態店との違いをどのように出せるか，③ 顧客ニーズに応えているか，といった商店経営としてごく当たり前のことを実践し続けなければならないのである。また社会的機能は，地域社会の一員としての役割を果たすことである。地域社会に商店街の役割が重要であるといっても商店街としては，できることとできないことがある。従来から商店街が実施してきた地域活動は当然実施すべきであるが，市町村などの自治体は，商店街などの活性化を担える分野には限界があり，IT化の進展の中ではすべて対応できるわけではない。京都の西新道錦会商店街[6]の地域の高齢者の安否も確認できる。「ファックスネットサービス」や東京墨田区の橘銀座商店街は地域高齢者のライフカードを発行し，万一の場合もすぐ対応できる「シルバーカード事業」など先進例もある。また，東京の立川市の富士見台商店街は地域のNPO法人「高齢者の職と食考えるチャンプルーの会」を商店街の会員として迎え地域の期待に応えた。この会は商店街の空き店舗に高齢者向けのレストランを開設し，食事を低価格で販売しているほか，ディサービスの施設，コミュニティ広場なども開設し，地域コミュニティに喜ばれている。

　機能の内容についての詳細は以下に述べるが，活性化事例の活動内容の整理分析から商店街機能は経済的機能と社会的機能に分ける。さらに経済的機能は

経営機能と業種機能と組織機能に分ける。社会的機能は地域課題解決機能，地域交流機能，街区形成機能に分けて分析する（図表1－1）。

第2節　事例調査の対象と方法

　本章の論述にあたって各種商店街活性化事例集，商店街ホームページ，及びこれまでのヒアリング等を通じて事例を調査した結果をもとにした[7]。14の事例集に紹介されている商店街等は597の事例である。対象としたのは，1つの商店街でなくとも複数商店街が共同している例，連合会が主催している例，商店街の有志の活動例，他組織との連携活動例等である。除外したのは同一商店街が複数の事例集で紹介されているものである。ただし，活動内容が別の事例の場合は対象とした。事例内容で商店街が必ずしも主体でないもの，例えば行政が主導した道路整備，商店街の一角の公園整備，コミュニティ施設整備等は除外した。但し，その整備した施設等を使っての活動は内容が具体的である場合対象とした。また，商店街イベントで内容が正確に把握できないものについては除外した。分析対象とした商店街等[8]は397である。これらの事例については特に商店街機能のところで一覧で見るが，本文中の事例はヒアリング，視察，インターネット等で確認している内容である。397の商店街等の活動内容について調査対象として以下に示す各商店街機能の項目に当てはめてみてこの分類に整理できることを確認した。

第3節　商店街の経済的機能

　商店街にとっての基本機能は，加藤も指摘するように経済的機能である（加藤は経済機能と表現している）。経済的機能は商店街が存続するための機能である。経済的機能は買物について顧客が求める，例えば品揃えやサービスがなければならないし（経営機能），そこの商店街で求められる店舗の種類がなければならないし（業種機能），その商店街が協働で行う売り出し等のイベントがあること（組織機能）が求められる。経済的機能は次の3つ[9]である。

1　経営機能

　商店街には顧客をひきつける魅力のある店がなければ，如何に商店街で販売

促進しても一過性で終わり，持続的な商店街の活性化は難しい。いかなる商店街においても「いい店」があることが商店街存続の前提である。多くのところで，商店街に頼らないでポツンと一店で立派な経営をしている店はあるが，魅力のない店が集まっていても「急場しのぎの需要」はあるにしても，その商店街がそのままであれば顧客からやがて見放されていくのは当然である。

図表1—2「経済的機能 経営機能」で確認できるだけでも53商店街等に及び商店街が基本的機能の経営力強化のために如何に努力しているかが分かる。多少事例を紹介すると，全国的に知られている静岡市呉服町名店街の一店逸品運動の活動は全国先進事例である。一店逸品運動はその店の個性を顧客にアピールするためにオリジナル商品・メニュー等を開発し，顧客にアピールする活動で経営力強化の商店街活動として定着している。青森市の新町商店街も一店逸品運動やお店回りツアー等個店活性化に力を入れた活動をしている。東京都台東区の谷中銀座商店街では「生鮮びっくり市」という販促活動に参加店のスタンプの販売額に応じて商店街から個店へ資金提供する際に配分額を変え，競争原理を導入し経営努力を促している。東京都品川区の戸越銀座銀六商店街の一店逸品運動も有名である。「とごしぎんざブランド」として参加店の商品の開発を商店街として実施している（図表1—2）。

図表1—2　経済的機能　経営機能

市町村	商店街名	経営力強化活動内容
北見市	北見市内中心四商店街	2005 「まちんなかSHOW10」としてチャレンジショップやワンボックス店舗などが入る店舗を設置。
白老町	大町商店街	2007 まちのアンテナショップ「白老粋品」の販売。
青森市	新町商店街	2006 一店逸品運動・お店回りツアー。
八戸市	協同組合八戸総合食品センター	共同出資会社でセルフ業態の売り場を経営。
大館市	大町商店街振興組合	2008 「正札サイダー」，「地バーガー」等地域ブランドの創設。
郡山市	郡山駅前大通り商店街	一店逸品運動。
いわき市	平商店会連合会	2007 一店逸品運動。
つくば市	北条商店街	2005 つくば北条米を使った地元ブランド商品を住民・大学生と共同開発。

台東区	谷中銀座商店街協同組合	1998 長く続いている「生鮮びっくり市」をスタンプの販売額に応じて商店街からの配分を変える競争原理を導入。
墨田区	E－すみだ2000	2001 墨田区内の若手経営者30名が共同でサイトを立ち上げネット販売で効果。
墨田区	墨田商業人塾，墨田区商店街連合会	2001 意欲ある商業者等が塾を結成，月1回商店診断，勉強会などしながら現在も続いている。
江東区	砂町銀座商店街振興組合	2001 商店街組織強化のために商店街は個店経営力によることを幹部が教育。
葛飾区	堀切商店街振興組合・グループ・キリコ	2000 商店街の意欲ある経営者を中心として経営の勉強会を作っている。特に家庭日用品店で組織する「グループ・キリコ」商店街の会員も参加し前月の売上，販促経費など報告しあって次月の経営に役立てている。
荒川区	三ノ輪銀座商店街振興組合	1999 やる気のある商店主メンバーがポイントカードとイベントを連動させる。
品川区	戸越銀座銀六商店街	1999 一店逸品運動による「とごしぎんざブランド」商品の開発。
杉並区	荻窪銀座商店街	2006 老舗が多いので接客，知識の提供等商店街で顧客への働きかけ。
杉並区	和泉明店会街	2004 空店舗が増えたのを契機に若手新役員7名で継続的な店舗活性化とイメージづくりで「沖縄」ブランドを導入。
世田谷区	尾山台商栄会商店街振興組合	1999 消費者のクレームを商店街としてその店に改善を促し経営力向上を図る。
足立区	北千住サンロード商店街振興組合	1999 チャレンジショップを開設，商店街経営者のきめ細かい経営指導が特徴。
武蔵野市	吉祥寺サンロード商店街	2009 「一店逸品商店街」として一店逸品を展開しここにしかない商品開発。
横須賀市	協同組合追浜商盛会	2004 地元大学と共同開発したワインを商店街の空店舗を使い販売する「追浜コミュニティ＆ワイナリー」を開設した。
茅ヶ崎市	茅ヶ崎商店街連合会	2001 茅ヶ崎リターナブルワイン事業による地域内循環経済の推進と商店街の酒店の経営力強化。
茅ヶ崎市	茅ヶ崎商店街連合会	2001 メイドイン茅ヶ崎自転車事業による地域内循環経済の推進と商店街の自転車店の経営力強化。
高岡市	末広開発（株）（まちづくり会社）	2009 空き店舗を活用した高岡の店頭品・地場産品の店舗。
能登町	町内6商店街	2004 町内6商店街各店が「おもてなしサービスメニュー」を開発し，『おいしい魚の町』をブランド化を推進。
加賀市	山中温泉南町ゆげ街道振興会	2003 地場の漆器や観光に関する商品を「1店2業種展開」を推進。

白山市	中町商店街開発協同組合他	2000 周辺4商店街で商店街の店に物販以外のコミュニティスペースを作った。
佐久市	岩村田本町商店街振興組合	2011 大型店と共通のポイントカード。
佐久市	岩村田本町商店街振興組合	2004 「技」をポイントとしたチャレンジショップ「手仕事村」開設。
佐久市	岩村田本町商店街振興組合	2011 振興組合直営の食品スーパー開設。
岐阜市	柳ヶ瀬商店街振興組合連合会	2007 実践経営セミナー。
静岡市	呉服町名店街	1990 一店逸品運動。
名古屋市	桜山商店街振興組合	2005 商店街優良店舗審査事業
瀬戸市	銀座通り商店街振興組合	2005 「瀬戸の逸品」「瀬戸マイスター」などを推進する一店逸品運動。
津市	丸の内商店街振興組合	1996 大型店共通のプリペイドカードの発行。
四日市市	四日市諏訪西商店街振連合会	2004 「得々商店街」への取組，経営塾，各店が「おもてなし8ヵ条」の遵守活動。
伊賀市	伊賀市中心商店街（15商店街）	2003 個店の個性化を狙いで逸品の開拓，販促の実施など経営力向上を推進。
京都市	錦市場商店街	2005 商店街のブランドを守るため商標登録の取得。
京都市	錦市場商店街	2003 商店街の「錦らしさ」を守るため空き店舗にはテナントバンクから募集。
大阪市	天神橋三丁目商店街	2004 繁盛店づくりのための商人塾で個店診断を実施。
東大阪市	スマイル瓢箪山	2002 自薦・他薦の逸品を「ひょうたんから逸品」として紹介。
豊中市	豊中市内5商店街等	2002 勉強会（商人塾）として「あきんDoクラブ」開設。
新宮市	新宮市中心商店街（駅前本通り商店街ほか4商店街）	2003 一転一品運動実行委員会を組織して一品フェアを開催しているほか，商店主の知識をアピールする『商店街の知恵袋』を実施している。
津山市	津山一番街，元魚町等6商店街	2007 一店逸品運動とフェア。
高松市	丸亀町商店街振興組合	2005 土地の所有と利用を分離して必要なテナントを導入。
観音寺市	柳町商店街振興組合	1989 チャレンジショップ第1号。
福岡市	上川端通商店街	2001 中高年をターゲットとする店舗の誘致，業態転換を商店街として推進。
佐賀市	唐人町商店街振興組合	2004 空店舗への対策として初めたチャレンジショップでは，商店街の経営者やチャレンジショップの卒業生がきめ細かく指導している。

大町町	大町商店街	2006 一店逸品運動を16店舗で実施。
佐世保市	三ヶ町商店街,四ヶ町商店街	2003 テナント賃料引き下げなど化地権者を巻き込んだ空き店舗対策。
諫早市	アエル栄町商店街他3商店街	2005 大型核店舗撤退に伴い必要業種を共同店舗で公募。
名古屋市	桜山商店街振興組合	2005 商店街優良店舗審査事業。
帯広市	帯広中心部10商店街等	2001 地産地消推進の共同化。

出所：注7で示した資料をもとに筆者作成。

2　業種機能

　必要な店を揃えることは，商店街活動としては最も難しい活動といえる。商店街会員の個人の権利を制限しかねないからである。商店街にとって必要な店だからといって撤退する店をとどまらせることは難しいし，誘致するとしても地権者や競合店となる会員の合意を得ることも厳しい。しかし，事例としては多くはないがこの業種機能を果たしている商店街がある。

　業種機能は，店の種類が揃っていることである。小売市場のように比較的狭い範囲に店が集積していること。近隣型商店街で言えば，生鮮3品が揃っているように，必要な種類の店があること。その必要な店が，できれば複数あって消費者の購買の幅の広がりがあることである。商店街が横のデパートといわれるように，一定の集積に必要な店が連続していることが買物には欠かせない条件である。今日の近隣型の商店街の多くは，必要な店がなくなってしまっただけでなく，都会でも離れた場所に立地していて買い回るのが不便というところが少なくない。大型店が1ヵ所で揃う「ワン・ストップ・ショッピング」の機能で集客していることがその例である。

　消費者は購入するところが1ヵ所しかない，あるいは選択の幅がないことは非常に買物に対する満足度が低いのである。顧客の心理として「ハレ」の日と日常では同じ人でも店を変えるように消費者は選択できる店があることが購買に効果的なのである。

　必要業種の誘致や開設で，よく知られているのが東京足立区の東和銀座商店街である。商店街に必要な業種である鮮魚店経営者が高齢のため閉店することになり，商店街の有志で株式会社を作り，その店の経営を引き継いだ。さらに，

図表1－3　経済的機能　業種機能

市町村	商店街名	集積
帯広市	帯広市北の起業広場協同組合	2001「北の屋台」18店舗で開設。
世田谷区	烏山駅前通り商店街振興組合	2001 空き店舗に地権者と交渉して必要業種を誘致。
足立区	東和銀座商店街	1998 廃業する商店街の鮮魚店を商店街有志で経営を継続。
上越市	上越本町三・四・五商店街振興組合連合会	2005 3つの振興組合が連合して「リーダー会議」を設置し，必要業種の誘致なども含め課題の把握と対応を共同化していった。青年部，婦人部も合同で活動。
金沢市	竪町商店街振興組合	1999 商店街としてファッションブランド化を推進するためテナントリーシングを行う。
七尾市	一本杉通り商店街	2004 商店街の女将さんグループが伝統的風習の「花嫁の連」を使ったイベントや事業の充実の展開している。
佐久市	岩村田本町商店街振興組合	2004 おかず市場として商店街でミニ食品スーパーを開設。
静岡市	呉服町名店街	1990 地権者の会のランドオーナー会議創設し，必要業種の検討・誘致を図る。
名古屋市	大須商店街連盟	2005 必要業種への転換を促進。
舞鶴市	八島商店街	2003 空店舗の活用と不足業種の充足のため商店街が運営する「産直マート」フリーマーケット式の「八島バザール」商店街女将さん会が運営する「八島いっぷく亭」を開設。
小松市	小松中心商店街振興組合連合会	1999 食料品販売店の減少に伴い地元農家グループの「西尾グリーンツーリズム」と共同で新鮮野菜市を開設。

出所：図表1－2に同じ。

　高齢のその経営者は商店街の株式会社で実施している他の事業例えば，警備，清掃などできる仕事に就いてもらい生計の足しにしている。東和銀座は消費者のためだけでなく，高齢経営者にも気配りしている。また本事例でも取り上げるが，佐久市岩村田本町商店街振興組合おかず市場として商店街でミニ食品スーパーを開設した。

　近隣型商店街ではないが，石川県金沢市の竪町商店街振興組合商店街では，ファッションブランド化を推進するため商店街がテナントリーシングという非

常に難しい事業を展開している。名古屋市大須商店街連盟では，地域に必要な業種について現会員の中で必要業種への転換ができないか商店街活動として展開している。近年，地産地消などの地域活動や食の安心安全志向の強まりで産直市を商店街で実施している例は多い。例えば舞鶴市の八島商店街では空き店舗の活用と不足業種の充足のため，商店街が運営する「産直マート」フリーマーケット式の「八島バザール」を商店街の女性達で運営する「八島いっぷく亭」を開設している。商店街が朝市や産直市を展開している例は，今回の事例調査以外にも数多くある。例えば，福井県大野市の七軒商店街の「七軒朝市」は戦後まもなくから継続している。福井県越前市でも中心4商店街で産直市場を開設した。必要業種の開設・誘致は新しい商店街活動ではなく，これまでも商店街活動として展開されてきたものである（図表1—3）。

3　組織機能

　商店街の組織機能は，商店街活動を行う際の意思決定できる組織体制があることである。これは商店街理事長や幹部などのリーダーがリーダーシップの強さ，各店の共同意識で見ることができる。いわゆる組織力である。この場合もカリスマの1人の強力なリーダーがいるだけでなく，できれば複数のリーダーそれも比較的若いリーダーがいるほうがより力を発揮している。まず，頑張っている商店街に共通していることの1つは商店街のリーダーがいることである。商店街活動ができているところは組織も機能しているはずである。経営機能や業種機能は組織として明確な活動目標のもとに一致結束してはじめてできるからである。事例に見る特記すべき組織活動は青年部活動への支援や人材育成が活性化事例として多くあがっている。組織活動として特筆したいのは，東京都世田谷区の烏山駅前通り商店街である。全国チェーンの店やコンビニ，夜間性飲食店など商店街会員にならないところが増えている中で全店加盟の商店街として参加しない店を説得し全員加盟の組織化を実現している。

　組織機能は，商店街存続のためには欠かせない課題であるが，活性化の前提ともいえる機能であり特記される活動としては少ない。後述する商店街が自己組織化するためにはカリスマリーダーが必要であるし，活性化している商店街には多くの場合リーダーはいる。ただ，当然すぎて商店街活性化事例として取り上げられるのは少ないだけである。また，組織活動は個店活性化を伴うことが多く，事例としては各機能の中に入っていると見るべきである（図表1—4）。

図表1−4　経済的機能　組織機能

市町村	商店街名	組織
八戸市	協同組合八戸総合食品センター	青年部と若手後継者10名の販売促進委員会。
八戸市	八戸屋台村	2006 商店街全体都市として環境配慮にこだわった運営と若手起業家育成・地場産品を使用している。
盛岡市	肴町商店街	活動全体に青年部を取り込み幹部育成も兼ねた活動をしている。
福島市	文化通り商店街	次代の商店街幹部として育成するために青年部の活動を他組織へ広げて稿理由を促進している。
目黒区	自由が丘商店街	2001 街路整備が終了し地域イメージを高めるための活動として地権者のオーナー会議を作り，個店の活性化を進める。
川崎市	ブレーメン通り商店街	商店街若手経営者が中心となって国際交流活動を展開している。
豊川市	表参道発展会振興組合	2002 若手商業者と住民による「いなり楽市」イベントを開催。
松江市	京店商店街協同組合	1990 毎朝1時間，週2回のローリング会議（組合員の活性化会議）。
世田谷区	烏山駅前通り商店街振興組合	2001 商店街全員加盟の組織化

出所：図表1−2に同じ。

第4節　商店街の社会的機能

活性化事例に基づき商店街活動の内容で地域コミュニティとの関連の内容について見ると次の3つの社会的機能に分けることができる。

① 地域課題解決機能（コミュニティ・ソリューション機能）
② 地域交流機能（コミュニケーション・コミュニティ機能）
③ 街区形成機能（アメニティ機能）

近年特に注目されているのが①の地域課題解決機能である。高齢社会，環境問題，核家族化など地域固有の社会的現象は地域の課題として顕在してきている。買物難民[10]，買物弱者などが社会問題となっている。買物についての不便

さを解消する活動，例えば宅配，買物代行などは多くの商店街やコンビニ，大型店，生協などでも実施されている。また，子育て，起業支援など商店街が商店街としての「場」を使った活動が展開されている。

② は地域交流機能である。商店街の社会的機能は 80 年代の流通ビジョンの頃から注目されている商店街のレーゾンデートルである。特に地域コミュニティとの関わりが重視され，基本機能である経済的機能強化を前提として社会的機能が問われている。加藤（2005）はコミュニティ機能として「情報交換の場，祭りの担い手」を例にあげている（234 頁）。これは下記に示すように ② 地域交流機能であり，コミュニケーションとコミュニティ場であることは加藤の主張と同様である。

ただ，今日商店街に問われているのは，事例に見るようにコミュニケーションとコミュニティの場等の設備ではなく運営や活用といった活動内容である。80 年代の頃から商店街支援施策としてコミュニティの場が強調され，商店街の中に会館，コミュニティ施設設置が推進された時代があった。今日でも当然商店街活動や地域コミュニティ活動の拠点として数多く役立っているのは事実である。今日はその施設も含め，空き店舗なども活用しながらどのような地域コミュニティの課題を解決するかという活動が重要な意味を持っている。例えば熊本市の健軍商店街[11]では，商店街の空き店舗を買物宅配の拠点として地元タクシーと共同で配達サービスをしている。

また，③ の街区形成機能（アメニティ機能）は，商店街の街並みを形成する店舗のファサード，商店街内のベンチ，トイレ，案内所などの利便・快適性である。最近では安全性の観点から歩行空間整備，LED 街路灯の営業時間外点灯などの活動も見られる。実際の商店街でどのように果たされているか事例に基づき見てみよう。

1 　地域課題解決機能（コミュニティ・ソリューション機能）

社会的機能の 1 つ地域課題解決機能は，近年特に重視されている。福田（2008）[12]は，地域社会に内在する問題と商店街の役割として 12 項目について指摘している。① 保育所や子育て支援，② 高齢者の買物支援，③ 学校や地域の福祉施設の給食，④ 市民への文化や教養提供，⑤ 商店街での健康相談，⑥ アクセスの利便性確保，⑦ 環境問題への対応，⑧ 地域の祭礼やイベントの担い手，⑨ 地域商店街に対する教育の場，⑩ コミュニティビジネスの場の提供，⑪ 地域の

観光開発資源，の項目である。指摘は全国の今回の収集した事例とほぼ同様の内容である。地域の課題解決の商店街機能としては共通の認識である。特に近年注目されているのは，高齢社会の進展に伴う買物支援である。買物機能が充実していても，買物行きたくとも行けない「買物難民」が増えている状況では，解決手段としての役割は大きいのである。

　このコミュニティ・ソリューション機能は事例として把握できたのは111件である。当然まだ他にもかなりの数はあると思われるが，各商店街活性化報告書やヒアリング等での情報だけでも如何に商店街が，経済的機能に加え，地域の課題に対して立ち向かっているかが分かる。商店街の地域社会の生活上の問題解決の代表的なものとして事例調査からは，高齢者等への宅配サービス，買物代行さらに商店街店舗での買物商品を自宅まで届ける宅配サービス，御用聞き，高齢者の安否確認等があり，買物弱者といわれる住民に対して課題解決の役割をしている。また，インターネットでの商品購入の代行サービスは今後さらに増えてくるであろう。この課題解決は商店街だけでなく，大型店，コンビニエンスストア，生活協同組合，NPO等様々な活動主体がいる[13]。全体としては商店街の活動と同様の活動であるが，組織小売業の活動が目立ち，地域社会での役割は商店街が機能していない地区では重要な役割を果たすようになると思われる。しかし，どうしても利益が必要な事業者としては，どこまで継続できる活動が期待できるか懸念がないわけではない。ただ，近くにあり，いつでも役立てるのは商店街の強みであり，活動は地域と密着した商店街の役割として期待される。社会福祉の関係を見ると，東京都杉並区の阿佐谷パールセンターでは，杉並区内の障害者施設（作業所）に通う方たちの手づくりの品を販売するコミュニティショップを開設した。富山市の上新町商店街・商工振興協同組合は，商店街の空き店舗を活用し，障害者就労支援の場を地域の社会福祉団体と共同で開設した。青森市の新町商店街では，高齢者，障害者のための「まち使い」という名称の交流拠点を設置した。社会福祉関係の組織は支える人が多く，商店街にとって地域で課題解決機能を発揮する意義は大きい。商店街の地域社会の一員としての役割でもある。

　高齢者対応についてみると大変数が多いがその一部を紹介する。秋田県鹿角市の花輪新町商店街振興組合では，シルバーカード事業としてライフカードの発行をして，交流拠点を設置するとともに，高齢者支援を展開している。このシルバーカード事業は全国に数多く，先進的には東京都墨田区の向島橘銀座商

店街は 1996 年にシルバーカード事業を開始してライフカードとしても使える仕組みを開発し，高齢者事業の先駆けとなったことで有名である。その他，防犯，子育て，環境問題対応，無料バスの運行，コミュニティレストランなど商店街が実施している地域の課題解決の役割は非常に多く，地域社会で重要な役割を果たしている商店街が多いことが改めて理解できる（図表3―5，章末）。

地域の課題解決は高齢者，買物弱者に限定してどのような意識と対応が見られるかについてここ1，2年の新聞記事を参考にあげておく。商店街以外の組織，機関の活動も数多く見られる。それだけ地域社会にとって大きな課題であることが分かるとともに，地域社会を支える役割を各主体がそれぞれ展開している。

　　2　地域交流機能（コミュニケーション・コミュニティ機能）

地域交流機能は比較的多くの商店街でこれまでも交流の場としてその役割を果たしてきた。地域交流の場づくりなどは国のコミュニティ支援策もあり施設としては充実してきた。重要なのはコミュニティ施設や会館などをどのように活用するかであり，そのような施設がない商店街でも，本来的に商店街自体が地域コミュニティの場である。商店街という場を使い，地域の様々な活動が展開されている。これまで見てきたように商店街の機能は商店街が単独で実施するだけでなく地域の団体が連携して実施することも少なくない。後述するが，今回の事例でも他の団体や商店街と連携して実施していることが大変多いのである。いわば，商店街が地域社会のプラットフォームとして機能しているのである[14]。

毒島（2008）[15]は，東京都（2001）「21世紀商店街づくり振興プラン」を引用し，このプランに示されている商店街の機能全般の活動内容は，商店街が地域社会のプラットフォームとなって役割を果たすことを主張している。商店街が地域社会での存在意義を回復・確立するためには経済機能を強化することが前提で，6つのコンセプトが必要であるとしている。① 地域の生活基盤，② 地域の顔（個性），③ 地域文化の伝承・創造の場，④ 街並み・景観等のハード的魅力の決定要因，⑤ 地域の休息・憩いの場，⑥ 人や物資の集積・交流と情報発信の場，の6つを紹介している。まさにコミュニティ，コミュニケーションの場を指摘している。商店街の全国事例をみても非常に領域の広い商店街の機能である。

地域交流機能は，商店街のイベント等は地域の交流の典型的な例であるが，

多くの商店街が個々の経営に結びつかないことを指摘している。イベントの意義は住民に商店街を知ってもらうことや売り出しに結びつけることである。しかし，上記毒島の記述を待つまでもなく，売上に結びつくことは結果であって，それ自体が目的ではない。人々がこの場で交流してくれることは商店街や店を知ってもらう格好の機会のはずである。顧客にとって印象に残らない店はその店自体の経営の問題であるといえる。イベントは当然交流の手段として有効であるが交流機能で活性化事例としてあがっているものは，イベントだけではない。例えば，コミュニティ関連が強く，場として利用されている。また，かつてあったお祭りの復活や地域のシンボルとなっているイベントである。ただしコミュニティ施設の設置だけという活動は特に事例として取り上げていない。ただ，交流機能の事例としてはなくとも，その場を使って課題解決をしている例はすでに見たとおりである。例えば，行政機関の窓口機能（公的スペース），集会所，宅児・宅老所，診療所などの機能を持っている例である。また，コミュニケーション関連としては，情報提供としてのタウン誌の発行，国際交流の場，店主が先生となって商店街で教室を開いている等が特徴的な交流機能の発揮例である。商店街の広場や空き店舗などをコミュニティスペースとして活用している例は教室，休憩所，憩いの場，食事処などはすでに確認したところである（図表1―7，章末）。

3　街区形成機能（アメニティ機能）

　石原（2006）は商店街の店舗の外部性は，小売店舗の外部空間として商店街の街並みを形成すると主張している。「構造物としての小売店舗が外部に向かって発信するのは（中略）境界として外部に接するすべての面で，外部空間に向かって自らを主張する」[16]（47頁）のである。店舗のファサードは店舗が連続する中で街並みを形成する。

　石原・石井（1992）[17]は，「商店街の公共性」を地域コミュニティとの結びつきから捉えている。商店街の公共性について4つの側面から捉えている。① 公共空間としての街路，② 消費者にとっての「買物空間」，③ 地域のコミュニティ施設としての側面，④ 地域の担い手（333～338頁）。公共は社会一般であり，不特定多数の人に利益になるものであるから商店街を公共と見ることは理解できる。商店街が外部と接することを考えると，本章でいう「快適空間機能」は公共的な空間といえるだろう。店舗のファサードだけでなく，商店街内のベンチ，

トイレ,案内所などの利便・快適性のための街区形成(アメニティ)機能である。

さらにいえば,公共性のレベルとして3つの段階があるといえる。第1段階は,街区の歩行・交通の安全性である。安心していける,歩けるというのは買物だけでなく,そこへ出向するのに心理的抵抗が少ないことを意味する。高齢者や小さい子連れの買物客は安全性が重要である。これは夜間の防犯,照明などについてもまず安全であることは優先される機能である。第2段階は,利便性である。トイレ,休憩所,案内所などであるが,これらの機能は商店街にあって当然の機能であり,商店街活性化事例でも取り立てて多いわけではない。ただ,ハーズバーグの衛生理論[18]のように,あることが当然のことがない場合は大きなマイナスのイメージとなるのである。第3段階は,快適性である。活性化事例で多くあるのは,オープンモール,小公園,ポケットパーク,パティオ空間などである。快適空間整備として重要な機能である。ファサードなどの景観整備は地域イメージを醸し出す重要な公共的な整備である。活性化事例の数は決して多くはない。景観整備をしただけで終わるのではなく,整備した後でどう活性化するかが課題となっているからであるといえる(図表1—8,章末)。

図表1—5　社会的機能　地域課題解決機能(コミュニティ・ソリューション機能)

市町村	商店街名	コミュニティ・ソリューション活動内容
札幌市	狸小路商店街	2002 防犯警備。
札幌市	琴似商店街	ロードヒーティング,街の維持管理。
岩内町	岩内町名店街協同組合	2008 多機能コミュニティスペース「寿楽座」(1階高齢者専用スペース)。
岩内町	岩内町名店街協同組合	2008 多機能コミュニティスペース「楽育楽座」(2階子育て支援専用スペース)。
室蘭市	輪西商店街振興組合	2001 子育て支援施設「ワニワニクラブ」。
白老町	大町商店街	2007 高齢者憩いの場づくり。
青森市	新町商店街	2006 高齢者,障害者のための「まち使い」交流拠点を設置。
八戸市	十三日町商店街	保育所分園の設置。

鹿角市	花輪新町商店街振興組合	2002 シルバーカード事業としてライフカードの発行，交流拠点の設置等の高齢者支援。
福島市	文化通り商店街	買い物の受注，宅配。
郡山市	郡山駅前大通り商店街	送迎，買い物付き添い，御用聞き。
会津若松市	七日町通りまちなみ協議会	1994「4つのどうぞ運動」いす，トイレ，お茶，お荷物を顧客にサービス。
郡山市	郡山中央商店街振興組合	2003 歩行空間整備としてユニバーサルデザインによる整備。
高崎市	高崎中部名店会商店街振興組合	買い物歩行空間整備。
沼田市	中の会商店街	買い物代行，出張販売。
秩父市	みやのかわ商店街	商店街までの乗り合いタクシー，出張商店街までの送迎。
千葉市	千葉市中央地区商店街協議会	無料循環バスの運行。
船橋市	本町通商店街振興組合	歩行安全性のための街路整備。
墨田区	向島橘銀座商店街協同組合	1996 シルバーカード事業開始ライフカードしても使え，高齢者事業の先駆けとなった。
品川区	中延商店街	2006 高齢者向けに電球の交換や庭木の手入れなどの「街のコンシェルジュ」開始。
品川区	中延商店街	2005 高齢者向けに健康管理，商品紹介等を行う「まちなかサロン」開設。
新宿区	早稲田大学周辺商店連合会	1998 エコステーションを設置し商店街リサイクルへの象徴的な取組み。
杉並区	阿佐谷パールセンター	2005 杉並区内の障害者施設（作業所）に通う方たちの手づくりの品を販売するコミュニティショップを開設。
杉並区	日大二高通り商店街	2010 商店街の証明をLEDに換え，増設し安全性を強化した。
世田谷区	経堂すずらん商店街	2008「プラチナ元気塾」を開設し地域の高齢者の健康づくりの活動している。。
世田谷区	明大前商店街振興組合	2001 商店街が「明大前ピースメーカーズ」という防犯の自警団を結成。
世田谷区	尾山台商栄会商店街振興組合	2003 消費者懇談会を皮切りに地域の高齢者子供の安全と楽しみを住民とともに活動しすすめている
世田谷区	下高井戸商店街振興組合	1999 高齢者世帯を主な対象に「Mott（もっと）しもたか宅配便」事業を介意した。
目黒区	自由が丘商店街	2002 NPO法人「サンクスネーチャーバスを走らす会」の協力を得て商店街と周辺住宅地を巡回する無料バスを運行。

第1章　商店街の経済的機能と社会的機能　39

大田区	長原商店街振興組合	2005 スタンプ事業は定評はあるが高齢者の利用促進で休憩所，トイレ，ベンチなどを充実させた。
大田区	日の出銀座商店街	2010 高齢者，子育て支援として「ひので屋」を開設，商店街のバリアフリー化も推進。
板橋区	中板橋商店街	2005 買い物代行，宅配サービス。
板橋区	遊座大山商店街	2007 徹底して健康に安心なカフェ・エコロジーのコミュニティレストラン「茶の間」開設。
板橋区	ニュー北町商店街振興組合	1999 商店会長が主催するNPO法人「北の大家族」は商店街会館を使い子育て支援，高齢者ミニディサービスを実施している。
文京区	江戸川橋地蔵通り商店街	2007 環境問題対応のため商店街の照明ををLED化するとともに商店に20%節電を捨て新している。
文京区	江戸川橋地蔵通り商店街	2007 商店街の空き店舗を使い，主に高齢者の顧客のために宅配事業を推進。
文京区	白山上向丘商店街	2011 文京区の助成を受けて商店街での買い物客の商品を宅配している。
武蔵野市	吉祥寺ダイヤ街	2009 商店街の装飾街路灯をLED照明に換え，消費電力節減と夜の歩行の安全性を目指している。
立川市	Lロード商店街・npo法人「食と職を考えるチャンプルーの会」	2001 商店街空き店舗活用しコミュニティレストラン「サラ」，コミュニティスペース「広場サラ」を開設。
立川市	錦商店街振興組合	1999 周辺の高齢者を対象に商店街ライフカードを発行しているが，それに加え，「まごころ便」と呼ぶファクス宅配をはじめた。
横浜市	元町商店街	2001 商品手配，配達。
富山市	上新町商店街・商工振興協同組合	2004 空き店舗活用による障害者就労支援の場。
富山市	中心4商店街まちなか感謝ディ実行委員会	2005 中心街駐車場を借上げ無料駐車。
富山市	協同組合大山町中央商店街	2003 コミュニティ施設「よってかれ家」の開設に伴い高齢者向けにイベント，交流教室等を実施している。
富山市	株式会社まちづくりとやま	2007 まちなか感謝ディイベントとして日本一のマイカー所有率を背景に中心街の駐車場を無料開放。
黒部市	商店街連合会	買い物代行。
立山町	商店街連合会	買い物代行。
金沢市	株式会社金沢商業活性化センター	2007 マイカーの規制や観光客の交通の利便として「まちバス」を駅と市内主要名所を循環するバスを運行。

佐久市	岩村田本町商店街振興組合	2003 振興組合直営の総菜店「本町おかず市場」開設。
佐久市	岩村田本町商店街振興組合	2006 子育て支援のための「子育て村」開設。
佐久市	岩村田本町商店街振興組合	2009 学習塾の運営「岩村田寺子屋塾開設」。
佐久市	岩村田本町商店街振興組合	2008 高校生チャレンジショップ。
多賀町	協同組合多賀門前町共栄会	2005 古民家活用で門前町ディケアセンター開設。
岐阜市	柳ヶ瀬商店街振興組合連合会	宅配，ポーターなど高齢者向け支援サービス。
土岐市	商店街振興組合連合会	御用聞き，宅配。
土岐市	駄知小売商業協同組合	1998 御用聞き，宅配。
高山市	高山市商店街振興組合連合会	2008 子育て支援の子供広場「かんかこかん」の開設。
高山市	高山市商店街振興組合連合会	2004 商業高校生のチャレンジショップ「吉商本舗」の開設。
大垣市	大垣市商店街振興組合連合会	1998 大学などとバリアフリーマップなど福祉観光の活動開始。
御殿場市	商店街組合連合会	宅配サービス。
新居町	新居町町内商店街	1997 地元商業者が葬祭サービス事業を開始。
名古屋市	大須商店街連盟	2005 安心・安全のためのAED設置など。
名古屋市	柳原商店街振興組合	2003 NPO法人「まめっこ」と協力して空き店舗を使い子育て施設「遊モア」を開設。
豊田市	桜町本通り商店街振興組合	2008 歩車道の段差解消のバリアフリー化。
豊田市	桜町本通り商店街振興組合	2006 地産地消を推進のため朝市地域の店や農家ともに実施。
西尾市	吾妻町発展会	2007 商店街と障害者団体が連携して福祉の店を展開。
一宮市	一宮市中心商店街	2007 有志40名で「一宮健康商店街研究会」発足，健康講座等を開設。
津市	大門商店街	2005 高齢者向けコミュニティレストラン。
四日市市	一番街商店街振興組合	1992 ループバス・無料の商店街と社用施設の回遊バス。
伊勢市	伊勢高柳商店街商店街振興組合	2005 公園，トイレのバリアフリー化，UDの推進。
伊勢市	伊勢高柳商店街振興組合	2004 商店街に障害者支援センターを設置するとともに街区をユニバーサルデザイン化。
桑名市	桑名寺町通り商店街振興組合	2005 高齢者向けの「ふれあいカード事業」実施。

長浜市	ゆう壱番街商店街振興組合	1997 高齢者が主たる顧客の「プラチナプラザ」を開設，販売も商店街。地域の高齢者で死守運営している。
京都市	西新道錦会商店街振興組合	1991 高齢者向けにファックスネットによる御用聞き。
京都市	伏見大手筋商店街	2006 地域子育ステーション「ぱおぱおの家」開設。
京都市	京都三条商店街振興組合	2006 子育て支援，子供の学習の場「子育て広場」開設。
大阪市	森小路京かい道商店街	2006 商店街での防犯活動として「青色防犯灯」を設置後の犯罪がゼロとなった。
東大阪市	スマイル瓢箪山	2002 高齢者向け宅配事業「スマイル宅配便」開始。
池田市	石橋商業活性化協議会	2000 商店街の月決め駐輪場，日貸し駐輪場など商店街利用者以外の駐輪場設置。
堺市	中百舌鳥駅前商店街	スーパーや大型店が撤退したあとの地域を対象に移動販売。
堺市	堺山之口商店街振興組合（アスティ山之口商店街）	2003「堺まちかどサポートルーム・堺エンゼル広場」開設。
尼崎市	武庫元町商店街	宅配サービス。
洲本市	洲本商店街	買い物代行。
田辺市	商店街連合会	買い物代行。
松江市	協同組合松江天神町商店街	2005 高齢者，紹介者のためのバリアフリー化，ふれあいプラザなどを設置。
三原市	三原帝人通り商店街	2008 空き店舗に子育て支援施設，ケアハウス1階に地域交流スペース。
下関市	唐戸商店街	買い物代行，配達代行。
周南市	徳山銀座商店街振興組合	買い物，掃除，洗濯などの家事代行。
山口市	中市商店街振興組合・本町商店街振興組合	2003 高齢者や障害者のための電動カート，車いすの無料貸し出し，看護師等が常駐する「まちの保健室」開設。
山口市	中市商店街振興組合・本町商店街振興組合	2003 子育て中の親子への相談や交流，子育て支援者の人材育成。
萩市	田町商店街振興組合連合会	2008 地元農産物直売所，農家レストラン・居酒屋天蔵開設。
徳島市	籠屋町商店街振興組合	2003 子育ての交流，相談，講習会等を行う「子育てほっとスペースすきっぷ」の開設。
高松市	丸亀町商店街振興組合	2005 商店街の2階に託児所開設。

高松市	丸亀町商店街振興組合	2008 商店街内に商店街運営の地産地消店舗開設。
小松町	商店街連合会	買い物代行，宅配サービス。
高知市	おびさんロード商店街	託児所。
福岡市	川端通商店街	買い物代行。
大牟田市	よかもん商店街	出張サービス。
鹿島市	鹿島スカイロード商店街	買い物代行。
長崎市	中央地区商店街	2006 携帯電話，パソコンによる駐車場の満空情報発信。
佐世保市	俵町商店街協同組合	1999 地域の高齢者に立てしてシルバーカードを実施している。シルバータイム，定期金利の利率アップ，誕生日ービスなど歩を実施している。
佐世保市	相浦商店街	買い物代行，福祉相談。
五島市	福江商店街連盟	2003 地域住民の移動手段を確保するため低料金での福江の11商店街が「福江中心商店街循環バス」を運行を始めた。
熊本市	健軍商店街	2008 地元タクシーによる宅配。
大分市	大分県中心部商店街連合会	2002 中心商店街6店をはじめ市商連等で組織する「おおいたパーキングネット」で郊外へ流出する顧客引き留める活動。
中津市		御用聞き，宅配。
薩摩川内市	大平橋通り商店街	託児所。
沖縄市	銀天街商店街	買い物代行，作業代行。
北区	霜降り銀座栄会	1999 環境問題を商店街で対応するために婦人部がエコバッグを消費者とともに開発。
横浜市	横浜橋通商店街	防犯。
横須賀市	三笠ビル商店街	防犯，バリアフリー化。

出所：図表1—2に同じ。

図表1―6　地域課題解決機能関連　新聞記事「高齢者・買物弱者支援他」

見出し	小見出し	出　所
「買い物弱者」対策本格化	経済省　事業者に費用補助　国交省　出張商店街の実験	日経MJ（2010.11.29）
ネットスーパー配達回数を倍増	ヨーカ堂　1日10便　時間選びやすく	日本経済新聞（2011.2.3）
オリジンと出店連携	候補地情報共有　店長一人で複数運営イオンの小型スーパー	日経MJ（2011.1.19）
老いる都市　成長に影	社会保障の見直し必要　25年後，高齢者の過半が3大圏に	日本経済新聞（2010.5.24）
買い物弱者，都市部でも	高齢化・小売店撤退……　住民，店舗跡地で朝市　全国600万人と推計　タクシー使い宅配も	日本経済新聞（2010.11.8）
高齢者の買い物支援	東京都武蔵村山市	日経MJ（2010.7.19）
先進国の高齢化　先頭に立つ日本，世界のモデルに		日本経済新聞（2010.7.30）
家族・世帯の姿　高齢の一人暮らしは倍増	家族・世帯の姿　高齢の一人暮らしは倍増	日本経済新聞（2010.7.27）
イオンが広域ネットスーパー	過疎地へも「即日宅配」まず東北，生鮮食品含む	日本経済新聞（2011.9.8）
富山市の路面電車　4回目から乗車無料	当日限り，ICカード利用で	日本経済新聞（2011.7.21）
コープネット　小型店の総菜品目倍増	専用のじゅう器導入　高齢者の集客強化	日経MJ（2011.8.12）
ケアマネ取り込みカギ	安否確認など　付加価値も競う	日経MJ（2011.8.24）
ドラッグ各社宅配導入拡大	ぱぱす年内メド全110店　CFS今期中10店に	日経MJ（2011.9.11）
マルエツ　超小型スーパー開店	都内に，コンビニ跡地利用	日経MJ（2010.10.29）
ベスト電器　小型店で「御用聞き」	修理の受注や商品提案	日経MJ（2010.10.29）
スーパーより1～2割高でも……生鮮コンビニ，都会の味方	遠出つらい高齢者ら利用	日本経済新聞（2010.8.11）
食品宅配やスーパー　高齢者向け出張販売強化	全日本食品「ご用聞き」300店に拡大　らでぃっしゅ来月から移動店舗度入	日本経済新聞（2010.11.23

路線バス，過疎地で再建	近畿の自治体が整備策　実需にあわせ利便性向上	日本経済新聞（2011.2.2）
セブンイレブン「買い物弱者」支援実験	「地域のインフラ」めざす　採算確保グループの連携不可欠	日経MJ（2011.2.4）
「電鉄」回帰の東急ストア　駅前店を集中改装	「時間」に価値，利便性を追求	日経MJ（2010.9.10）
セブンイレブン「買い物弱者」へ移動販売	まず茨城・城里町で	日経MJ（2011.5.16）
コープネット事業連合　宅配「御用聞き」高齢者に電話	ネットスーパーに対抗	日経MJ（2011.2.28）
大きく育つか　超小商圏戦略	成熟社会の陣取り競争へ	日経MJ（2011.2.28）
コンビニで朝食バイキング	大津屋，390円で提供　和食総菜など20品目　福井市の店舗で実験	日本経済新聞（2011.9.22）
町の移動主役は自転車	富山でレンタル本番	日本経済新聞（2010.4.10）
買い物弱者近所で守る	住民自ら青空市や宅配　スーパー撤退後　高齢者交流の場を	日本経済新聞（2010.3.16）
食費スーパー出店12％増	今年度大都市圏で地盤固め　主要20社	日経MJ（2010.9.21）
地方鉄道の再生　集客力向上への不断の努力を		日本経済新聞（2010.9.22）
山間・周辺部　貨物輸送との協力など工夫必要		日本経済新聞（2010.9.21）
福井市で働く女性　県外で買い物多く	3セク調査　中心部の集客力低下	日本経済新聞（2010.9.16）
地域の足確保　コミュニティーバスが成否握る		日本経済新聞（2010.9.20）
商業団地でカーシェア	長崎卸センター　電気自動車など30台	日本経済新聞（2010.9.29）
ヨーカ堂，都市型スーパー開業　東京23区に10店出店　1年で		日経MJ（2010.10.4）
宅配，高齢者の見守り役		日本経済新聞（2011.8.3）
ヨーカ堂　出張販売買い物弱者開拓	ネットスーパーPR	日経MJ（2011.6.24）

第1章　商店街の経済的機能と社会的機能　　45

商い待つより出向く　高齢者の送迎や御用聞き	繁華街に超小型店	日経MJ（2011.6.29）
理想の高齢社会像探る	働く場提供：子ども拠点で指導役　介護・医療：在宅のまま効率的に　まちづくり：公園に住民の声反映	日本経済新聞（2011.7.10）
高齢者に優しい店に	マルエツ視・触覚低下を"体験"　エコス売れ筋，とりやすく陳列　食品スーパー各社	日経MJ（2011.7.10）
宅配事業，顧客囲い込み	コープネット　ポイント制見直し　長期利用者ら優遇	日経MJ（2011.6.8）
「にぎわい取り戻して」	釜石，仮設商店街オープン	日本経済新聞（2011.9.17）
生協が移動販売拡大	福井県民生協軽トラ導入で小回り　山形の共立社車両・巡回場所増やす	日経MJ（2011.9.19）
無料で自転車シェア	札幌大通りまちづくり　路上駐輪減らし街を歩きやすく	日経MJ（2011.9.19）
マルエツ超小型スーパー展開	コンビニ並み，都市部に	日経MJ（2010.10.13）
小型店で都市部を攻める	国内市場で成長どこまで？ニトリ社長似鳥昭雄氏	日本経済新聞（2010.5.23）
商店街の復旧支援	東北・関東中心に2億円　中小企業庁	日経MJ（2011.4.25）
高齢の"買い物難民"を救え	食品を宅配・商店街まで送迎　自治体など対策，安否の確認	日本経済新聞（2011.4.20）
「買い物最小限に」3割超	「復興へ水準維持」も18%　産地研調べ	日経MJ（2011.4.13）
送迎や配送　補助に限界も	「買い物難民」対策	読売新聞（2010.2.19）
コープさっぽろ買い物弱者支えて前へ	移動販売で1000品目　店舗・移動販売・食事の宅配　生活困難度で対応　利便と採算両立手探り	日経MJ（2010.12.17）
地元野菜活用へスクラム	千葉県東葛6市　レストラン25店連携	日経MJ（2010.12.6）
リニューアルのたまプラーザ店　東急百が生鮮即日宅配		日経MJ（2011.9.11）
バイオ燃料車拡大	生協，宅配用調理場の廃油活用	日本経済新聞（2010.5.31）
小型スーパー出店規制	韓国，商店街から1キロ圏内	日経MJ（2011.5.27）
小売り　ミニ店舗で集客	セブン&アイ，広さ半分　マツキヨは5分の1に　駅・都心に出店加速	日本経済新聞（2010.5.2）
外食・サービスにも拡大	小規模店の展開	日本経済新聞（2010.5.2）

ラウンドワン　郊外店に無料送迎バス	関東や近畿7店で　若者の「車離れ」対応	日経MJ（2010.12.15）
生鮮のネットスーパー	ローソン，野菜宅配業者と	日本経済新聞（2011.10.2）
ファミマ，移動販売車公開　4温度帯で商品管理		日経MJ（2011.9.11）
公共交通は街づくりの「肝」		日本経済新聞（2011.8.31）
買い物弱者支援多彩に	代行サービス・荷物運び・出前商店街……全国に600万人新たな市場に	日本経済新聞（2011.8.16）
ネットスーパーも「エコ」	小売各社トレー回収など強化	日本経済新聞（2011.10.5）

出所：第1章注7に同じ。

図表1―7　社会的機能　地域交流機能（コミュニケーション・コミュニティ）

市町村	商店街名	コミュニケーション・コミュニティ
札幌市	本郷商店街	イベントの開催，小学生の体験販売実習受入れ。
網走市	網走中央商店街	戦前の風物誌的な行事「七福神祭り」を復活。
斜里町	斜里ポテト協同組合他	4商店会共通のスタンプ広域ポイントカードの発行。
青森市	元気町あぶらかわ商店会	タウン誌の発行。
盛岡市	肴町商店街	キッズクラブ中心のイベントの開催。
山形市	七日町商店街	2003 空き地活用の広場でイベント「ホットなる朝採り金曜市」の開催。
会津若松市	神明通り商店街	神明1枚ぴったり市・あいづ手づくり市・神明福引まつりイベントの開催（本年度は中止）。
水戸市	南町2丁目商店街	市民参加の祖ボローニアとの国際交流。
水戸市	南町3丁目商店街	作品等展示場。
宇都宮市	オリオン通り商店街	ナイトバザール。
宇都宮市	ユニオン通り商店街	2005 サンバイベントの開催。
幸手市	幸手市商業協同組合	非加盟店でも利用できる総合ICカード。
千葉市	栄町商店街	100回以上続いているナイトバザール。

台東区	おかず横丁	食べ歩きイベントの開催。
台東区	佐竹商店街	食べ歩きイベントの開催。
江東区	砂町銀座商店街振興組合	26年間続く砂町銀座フェアー(今年度は中止)。
品川区	戸越銀座商店街	オリジナル・アプリーイベントの開催。
品川区	中延商店街	2004 店主が先生の教室を開催。
港区	麻布十番商店街	世界大使館イベントの開催。
豊島区	巣鴨地蔵通り商店街振興組合	1998「4の日」イベントとして高齢者に対するサービス。
板橋区	ハッピーロード大山商店街	2003 空き店舗を活用した地方都市の銘品のイベントの開催。
横浜市	イセザキモール	フライデーミニコンサートイベントの開催(毎週金曜日)
横須賀市	三笠ビル商店街	エコイベントの開催。
横須賀市	久里浜商店街	あっちもこっちもイベントの開催(毎週土曜日)。
小田原市	お堀端商店街振興組合	1991 お城の歴史をタイトルとする「幸田門市」の開催。
福井市	福井駅前商店街	1997 地域全体のアーバンカード(ポイントカード)の導入。
岐阜市	玉宮通り商店街	オープンカフェイベントの開催。
大阪市	粉浜商店街	100円商店街イベントの開催。
下関市	唐戸商店街	観光案内。
佐世保市	三ヶ町商店街,四ヶ町商店街	2003 一口1000円のイルミネーション募集など一体感のあるイベントの開催。
熊本市	熊本市内6商店街	イベントの開催,ストリートアート。
宮崎市	宮崎市内6商店街	ど真ん中祭りイベントの開催。
鹿児島市	中央地区商店街	まちなか感謝イベントの継続的開催。

出所:第1章注7に同じ。

図表1—8　社会的機能　街区形成機能（アメニティ機能）

市町村	商店街名	街区形成
札幌市	本郷商店街	歩行空間整備，ベンチ，トイレ，環境配慮。
旭川市	平和通買物公園	歩行空間整備。
青森市	新町商店街	街路整備，電動スクーター，車椅子の貸出。
盛岡市	肴町商店街	バリアフリー配慮。
仙台市	仙台市内6商店街	2005 QRコードを利用したネットの店舗情報整備「街ナビ仙台」開設。
鹿角市	花輪新町商店街振興組合	2002 ソーラー利用のアーケード。
山形市	七日町商店街	核的広場整備。
郡山市	郡山市中央商店街	歩車共存道路の整備，ベンチ。
郡山市	郡山駅前大通り商店街	歩道空間の拡大，道路整備，電線の地中化。
宇都宮市	ユニオン通り商店街	2005 歩行空間安全性の街路整備，イルミネーション事業。
渋川市	渋川駅前通り商店街振興組合	商店街利便性整備（ベンチ，休憩施設等），コミュニティ施設整備。
川越市	川越市内7商店街	回遊性を高めたまちづくり，電線地中化，街路整備。
秩父市	みやのかわ商店街	街路整備。
千葉市	栄町商店街	装飾。
渋谷区	渋谷センター街	2002 防犯，美化活動。
杉並区	荻窪教会通り商店街	装飾。
杉並区	荻窪すずらん通り商店街	2006 「すずらん」の名称を持つ商店街と連携しエコバッグを作成販売。
世田谷区	烏山駅前通り商店街振興組合	2005 電柱地中化，街路整備等バリアフリー化。
板橋区	ハッピーロード大山商店街	2003 地元板橋産の農産物を中心とした地産地消推進。
川崎市	ブレーメン通り商店街	一店一エコ運動。
川崎市	オズ通り商店街	防犯。
横浜市	元町商店街	1982 街路整備，バリアフリーの徹底。
柏崎市	諏訪町商店街	メダカをイメージしたキャラクターやメダカ水族館を設置し地域の交流拠点となっている。

金沢市	片町商店街	2001 地域内IT化，LAN化のための「金沢ビィズカフェ」の開設。
岐阜市	柳ヶ瀬商店街振興組合連合会	空き店舗に事務所とサロンを併設。休憩所と買い物相談の役割。
岐阜市	玉宮通り商店街	街路整備。
大阪市	鶴見橋商店街	街路整備。
高知市	帯屋町商店街	カラー舗装等による街路整備。
西都市	平助商店街	街路整備。

出所：図表1―2に同じ。

注

1) 地域との関わりについては，その他にも，中小政策審議会商業部会（2009）2ページ，信金中央金庫地域・中小企業研究所（2011），財団法人中小企業総合研究機構（2007）等多くの主張が見られる。
2) 石原武政・加藤司編著（2005）。
3) 小川雅人・毒島龍一・福田敦（2004）17 ページ，233 ～ 234 ページ。
4) 地域コミュニティとの関わりの重要さを示す論調も地域社会での商店街の果たす役割・機能として読み取ることができ，これは商店街の機能として分析していく。
5) 小川（2004）。
6) 八幡一秀他（1999）。
7) 対象商店街数は 397 商店街及び商店街を含む連携体である。商業機能3種類，社会機能の3種類それぞれを含むところがあるため各機能で取り上げた数の合計は 480 程になる。対象商店街一覧は膨大なため別紙資料参照のこと。

　調査方法は，商店街ホームページで検索するとともに，資料として次の文献・書籍を利用した。多くの場合文献・書籍での事例もできるだけホームページでも確認した。文献・書籍は次のとおりである（末尾数字は紹介事例数）。

　・新たな都市空間需要検討会執筆チーム（2004）『中心市街地活性化導入・機能施設事典』学芸出版社2
　・経済産業省関東経済産業局（2006）『商店街取組の60事例（関東甲信越静地区）』60（商店街数108）
　・経済産業省中小企業庁（2006）『がんばる商店街77選』77
　・経済産業省中小企業庁（2009）『新がんばる商店街77選』77

・経済産業局中部経済産業局（2008）『商店街活性化に向けた取組事例集』39
　　　・全国商店街振興組合連合会（2007）『商店街活性化にかかる事例調査研究報告書』63
　　　・中小企業総合研究機構（2010）『商店街活性化のためのマネジメントに関する調査研究報告書』全国商店街振興組合連合会 9
　　　・中小企業庁（1997）『元気ある商店街100』全国商店街振興組合連合会 100
　　　・（独）中小企業基盤整備機構（2006）『中心市街地活性化への取組事例集』20
　　　・（独）中小企業基盤整備機構（2006）『街元気サポートブック　にぎわいあふれるコンパクトなまちへ』26
　　　・東京都産業労働局（1997）『商業集積活性化支援事業報告書』47
　　　・中出文平・地方都市研究会（2003）『中心市街地再生と持続可能なまちづくり』学芸出版社 23
　　　・日本商工会議所（2006）『実践！まちづくり』別冊「石垣」11
　　　・矢作弘・瀬田史彦（2006）『中心市街地活性化 三法改正とまちづくり』学芸出版社 18
8）事例には，商店街の有志による活動，複数の商店街（連合会を含む），まちづくり会社等商店街関連機関等も含む。
9）巻末の「商店街インデックス」を参照のこと。
10）小川（2004）21～24ページを参照のこと。
11）杉田聡（2008）。
12）小川（2010）40ページ。
13）福田敦（2008）79～83ページ。
14）最近2年間の新聞記事を切り抜きして整理したものが参考資料として提示しておく。
15）毒島龍一（2008）164～165ページ。
16）石原（2006）。
17）石原武政・石井淳蔵（1992）。
18）Frederick Herzberg（1966）北野利信訳（1972）83～106ページ。

参考文献

石原武政・加藤司（2005）『商業・まちづくりネットワーク』ミネルヴァ書房。
小川雅人・毒島龍一・福田敦（2004）『現代の商店街活性化戦略』創風社。
（独）中小企業総合研究機構（2007）『コンパクトな街づくりに向けての商店街機能の強化策に関する調査研究報告書』全国商店街振興組合連合会。

信金中央金庫地域・中小企業研究所（2011）「商店街活性化に求められるコミュニティ支援機能——地域ニーズへの対応で新たな展開を目指す商店街事例は——」『地域調査情報』。
杉田聡（2008）『買物難民——もう1つの高齢化問題——』大月書店。
（独）中小企業総合研究機構（2007）『コンパクトな街づくりに向けての商店街機能の強化策に関する調査研究報告書』全国商店街振興組合連合会。
八幡一秀他（1999）『21世紀に向かって"まいど おおきに——西新道西機会商店街の挑戦——"』自治体研究社。
福田敦（2008）「地域社会の変容と商店街の機能革新」関東学院大学『経済系』第234集。
Frederick Herzberg（1966）"WORK AND NATURE OF MAN"，北野利信訳（1972）『仕事と人間性——衛星理論の新展開』東洋経済新報社。

商店街機能調査の利用した文献・資料

新たな都市空間需要検討会執筆チーム（2004）『中心市街地活性化導入・機能施設事典』学芸出版社。
経済産業省関東経済産業局（2006）『商店街取組の60事例（関東甲信越静地区）』。
経済産業省中小企業庁（2006）『がんばる商店街77選』。
経済産業省中小企業庁（2009）『新がんばる商店街77選』。
経済産業省中部経済産業局（2008）『商店街活性化に向けた取組事例集』。
全国商店街振興組合連合会（2007）『商店街活性化にかかる事例調査研究報告書』。
中小企業総合研究機構（2009）『商店街活性化のためのマネジメントに関する調査研究報告書』全国商店街振興組合連合会。
中小企業庁（1997）『元気ある商店街100』全国商店街振興組合連合会。
（独）中小企業基盤整備機構（2006）『中心市街地活性化への取組事例集』。
（独）中小企業基盤整備機構（2006）『街元気サポートブック——にぎわいあふれるコンパクトなまちへ』。
東京都産業労働局（1997）『商業集積活性化支援事業報告書』。
中出文平・地方都市研究会（2003）『中心市街地再生と持続可能なまちづくり』学芸出版社。
日本商工会議所（2006）『実践！まちづくり』別冊「石垣」。
矢作弘・瀬田史彦（2006）『中心市街地活性化 三法改正とまちづくり』学芸出版社。

（小川　雅人）

第2章　商店街の内部組織の突出と外部組織の連携

第1節　本章の狙い

　前述したように加藤（2005）は，商店街組織は全員の合意を得るよりも少数の仲間組織に分解して事業を進めていくことが重要であると述べている。そのためには「商店街が全員での意思決定が困難であることから行動をスムーズにするためには意識の共通したもの同士がグループを作って進めることである」[1]。商店街の関係性は，商店街構成メンバーの特質から全員の合意は時間と労力がかかり，活動の開始には合意できる内部の関係者で選考して進めることが多い。例えば，前述したが，東京都足立区にある東和銀座商店街振興組合では，生鮮3品（鮮魚店）の経営者で高齢化のため店舗を閉めざるを得なくなったのに対応して，商店街の有志が「株式会社アモール・トーワ」を設立し，鮮魚店経営を維持したのである。商店街が自ら必要な業種の店を残したのである[2]。この事業の仕掛け人でもある東和銀座商店街振興組合の田中武夫理事長は，「住民が安心して生活できる街をつくっていくのが商店街の役目。困ったことがあっても商店街に行けば何とかなるという存在になっていかなければならない」[3]と話す。

　商店街活動は，地域社会が求める役割を担うことであるが，これは商店街が買物の場という経済的活動が基本的な役割である。しかし，これだけで終わらない。前記した様々な機能を担うことが求められている。その機能の担い方が，内部組織の突出と外部資源の連携である。内部組織の突出は東和銀座商店街の例のように，商店街に鮮魚店が無くなることについては仕方がないと諦める経営者は決して多くなかったという（当時，田中理事長）。しかし，出資金を出して実際に鮮魚店を経営しようという人は多くはない。緊急を要する行動を起こさなければならない場合に有志による活動が突出する必要があるのである。このような緊急な活動以外にも販売促進活動でも反対者や不参加者はほとんどの場合存在する。このような場合も商店街の販促部や青年部などが率先して実施することはよく見られることである。商店街のリーダーについては第10章に詳述しているが，商店街はカリスマ的なリーダーや経営力のある店舗が多い

場合などはその店舗や人を中心にまとまりがあり，行動が迅速に実行に移せる。これは後述する商店街の自己組織化である。しかし，現実はまとめ役の不在，自らの経営に没頭しなければならないなどあまり期待できない状況である。

　地域の課題によっては，商店街内部の人材で実行できるとは限らない。ただ，これまでも多くの商店街は地域活動として地域の祭りやリサイクル活動等は普段から外部組織と連携してきた。このような日常的な商店街が地域と連携できていることだけでなく，高齢者支援，子育て支援等地域が抱える課題を解決することも，商店街にとっても地域社会の一員としての役割となっていることを改めて認識しなければならない。地域社会の課題が多く，多様化している状況の中で商店街が機能発揮するためには地域と連携しなければ実行できないことが多くなっている。以下で商店街の自己組織化，地域との関係性，実際の調査結果などについてみる。

第2節　商店街の自己組織化

　商店街の自己組織化（Self-organization）[4]は，一見バラバラなもの（混沌）が，機能的なプロセスの中から1つのまとまり（序列）へ移行していくことをいう。福田（1998）[5]も主張しているように，最近までの商店街支援施策は商店街組織がまとまって1つの行動を起こせるような共同化する自己組織化を前提とした施策であったが，「多くの商店街で自己組織化が困難となったとして，商業集積の再構築を展開した」（19頁）。すでに1990年に東京の商業集積の研究[6]で，商店街が単に店の集合体か，組織体かについて述べている。この研究では商店街の自己組織化モデルをあげている[7]。① 自律性として各個店に「何かやっていこう」という意思が働いていること。② 情報共有ができていて活動のベクトルが同じであること。③ 目的意識があること。どこまで何をするか具体的で明確にゴールが示されること。④ 実現可能性として，人的，資金的，各支援も含め実現性について結果を共通認識できることの4つである。商店街の組織革新の例と大田区の大井三又商店街を取り上げてある。カリスマ性のある有力店舗のもと若手経営者が経営革新とともに商店街の共同活動にも積極的に展開した。しかし，リーダー店舗が撤退し，若手の経営者による自主的な組織活動はなくなった。決してこの商店街が例外なのではなく，本来商店街を構成する店舗は，独立心が強く，個性ある経営者の集まりである。むしろ同質的な経営者同士で

意思決定することは無理があるといわざるをえない。田中（1983）[8]は商店街組織自体が意思決定システムの複雑さが挫折感につながると指摘している。

地域コミュニティのための商店街の法律とも呼ばれた2009年に成立した「地域商店街活性化法」にもあるように，商店街が地域コミュニティの担い手としての役割が強く求められている。ただ，商店街の従来からある経済的機能を強化する中でさらに，他の外部組織との連携を進め，地域社会の1つの構成主体として地域課題の解決を図っていかねばならない。

第3節　内外の主体との関係性

1　個別商店，地域住民，地域活動団体，自治体と商店街との関係性

商店街が様々な活動主体と連携することはその関係性を持つ相手とどのような課題や方向を意識していかねばならないかについて，商店街に対する支援事業を検討するための調査結果の報告書[9]を参考に見てみよう。対象としてみているのは，個々の店舗，市民，町会，NPO，企業，行政，それに顧客でもある生活者である。

（1）　地域住民と商店の関係性

地域住民の意識，要望，苦情等を個店にフィードバックする仕組みづくりや住民の要望を反映した商品，サービスの開発，個店が主体的に関わるコミュニティづくり，住民（民間組織）が個店の経営支援をする仕組みづくりなど直接的に住民と個店が結びつく仕組みを支援する。

① 　商店と商店街の関係性

商店街全体のための商店街活動とは一線を画し，個店の変革を触発する商店街活動に転換する視点から，すでに取り組んでいる既存商店街事業の見直しや個店をレベルアップさせるあるいは個店を売り出す個店活動を保持する仕組み改めて個店を中心においた個店と商店街の関係を作り出す仕組みを支援する

② 　商店と商店の関係性

商店街内の有志や複数の個店によるブランドづくりをはじめとする事業の取

組や商店街の枠を超えた商店ネットワークによる個店改革のための事業を支援する。

③　住民と商店街の関係性
住民と密着するために従来から商店街で取り組まれてきた活性化事業を住民と商店街の関係すなわち商店街の地域貢献，商業機能の強化を見直す支援をする。

④　商店街と地域社会団体との関係性
商店街が町会，NPO等と地域貢献事業に取り組むことを支援するとともに，事務局機能が弱体化している商店街から業務をアウトソーシングする新たな受け皿づくりを進めることや活性化事業の新たな事業主体となる新たな組織づくりとしてネットワークの仕組み作りの支援をする。

⑤　商店街と商店街の関係性
一体的地域や沿線の商店街などで同一事業の展開が可能な複数の商店街同士のネットワークを支援する。

⑥　商店街と自治体の関係性
商店街にとって自治体等は単に助成を受けるだけの関係ではなく，ともに地域を活性化する役割を持つパートナーである。「公共」という役割には官公庁だけがすることではなく，不特定多数の人々の利益になることが商店街の役割でもある。

（2）　関係性の実態
商店街と外部活動主体との関係性について商店街商店街幹部にヒアリングした内容[10]について紹介しておく。
①　商店街と消費者（住民）
・商店街という考え方はもう古い。客は商店街に行くのではなく，店に行くのだと思う。商店街統一のサービスも魅力がない。客は店に来ているのだから各店でサービスを考えるべき。（立川・錦商店街：南畝）
・エコバッグやリサイクル等の事業は，商店街だけでなく周辺の顧客も含む

女性が中心となっては無理をしない，少しずつ進めるという「自然体」の姿勢で取り組んでいるのがよい結果を生んでいる。(霜降り銀座商店街：中村)
・消費者グループインタビューは店名も入れて結果を組合員に返しており，結構ショックを受けた組合員もいる。客と個店がどのようなコミュニケーションをとるか相互に意見が言える商店街を目指す。(尾山台商栄会商店街：岡部)
・商店街の売り物は人通りが多い，泥臭い，混沌として気持ちがいいなどカオス都市の魅力だと考えている。(砂町銀座商店街：堀内)
・商店街スタンプも従来のアナログのままで，顧客に飽きられてしまう。商店街統一の IC ポイントカードの導入を図る。(麻布十番商店街：須永)
・エコバッグを使ってもらうためには，各店毎に工夫をして消費税サービスやポイントサービスを行うなど動機付けを行っている。(霜降り銀座商店街：中村)
・Fax 宅配ハシッシュのサービスのつもり。実施して分かったことは，寝たきりや動けない高齢者は買物をしないということ。健康な高齢者が買っている。配達した時に家にいればいいわけだから便利と思っている。健康でない高齢者にどのようにサービスできるかが課題。(立川・錦商店街：南畝)
・座って休めるところを用意する。荷物を預かる。トイレを貸すなど各個店で高齢者に対応している。(砂町銀座商店街：堀内)

② 商店街と個店
・後継者は商人塾で商人としての価値観を理解してもらう。人数は多いとだめで竜頭蛇尾になりがち，20 人まで。卒業生は審議会の委員へ。(烏山駅前通り商店街：桑島)
・商店街として前進するためには組合員を区別しない横並びから方向転換し，スタンプ売上 20 位以内の食料品店に対してスタンプ実績に比例して補填金を配分し，ビックリ市で値引きをしてもらっている。(谷中銀座商店街：堀切)
・若手を動かすには夢は 365 日というかたちでなければならない。組合員をやる気にさせるには行政からの支援も必要。1 週間に 4 日は役所に行って

商店街の意欲を示している。その間商店街の活動は若手に任せている。（染井銀座商店街：高埜）
- 身内が商店街を見離し，やがて消費者が商店街を見離した。景気が悪くなって商店のエゴが益々出ている。やる気のある店が３分の１位。この仲間と活動を進めるしかない。（橘銀座商店街：大和）
- 商店街は，よそ者，ばか者，若者，女性がいなければ活性化しない。自分は商売そっちのけで商店街活動に突っ走るばか者であり続けている。商店街活動がボランティア活動などという人がいるが，当事者意識が欠如しているからで商店街活動はボランティアではあり得ない。商店街に60店あれば60分の1が自分の店に帰ってくる。（谷中銀座商店街：堀切）
- イベントには全店から協力金をいただいている。出し物を出す店には補助金を出している。（砂町銀座商店街：堀内）
- 商店街ブランド事業は個店の販促事業で，商店街が取り組む事業としてはできない。個店の個性を伸ばす商店街活動である。個店の売り上げに直結する事業でなければ，今後も商店街活動は無理。（戸越銀座銀六商店街：亀井）
- 従来からの売り出しは組合で一律に福引きを行っていたが，今回から個店のサービスを競うかたちにした。（麻布十番商店街：須永）
- 高齢者は交通弱者ではあるが，哀れみの対象と考えるべきではない。高齢者は気力も元気もある上，購買力も持っている。（烏山駅前通り商店街：桑島）
- ポイントカード事業の運営は，組合で希望をとりやる気のある人や若い人，女性を含めた委員会で素案をつくり，理事会で決定する。カードに伴うイベント内容は各店で客の反応を聞いて決定するのが成功の秘訣。ポイントカードにしてスタンプの出し惜しみが無くなった。（三ノ輪銀座商店街：五十嵐）

③ 商店街と商店街
- 大江戸線沿線をネットワークする商店連合会を構想している。活動が広がると思う。（麻布十番商店街：須永）

④　商店街と地域活動団体・個人
・NPO が運行しているサンクスネーチャーバスは自由が丘商店街と連携して駅から遠く離れた店舗の送迎バスとして発想した。本音は遊び半分，地域貢献半分（NPO サンクスネーチャーバスを走らす会：竹村）
・地域に密着した街場のビジネスの企業をサポートしている。起業募集すると大半は人生相談，企画書を書ける人も少数。商店街でビジネスプランを立てるサポートを無料で行っている。（早稲田創業支援機構：坂本）
・空き店舗を利用したレストランは，様々な人がフラリと立ち寄る場があれば，商店街が活性化するのではと考えて開設した。高齢者が外出する機会を増やし，お年寄りに優しい商店街というイメージを定着させることで再活性化につなげたい。（NPO 法人高齢社会の食と職を考えるチャンプルーの会：紀平）
・商店街に行くとホームページをつくると儲かるかといわれる。儲かりませんといっている。（情報コンビニ：飯島）
・シルバーカード会員組織と会員相互のネットワークづくりを進めている。会員の意見を聞く機会を作りたい。（橘銀座商店街：大和）
・チャレンジショップに，建物所有者が安心してかせることを理解してもらう。一度貸すと後は大変という意識を払拭してもらうのが商店街の役割。（北千住サンロード商店街商店街：田中）
・リーダーはどこにもいる。事業が動き出せばリーダーが出てくる。まず 3 人からはじめる。そこにリーダーが生まれる。（旧東海道品川駅周辺まちづくり協議会：吉澤）

⑤　商店街と大型店
・商店街と大型店は住み分けが必要。競争ではない。商店街が消費者ニーズの変化に対応していくのは無理で大型店にはない商品やサービスが必要（橘銀座商店街：大和）
・大型店とは共存共栄で行くべき。住み分けが不可欠。個店は専門店として努力すべき。（亀有銀座商店街：桐林）
・町会など地域社会との関係づくりや地域貢献が，宅配事業を実施することにした動機の 1 つ。（下高井戸商店街：前田）

このように現場の商店街幹部や実際に商店街と連携している活動団体等は現実的で具体的な内容で活動している。商店街幹部は商店街と個店の関係を重視していることがよく理解できる。これは，商店街の活性化は個別の店舗の経営力にかかっていることを強く認識しているからである。商店街の商業機能と社会機能は活発に商店街活動を実施しているところでは切り離すことなく当然のように一体で展開している。

第4節　中間支援組織との連携と課題

1　中間支援組織の意義と役割

　1998年に日本で特定非営利法人の法人資格制度を法制化したいわゆるNPO法が制定した。これはアメリカなどで社会の諸課題を解決する手段として市民活動をベースとした民間非営利組織が台頭したことを受け日本でも本格的に制度化したものである。日本でも民間営利組織を必要とする社会課題が増大し，公的セクターに変わる人々の必要性に関する認識の高まりも背景にあった。日本では「中間支援組織」と呼ばれている[11]。吉田によれば「中間支援組織は文字通り組織と組織を媒介し活動を支援する組織」（104頁）である。明確な定義はないが，内閣府国民生活局（2002）調査報告書[12]によれば，「多元的社会における共生と協働という目標に向かって，地域社会とNPOの変化やニーズを把握し人材，資金，情報などの資源提供者とNPOの仲立ちをしたり，また，広義の意味では各種サービスの需要と供給をコーディネートする組織」（111頁）と定義している。中間支援組織についてNPOの視点から見ている定義であるが，現状は，市民と行政の間で地域社会を課題解決や結びつきを支援する組織はNPOだけではなく，まして法人格を持っている組織だけではない。しかし，中間支援組織は日本ではまだ端緒についた段階で，地方都市には決して多くはない。

　本章では，中間支援組織について法人格を持ったNPOに限定せず，自治体と市民の間で課題解決する役割を果たしている組織，グループを総称してみておくことにする。地域づくり団体全国協議会（2010）[13]の事例集でも，必ずしも中間支援組織NPO法人に限定していない（17頁）。社会福祉協議会は当然としても農協，生協，青年会議所（JC），商工会議所，商工会等一定の公益性ある地

域の団体を広く捉えている。この中には当然商店街や各市民団体も含む。中間支援組織の活動は地域コミュニティの再生と自立に寄与する内容で広く捉えている。

第３章で事例として取り上げる岩村田本町商店街，茅ヶ崎商店会連合会は，中間支援組織としての役割そのものである。特に茅ヶ崎の例は，全体を連携するいくつかの市民組織があり，商店会連合会が各活動団体のとりまとめをしている [14]。

2　中間支援組織の課題

中間支援組織には，NPOサポートセンターのように地域のNPOや活動団体をとりまとめる比較的公的な機能を持つところもあるが，多くの活動団体は特定の目的のために活動する，専門的な知識や技術などを要する活動主体である。従って，その活動主体と地域の結びつきはコネクトする別の主体や行政などとともに活動することが多い。

NPO法人は，本来行政の下請けではなく，行政とは独立した役割を持つものであるが情報や資金的に依存しなければならない状況はまだ多いといわざるをえない。例えば行政機関の代行として制度化された指定管理者となることも多く，資金的に業務を通じての収入で活動をまかなわざるをえない。本来的な役割を果たせる独立した関係を維持できるかが課題である。

商店街や商店会連合会はNPOの重要な課題である資金は，決して楽ではないが，経済活動との一体的な展開の中で行政に依存する割合は少なく，共存するための役割分担できる環境は整っている。

第5節　商店街の地域活動団体との連携
────地域とのパートナーシップ────

1　求められる商店街のパートナー

本章で実態を調査した結果を見ると，地域社会で急速に進展する少子・高齢化，リサイクルなど地球環境問題意識の高まりなどの現象は，商店街の果たす役割として買物の場だけでなく，コミュニティの核としての役割の重要さが増している。商店街は元来地域社会を構成する一要素である。地域社会における商店

街の生き残りの1つとして，NPO等の地域団体とともに地域住民や消費者との共生の道を見出し，その役割を担うことである。

　これらの活動を前提として商店街の生き残り・活性化の議論が可能になる。商店街のパートナーの議論は商店街活性化のための1つの重要な視点である。商店街は各地域団体との関わりをパートナーシップ戦略として積極的に取り組み役割を発揮することがその方向である。各地域団体が商店街との連携で活動している例はかなり多くなり，さらにしっかりとした実績を持ってきている。商店街は地域社会で暮らしている人々やその地域を訪れた人々が集う場所であり，日々の生活のためのヒントを得て，新しい暮らしを創造する場である。

　地域商業に関する中心市街地活性化法，都市計画法等の「まちづくり三法」は幾度の改正を経ているが2006年の改正は抜本的であった。このような変化を背景に行政の商店街に対する支援策は大きく変化している。このような政策変更の動きやこれまでの共同化を進めることを中心とした商店街活性化支援策の限界から，地方自治体でも中心市街地活性化だけでなく商店街や地域商業についての施策の見直しをすすめてきた。たとえば，東京都では商店街への直接支援するためのガイドラインとして，商店街の活性化の方向を『21世紀商店街振興プラン』[15]としてまとめた。商店街の危機は様々な環境変化の中で非常に厳しい状況にあるが，同プランでも，「単に商品を仕入れて売ると言った消費者ニーズへの対応不足，成り行き任せの経営，商店経営者の後継者難，高齢化などの問題」[16]があるとして，「商店街が21世紀においても地域にとってなくてはならない存在であり続けるためには，（中略）商店街が都民，企業，NPOや区市町村などとの共同・連携を図っていくことが重要」であるとして，新たなパートナーシップ（提携・連携）を作ることが必要であるとまとめている。その中で商店街が目指すべき方向として8つの戦略を示している[17]。その1つとして「多様なパートナーシップによる新生戦略」としてNPO，自治会など地域団体との連携による商店街活性化の道を示している。

　商店街と各地域団体との連携はすでに計画・構想の段階から実践・拡大の段階に入っている地域もあるが，地域団体よりも商店街の活力低下により，住民から必要とされる商店街活動さえもできなくなっているのが実態である。商店街を構成する小売店の経営としても消費者の視点を重視するのは当然としてさらに意識しなければならないのは地域社会のプラットフォームの役割である。東京都の商店街振興プランでは「住民やコミュニティが商店街のプラットフォ

ームとして，住民同士，住民と商業者，或いは他の地域の人々やコミュニティ，またビジネスや文化などとの間に新しい関係（パートナーシップ）をつくるものである。この関係が，暮らしやコミュニティにおける新たなマネジメント手法，ネットワーク社会，地域リーダーを生み出すことになる」と位置づけている。

2 商店街とNPO等の関係の実態

　地域の課題解決，地域経済の担い手等の役割は，商店街単独で限界がある。既に商店街とNPO等との関係は各地で始まっている。まちづくり，家事支援，高齢者支援，子育て支援，環境問題対応等様々である。従来行政が公的サービスとして実施してきた地域社会における課題，例えば福祉介護，教育，防犯，防災などにおいても解決する担い手として，NPOなどの目的意識を明確にした地域住民が主体的に行動し始めている。職業としてではなく，自らの経験や時間を生かし，共鳴する人を巻き込みながら地域社会への貢献を自主的に行うのである。その活躍の拠点が商店街であることが，よりその活動の場を広げるのである。商店街にとってもNPO等との協力・協働は地域社会とのコミュニケーションの拡大となり，買物の場からコミュニティの場となるのである。街としての賑わいを期待できるのである。

（1）　商店街の独自活動と連携事業内容

　商店街とNPO等との間にはお互いの認識や理解がまだまだ不足している。例えば中小企業庁調査[18]では，商店街が「NPO等と連携して事業を行っている」のは7.9％であり，「単発イベントの協力等，継続した関係はないが協力関係はある」が6.5％である。また「連携や協力関係にはないが，商店街に事務所や活動拠点を置いているNPO等がある」という回答は1.1％あり，NPO等と何らか関連のある商店街は15.5％ある。

　商店街の独自事業としては「街に集客賑わい作り」（43.5％），「街の美化」（38.7％）と続いている。「エコマネーなど地域通貨との取り組み」の実施例はなく，商店街単独では難しいことを示している。

　連携している事業の内容としては「商店街活性化等の街づくりへの取り組み」が圧倒的に多く75.3％あるものの，「リサイクル等環境問題への取り組み」（27.1％），「高齢者支援への取り組み」（15.3％）と続いている。「エコマネーなど地域通貨との取り組み」も5.9％あり，連携によって実施できる方向を示して

商店街が地域活動として行っている事業で伝統的に最も多いのは寺社祭礼の協賛である。東京都の商店街実態調査では次のようになっている[19]。地域団体等と連携した活動を実施しているのは，20.2％あり，その内容は寺社祭礼に関連する「祭り・盆踊りなど」が全体の53.9％と最も多く，「町内会・子供会」（12.4％），「清掃・環境整備」（10.1％），「防災・交通安全」（9.9％）の順となっている。この結果は決して多いとはいえないものの NPO のできた時期から見ればそれなりの割合ということができよう。同報告書のほかのアンケート結果から見ても，むしろ今後さらに増加することは間違いないと見てよいだろう。

（２）　連携の評価と期待

　連携事業の評価としては，「商店街のイメージアップにつながった」という評価が41.2％と最も多く，「商店街だけで対応ができなかった課題に取り組むことができた」という回答も32.9％と続いており，連携実績ある商店街の高い評価がうかがえる。また，連携事業をよりよいものにしていくためには「十分な話し合いを行って意思疎通を図ること」が49.4％と最も多く，「連携に積極的に取り組む人を確保すること」（43.5％）が続いている。課題は多いものの期待も大きいことがわかる。それは今後の連携の意向について「機会があれば NPO と連携をしていきたい」というのは実績ある商店街で41.9％，実績のない商店街でも32.9％あり商店街に期待の高さがうかがえる。

3　商店街事業者の連携活動

（１）　商店街の有志による地域連携活動

　商店街が地域に果たす役割は，人口減少の中での高齢社会の進展等，地域の自立が求められる。しかし，商店街の組織活動力の弱体化から全体としての活動では困難になっている商店街が大半といえる[20]。商店街として本来の商業機能や施設整備だけでない，地域社会での役割を果たすために商店街の中で個別事業者が自由に集まり，本来の商店街活動としてではなく，有志の事業者が事業協同組合や事業会社，NPO 等の組織として地域活性化活動を展開する動きも見られる。

　中小企業白書[21]では，商店街が組織活動としてではない活動として最も多いのが「イベント」である。地域の祭礼を地元住民として主体的に参加している

第 2 章　商店街の内部組織の突出と外部組織の連携　65

図表 2 — 1　商店街組織以外の組織としての活動内容

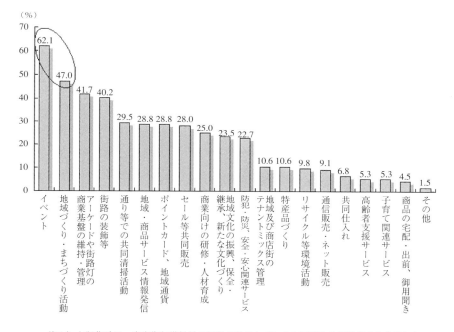

注 1 ）上記集計は，商店街組織以外の組織に参加していると回答した事業者のみ集計した。
注 2 ）複数回答のため合計は 100 を超える。
出所：中小企業庁『中小企業白書 2008 年版』ぎょうせい。

のは参加し，全国に見られる内容である。それでも本来の商店街組織活動に属するものが大半であり，ただ，商店街全体の活動としてできなくなったという状況を示すに過ぎない（図表 2 — 1 ）。

（ 2 ）　商店街の有志による地域連携活動の例
①　商店街有志の活動の先駆例――アモーレトーワの活動――
　最も代表的には東京都足立区の東和銀座商店街振興組合[22]の組合員有志が出資して設立した株式会社アモーレトーワがある。アモーレトーワは生鮮 3 品の経営者で高齢化のため店舗を閉めざるを得なくなったのに対応し，商店街の有

志が株式会社を設立し，鮮魚店経営を維持しているのはあまりに有名である。事例として紹介するのは陳腐のそしりは免れないが，強調しておきたいのは高齢化とともに体力的に鮮魚店経営を持続できなくなった経営者に，その経営者にもできる作業を商店街の株式会社で行っている事業に従業員として参加してもらうことである。ビルの清掃，高齢者向けの宅配事業，障害者グループと協力してパン屋などである。高齢者や障害者が安心できる生活環境をつくっていこうとさまざまな工夫が行われている。これら事業の仕掛け人でもある東和銀座商店街振興組合の田中武夫理事長は，「住民が安心して生活できる街をつくっていくのが商店街の役目。困ったことがあっても商店街に行けば何とかなるという存在になっていかなければならない」[23]と話す。

② 商店街と地域によるNPO「北町大家族」[24]の活動

地域通貨（エコマネー）を使い商店街の空き店舗を活用し地域の高齢者への貢献活動として利用しているNPOの活動がある。エコマネーは金銭で表現しにくい価値をコミュニティで流通させるための手段であり，地域の生活者がお互いの善意の信頼関係で成り立つ制度である。たとえば福祉，教育，文化などを地域生活者が主役となり進めるまちづくりである。地域団体やNPOなどと商店街の連携は数多い例がある。その1つの例として東京都練馬区のニュー北町商店街で実施している地域通貨「ガウ」である。この地域通貨「ガウ」の発行はNPO「北町大家族」が発行している。このNPOの誕生はニュー北町商店街の関係者が中心となり平成12年ごろから商店街会館を使い，高齢者のためのミニデイサービスや子育てサービスなどをボランティアではじめていた。これらの活動を統合して，より広がりを持たせるために商店街から独立させたNPO「北野大家族」を発足させたのである。

商店街は全面的な協力をしつつ独立した活動を展開しているのである。その活動の広がりを実現するための手段として2001年9月に地域通貨「ガウ」を発行したのである。活動の1つである子育てサービスはそれまでは無料で商店街会館を使い，子育て中の母親が集まって情報交換していたが，利用料300円で預かり，その分地域通貨「ガウ」を支給しているのである。現在はニュー北町商店街の地域通貨加盟店35店で利用できる。地域への本格的な広がりはこれからであるが，代表者は「地域通貨の流通量を増やすことで商店街の活性化につながるし，NPOの活動の支えにもなる」と考えている。ただ，商店街の利用が

多くなることで商店街の販売促進活動と区別がつきにくくなり，広がりがどこまでもてるか懸念される。

4　自治体との関係性

　商店街は地域社会にとって様々な役割を果たしている。地域にとって必要な商店街をどのように活性化させるかは，自治体との連携も重視しなければならない。特に商店街振興は市町村などの基礎的自治体の役割が非常に重要になってきている。まちづくり三法だけでなく商店街振興の具体的支援は自治体と商店街が一体として展開することが地域社会との関係で必要になっている。特に地域社会との関わりはますます重要になっているが，地域中小企業振興条例やまちづくり条例・要綱の制定など行政が地域を守る姿勢を明確にするような働きかけ・連携は商店街にとっても重要である。

　また，地域リーダーづくりも自治体との連携は重要である。各地でできている住民や商業者を対象に，地域や商店街のリーダーを育成する「商人塾」などの制度も行政に積極的に働きかけ，地元商店街と連携しながら実現させていくことが必要である。自治体としては地域活性化のためにはリーダーが必要であり，そのためには「商人塾」のような組織をつくり，それを自治体として支援していくことは共通する課題なのである。

　この地域のリーダーづくりは商業者に限らない。自治体の消費者，まちづくり，商工の各部署で地域社会の活性化をテーマに共通した人材育成が重要である。特にこの連携は各部署の共通の課題として強く認識することが重要である。

　先の中小企業庁委託調査（全国商店街振興組合連合会。以下，全振連）の調査ではNPO等と商店街の連携のための第一歩はお互いの理解である。商店街の特定の人のネットワークから出発する場合が多いという。商店街が地域社会での役割を意識するとともに，アンテナを高く張っておき，地域での様々な動きを敏感に捉えることが必要である。

　商店街は地域社会での核ではあるが，大きな役割としては「場」の提供である。地域活性化，地域づくりはあくまで主体は地域の生活者である。商店街は演出者であり，企業や自治体と同様にスポンサーの１つである。

　連携によるメリットは，先の全振連の調査にあったように，NPO等は知名度の向上であり，商店街に資金的な面の期待をしている。商店街は商店街活動をより地域に根ざすとともに広がりを持たせることができ，商店街だけではでき

ない地域活動や新しい展開が期待できるのである。

　先に見たように現在は連携していない商店街でもかなりの割合で今後NPO等との連携を考えている。全数から見れば，4割程度が連携を視野に入れているという結果が出ている。商店街はこれまで，町内会，自治会，PTA，消費者団体等との関連を持っている商店街は多いが，今後は，組織目標が明確なNPO等も地域づくり，まちづくりをパートナーとして位置づけ協働していくことが求められているのである。

5　商店街の外部組織との連携による地域活動

　商店街の空き店舗を使った起業支援，パソコンを使ったホームページ作り，中学生の体験学習，被災者救援バザーや募金など商店街特有の地域活動の例も見られる。このような厳しい環境変化の中でも地域社会での商店街の役割はますます重要になってきている。このような時代だからこそ，いかに地域にとって必要で住民から指示される商店街になるかについて先進事例を見ていくことにする。

（1）　NPO法人「サンクスネイチャーバスを走らす会」[25]

　第1は，商店街と連携して食廃油を窒素酸化物が出ない燃料に加工してコミュニティバスを走らせている事例である。東京都目黒区の自由が丘商店街とNPOと連携して自由が丘の街をてんぷら油のリサイクル燃料で無料のバスを走らせている。NPO法人「サンクスネイチャーバスを走らす会」は自由が丘駅や商店街から離れた店舗が散在するエリアの立地する企業ネットワークから出発した。無料バスを走らすだけではアピール度が少ないと，環境問題が重視される時代という認識から廃食油を軽油と代替する新燃料VDF（ベジタブル・ディーゼル・フェール）を使ったバスの運行をさせたのである。もともとこのVDFは墨田区の廃食油回収業の（有）染谷商店が開発したもので低公害燃料として実用化されているものである。

　もともとは商店街とは関係がなく進んでいたが，現在では相互協力が進んでいる。商店街の発行するタウン誌に紹介したり，商店街の中に時刻表を掲示するといった協力がある。このコミュニティバスにより自由が丘のイメージも上がり商店街にとっても着実な効果が期待できるのである。

（2）ANPO 法人「高齢社会の食と職を考えるチャンプルーの会」

第2は，商店街の協力で高齢者の職と食考える店舗を出しているNPOの事例である。東京都立川市のエルロード商店街は立川市郊外の公団団地を背景とした24店舗からなる小規模な商店街である。団地住民の高齢化，郊外型スーパーの進出により空き店舗が増加し，厳しい環境にある。その商店街の中で空き店舗を活用しレストランを始めたのがNPO「高齢社会の食と職を考えるチャンプルーの会」[26]である。商店街の会員となり，商店街の活動をともにしながら共存の道を探っている。このNPOは，子供の学校の関係で知り合った団塊の世代の女性3人が「人との出会い」，「健康を支える食事」をテーマにレストラン経営を構想し，公民館の厨房を借りて試行錯誤を繰り返した。高齢者向けの食材は特別なものではなく，細かく刻むことで喜ばれることがわかったという。

さらに商店街はこのNPOの活動に協力し，行政の空き店舗の補助金を利用し，このNPOが運営する交流の場「ひろばサラ」を開いた。一部の棚の部分を使い作品の展示販売もしている。65 m^2の面積で，生け花教室，着付け教室，染色教室，オカリナ教室，お年寄りのパソコン教室等を開いている。NPOの代表紀平氏は「様々な世代の人たちが，ふらりと立ち寄り，勉強したり雑談できるような場所があれば商店街にも活気が生まれる」と考えたのである。

6　商店街機能と連携組織の実態

商店街は様々な関係主体と連携している。商店街の中の組織との関係，外部な主体との関係等様々である。商店街が地域コミュニティで役割を果たすためには当然外部との関係は重要である。商店街活性化事例の中で外部との連携が明示されている例，ヒアリング等で確認した例など多くの事例がある。取り上げることができた事例だけで69あった。実際にヒアリング，視察等ができたところも20以上はある。連携の状況を代表的なところを紹介する。

地域課題解決（コミュニティソリューション）で「防犯など」のための連携では，札幌市の狸小路商店街は，商店街組合員，警察，札幌市参加する一体型の組織である「自主巡回活動組織委員会」をつくり，2002年から防犯警備をはじめた。東京世田谷区の明大前商店街振興組合では，商店主と後継者等の商店街関係者を中心に会社員，フリーター，学生，空手道場生等と2001年から商店街が「明大前ピースメーカーズ」という防犯の自警団を結成し，活動している。

また「アクセス」の改善では，本稿の事例にも取り上げた東京目黒区の自由

が丘商店街は，先に見た地元NPO法人の「サンクスネーチャーバスを走らす会」とともに商店街と駅を循環する無料バスを運行している。このバスの燃料は廃食油のリサイクルでつくられたものである。千葉市では，千葉市中央地区商店街協議会が，地元企業とともに無料循環バスの運行している。富山市の中心4商店街では，まちなか感謝ディ実行委員会とともに商店街連携として2005年から中心街の駐車場を借り上げて，無料駐車を実施している。大分市の大分県中心部商店街連合会は，商店街の連携で，2002年から中心商店街6店をはじめ市商連等で組織する「おおいたパーキングネット」活動をしている。

「高齢者・障害者への対応」事例では，東京品川区の中延商店街では，有償ボランティアとの連携で2006年，高齢者向けに電球の交換や庭木の手入れなどの「街のコンシェルジュ」開始した。岐阜市の柳ヶ瀬商店街振興組合連合会は商店街の連携として，宅配，サポーターなど高齢者向け支援サービスをしている。西尾市の吾妻町発展会は障害者団体とともに，2007年から商店街と障害者団体が連携して福祉の店を展開している。長浜市のゆう壱番街商店街振興組合では，高齢者団体と1997年から高齢者が主たる対象の「プラチナプラザ」を開設し，介護用品等の販売も商店街で実施している。運営は地域の高齢者で自主運営している。山口市の中市商店街振興組合は本町商店街振興組合と商店街連携として，2003年から高齢者や障害者のための電動カート，車いすの無料貸し出し，看護師等が常駐する「まちの保健室」を開設した。また，本稿の事例にも取り上げた熊本市の健軍商店街では，地元タクシー業者とともに，2008年から地元タクシーによる宅配サービスをはじめた。

「子育て・教育」事例では，山口市の中市商店街振興組合と本町商店街振興組合は，商店街連携として，2003年から子育て中の親子の相談や交流，子育て支援者の人材育成をはじめた。京都市の伏見大手筋商店街では子育て支援ネットあい・あいという母乳育児サークルと一緒に2006年から地域子育てステーション「ぱおぱおの家」を開設した。すべての例を挙げての説明はしないが，如何に商店街が地域社会とともに地域の課題解決やコミュニティのために活動しているかが分かる。この例は確認できただけであり，実際はこれよりはるかに多いはずである（図表2－2）。

図表2—2　商店街機能の連携主体と連携内容

市町村	商店街名	連携主体	連携内容
地域課題解決（コミュニティソリューション）			
札幌市	狸小路商店街	組合員，警察，札幌市が一体型組織である「自主巡回活動組織委員会」	2002 防犯警備。
世田谷区	明大前商店街振興組合	商店主，後継者等の商店街関係者を中心に会社員，フリーター，学生，空手道場生等	2001 商店街が「明大前ピースメーカーズ」という防犯の自警団を結成。
名古屋市	大須商店街連盟	商店街連携	2005 安心・安全のためのAED設置など。
千葉市	千葉市中央地区商店街協議会	地元企業	無料循環バスの運行。
富山市	中心4商店街まちなか感謝ディ実行委員会	商店街連携	2005 中心街駐車場を借上げ無料駐車。
大分市	大分県中心部商店街連合会	商店街連携	2002 中心商店街6店をはじめ市商連等で組織する「おおいたパーキングネット」で郊外へ流出する顧客補引き留める活動。
品川区	中延商店街	有償ボランティア	2006 高齢者向けに電球の交換や庭木の手入れなどの「街のコンシェルジュ」開始。
新宿区	早稲田大学周辺商店連合会	商店街連携	1998 エコステーションを設置し商店街リサイクルへの取組み。
富山市	上新町商店街・商工振興協同組合	社会福祉法人	2004 空き店舗活用による障害者就労支援の場。
小松市	小松中心商店街振興組合連合会	商店街連携	1999 食料品販売店の減少に伴い地元農家グループの「西尾グリーンツーリズム」と共同で新鮮野菜市を開設。
大垣市	大垣市商店街振興組合連合会	マイスター倶楽部	1998 大学などとバリアフリーマップなど福祉観光活動開始。
高山市	高山市商店街振興組合連合会	商店街連携	2004 商業高校生のチャレンジショップ「吉商本舗」の開設。
山口市	中市商店街振興組合・本町商店街振興組合	商店街連携	2003 子育て中の親子への相談や交流，子育て支援者の人材育成。

岐阜市	柳ヶ瀬商店街振興組合連合会	商店街連携	宅配，ポーターなど高齢者向け支援サービス。
札幌市	本郷商店街	地域住民との連携	イベントの開催，小学生の体験販売実習受入れ。
川崎市	オズ通り商店街	慶應義塾大学ボランティアサークル	クーポン券，子育て支援。
京都市	伏見大手筋商店街	子育て支援ネットあい・あい，母乳育児サークル	2006 地域子育てステーション「ぱおぱおの家」開設。
堺市	堺山之口商店街振興組合（アスティ山之口商店街）	NPO法人青少年育成審議会JSI	2003「堺まちかどサポートルーム・堺エンゼル広場」開設。
徳島市	籠屋町商店街振興組合	NPO会員	2003 子育ての交流，相談，講習会等を行う「子育てほっとスペースすきっぷ」の開設。
土岐市	商店街振興組合連合会	商店街連携	御用聞き，宅配。
川崎市	オズ通り商店街	慶應義塾大学ボランティアサークル	クーポン券，子育て支援。
高山市	高山市商店街振興組合連合会	商店街連携	2008 子育て支援の子供広場「かんかこかん」の開設。
帯広市	帯広中心部10商店街等	商店街連携	2001 地産地消推進の共同化。
新居町	新居町町内商店街	地元商業者	1997 地元商業者が葬祭サービス事業を開始。
御殿場市	商店街組合連合会	商店街連携	宅配サービス。
豊田市	桜町本通り商店街振興組合	市事業	2008 歩車道の段差解消のバリアフリー化。
西尾市	吾妻町発展会	障害者団体	2007 商店街と障害者団体が連携して福祉の店を展開。
桑名市	桑名寺町通り商店街振興組合	りにゅうある商会	2005 高齢者向けの「ふれあいカード事業」実施。
長浜市	ゆう壱番街商店街振興組合	高齢者	1997 高齢者が主たる顧客の「プラチナプラザ」を開設，販売も商店街。地域の高齢者で死守運営している。
山口市	中市商店街振興組合・本町商店街振興組合	商店街連携	2003 高齢者や障害者のための電動カート，車いすの無料貸し出し，看護師等が常駐する「まちの保健室」開設。
萩市	田町商店街振興組合連合会	（株）お成り道	2008 地元農産物直売所，農家レストラン・居酒屋天蔵開設。

豊田市	桜町本通り商店街振興組合	地元農家やシルバー人材センター等と連携	2006 地産地消を推進のため朝市地域の店や農家とも に実施。
五島市	福江商店街連盟	地域のタクシー業者の全4社	2003 地域住民の移動手段を確保するため低料金での福江の11商店街が「福江中心商店街循環バス」を運行を始めた。
熊本市	健軍商店街	地元タクシー業者	2008 地元タクシーによる宅配。

地域交流機能①(コミュニケーション)

盛岡市	肴町商店街	若き後継者集団肴町商店街振興組合青年部「4S会」と連携	イベントの開催。
幸手市	幸手市商業協同組合	幸手市総合カード検討委員会	非加盟店でも利用できる総合ICカード。
小田原市	お堀端商店街振興組合	青年部を中心とした販促委員会	1991 お城の歴史をタイトルとする「幸田門市」の開催。
熊本市	熊本市内6商店街	行政,商工会議所も事業運営の役割を担う	イベントの開催,ストリートアート。
佐世保市	三ヶ町商店街、四ヶ町商店街	商店街連携	2003 一口1000円のイルミネーション募集など一体感のあるイベントの開催。
宮崎市	宮崎市内6商店街	商店街連携	イベントの開催。
鹿児島市	中央地区商店街	子育て交流事業及び商店街サポーター育成事業といったNPO団体や地域住民等との連携	イベントの開催。

地域交流機能②(コミュニティ)

岩見沢市	岩見沢市中心商店街(14商店街)	岩見沢市商店街振興組合連合会「新規事業委員会」	2005 撤退した百貨店跡地を利用してコミュニティ広場「プラットパーク」と気軽に休める「ZAWAハウス」を開設。
滝川市	駅前商店街振興組合	NPO法人たきかわホール	2003 滝川市の公設施設のリニューアルにあたり親子交流広場「とんとん」地域交流施設「クルル」を開設。
十和田市	中央商店街振興組合	商店街おたすけ隊	2005 中心市街地賑わい特区に認定されたのを契機に市民が中心となる「商店街おたすけ隊」を組織し「子供フェスタ」「駒っ子馬車に乗ろう」イベントや地場賛否直売など様々なイベントを実施している。

花巻市	東和町土沢商店街	土澤まちづくり会社（住民参加協働型第3セクター）と萬鉄五郎記念美術館が中心となって実行委員会を組織	2005 街かど美術館。
石巻市	アイトピア商店街振興組合，橋通り商店街	商店街連携	2008 リサイクル環境活動エコイベント。
新庄市	新庄南北本町商店街（2街）	商店街連携・住民団体	2005 すべて住民の手とアイデアの「百円商店街開催」。
横浜市	鶴見銀座商店協同組合	地元の中学生	運営を中学生に任せる「ちびっ子王国」，医療機関と薬局とタイアップした商店街マップ。
金沢市	石引商店街振興組合	金沢美大	2007 美大や金沢大学医学部，商業高校など商店街にギャラリーやカフェなどを運営している。都タイアップして。
越前市	越前市まちなか商店街他	地元商店主や地域住民で構成される実行委員会	2008 中心4商店街でまちなかコミュニティスペース「蔵の辻を運営」。
高山市	高山市商店街振興組合連合会	市民と商店街と行政との協働	2000 コミュニティ施設「間観光」を開設して地域社会に提供。
関市	特定非営利活動法人せき・まちづくりNPOぶうめらん	関市まちづくり協議会	2005 地域通貨「V」を発行して地域コミュニティを活性化。
一宮市	本町商店街・（株）ちゃらんけケシステム	本町通2丁目商店街振興組合と協力	2007 コミュニティレストラン「ちゃらん家」の開設。
岡崎市	岡崎明大寺商店街振興組合	PTA関係者や地域の福祉施設も主催者に加わる	2007 商店街の情報発信として「歴史発見ウォークラリー」を市民と共同で実施。
神戸市	長田神社前商店街振興組合	長田中央小売市場協同組合	2000 震災後の復興で高齢者に加え新住民が増えた。これまでのカードをポイントカードにして商店街とのコミュケーションを強化した。
神戸市	神戸市元町商店街連合会	商店街連携	2001 商店街が連携して「まちなみ委員会」を設置して通年イベントを開催。
尼崎市	阪神尼崎駅前13商店街	商店街連携	2002 地元球団の応援による地域との一体感創出。
岡山市	奉還町商店街	パソコン教室運営：学生と連携	1999 コミュニティ施設「奉還町リブラ」開設。

山口市	中市商店街振興組合・本町商店街振興組合	NPO法人山口せわやきネットワークと連携	2003 ホットサロンまちの駅開設。
萩市	萩市田町商店街商店街振興組合連合会	商店街連携	2002 商店街有志14名で萩焼体験施設として「（有）じーるファクトリー萩」を開設した。
久留米市	あけぼの商店街振興組合	久留米商業高校の学生	2003 商業高校生の起業教育として商店街の空き店舗を活用してベンチャーズという模擬株式会社が「バラエティショップ図南」を出店し，商店街が支援。

街区形成

仙台市	仙台市内6商店街	商店街連携	2005 QRコードを利用したネットの店舗情報整備「街ナビ仙台」開設。
川越市	川越市内7商店街	商店街連携	回遊性を高めたまちづくり，電線地中化，街路整備。
金沢市	片町商店街	地元企業，行政，大学との連携	2001 地域内IT化，LAN化のための「金沢ビィズカフェ」の開設。
岐阜市	柳ヶ瀬商店街振興組合連合会	商店街連携	空き店舗に事務所とサロンを併設。休憩所と買い物相談の役割。

出所：図表1－2に同じ。

注

1) 加藤司（2005）。
2) 小川雅人（2010）124ページ。この内容については2007年10月27日に日本流通学会全国大会で共通論題「高齢化社会と流通」で第2報告として「高齢化社会と商店街」を発表した。日本流通学会誌『流通』No. 23参照のこと。
3) 日本商工会議所（2000）旬刊紙『会議所ニュース』9月1日号。
4) クルーグマンは特定の産業が集約した都市が，初期の小さな揺らぎから都市として自己組織化しとて成長する都市モデルを示した。ポールクルーグマン（1997）は，もともとは地球物理学での学問で地球上の生物の多様な進化を研究する複雑系の法則を見いだすが雲として発展した。スチュアート・カウフマン（1999）米沢登美子監訳『自己組織化の進化と論理』日本経済新聞社。
5) 福田敦（1998）。
6) 商業集積の研究では「商店街は組織たり得るか」という視点で，商店街の自己組織

化についてはまとめてある。商店街とは商店の集合体なのか組織体なのかを分析した。商店街が，組織活動を展開できるのは，① 消費者の役割等，外部からの提案があること。② 環境変化の危機感に行動を伴う共通の認識があること。③ 商店街の熱意と行動力がある一目おかれるリーダーがいること。④ 商店街の規模がまとまれる規模であること。⑤ 個店経営者の親密度度が高いことである。⑥ リーダーとなる影響力あること。⑦ 行政の組織活動の支援があること。東京都（1990）227〜231ページ。

7）東京都（1990）231〜234ページ。
8）田中道雄（1983）。
9）東京都産業労働局（2002）。
10）東京都産業労働局（2002）2ページ。
11）吉田忠彦（2004）。
12）内閣府国民生活局（2002）。
13）地域づくり団体全国協議会（2010）。
14）商店街と中間支援組織については福田敦（2008）が参考となる。
15）東京都（2001）。
16）東京都（2001）1ページ。
17）東京都（2001）19〜82ページ。8つの戦略としてあがっているのは次のとおりである。第1の戦略＝地域ブランドの創出戦略，第2の戦略＝環境対応型の創造戦略，第3の戦略＝ITを駆使した情報戦略，第4の戦略＝ハイタッチなサービスによる再生戦略，第5の戦略＝イベントによる活力戦略，第6の戦略＝エコマネーを導入した地域活性化戦略，第7の戦略＝新たな担い手づくりと組織力強化戦略，第8の戦略＝多様なパートナーシップによる新生戦略。
18）中小企業庁（2002）。
19）東京都（2001）77ページ。
20）商店街実態調査などでの商店街活動の実態からみると回答した組織がある商店街においても商店街機能維持活動が前提である。
21）中小企業庁（2008）「第3節　第3章　商業・コミュニティビジネスにおけるネットワーク」。
22）2000年商店街診断実施，田中理事長にヒアリング以降5回訪問。
23）日本商工会議所旬刊紙（2000）「会議所ニュース」。
24）1997年商店街診断として実施。
25）1998年ヒアリング以降3度ヒアリング，島田理事他。
26）1997年紀平氏ヒアリング，以降4度訪問。

参考文献

小川雅人（2010）『地域小売商業の再生とまちづくり』創風社。
加藤司（2005）「商業・まちづくりの展開に向けて」石原武政・加藤司『商業・まちづくりネットワーク』ミネルヴァ書房。
日本商工会議所（2000）旬刊紙『会議所ニュース』9月1日号。
田中道雄（1983）「小売流通段階における経営者意識の現状と動向──経営的無気力と組織間関係理論からの接近──」『経済経営論集』第18巻第2号，京都産業大学経営学会。
東京都（1990）『東京都商店街活性化戦略』。
東京都（2001）『21世紀商店街づくり振興プラン』。
東京都産業労働局（2002）『商業集積活性化支援事業報告書』。
吉田忠彦（2004）「NPO中間支援組織の類型と課題」『龍谷大学経営学論集』44（2）。
内閣府国民生活局（2002）『NPO支援組織レポート──中間支援組織の現状と課題に関する調査報告書』。
中小企業庁（2002）『NPO等地域と連携による商店街活動報告書』全国商店街振興組合連合会。
中小企業庁「第3節 第3章 商業・コミュニティビジネスにおけるネットワーク」『中小企業白書2008年版』。
日本商工会議所（2000）旬刊紙『会議所ニュース』9月1日号。
福田敦（2008）「地域社会の変容と商店街の機能革新」関東学院大学『経済系』第234集。
福田敦（1998）「中小企業の意識変化と地域商業政策」日本中小企業学会編『大転換する市場と中小企業』同友館。
Paul Krugman（1997）The Self-Organaizing Economy Biackwell Publising Limited 北村行伸・妹背美起訳（1997）『自己組織化の経済学』東洋経済新報社。

（小川　雅人）

藤井 洋次（関東学院大学）著

東アジアにおける製造業の発展と構造変化
―1990年代以降の電気・電子産業と重工業における生産と貿易構造の分析を通じて―

A5上製　244頁　2400円　ISBN978-4-88352-184-5

　本論文では，1990年代から現時点にいたるまでの東アジア諸国・地域における貿易を通じた分業関係の発展と変化の過程と要因を，主要産業の生産とその製品の貿易構造の分析を通じて明らかにする。中でも，中国製造業の成長は著しく，2006年には中国が日本の工業生産額を上回り，文字通り「世界の工場」として台頭している。中国製造業の成長は，日米欧先進国に対してだけでなく，これまで日米および域内での工程間分業を拡大させる中で成長してきたNIESやASEAN諸国の産業構造にも大きな影響を与えている。

　これまで，東アジア諸国・地域の経済発展を域内分業関係の深化から分析したものは数多いが，それらは，中国の経済発展が加速した2000年以前のものがほとんどである。したがって，中国の経済発展が既存の東アジア諸国・地域の経済と域内分業関係に対してどのような影響と変化を与えているのかを分析し，既存研究との連続性と断絶を明らかにする必要がある。その作業は，東アジア諸国・地域の経済発展の実相と問題点を明らかにすることにもなる。本論文の構成は以下の通りである。（「はじめに」より）

はじめに　――課題と方法――
第1章　1990年代以降の東アジア諸国・地域における国際分業に関する諸説の検討
　第1節　伝統的国際貿易論
　第2節　新国際分業論
　第3節　日系企業による東アジア諸国・地域の工場化
　第4節　生産ネットワーク論
第2章　東アジア諸国・地域における製造業の発展と産業構造の変化
　第1節　1990年代以降における世界貿易の変化と東アジア諸国・地域
　第2節　国際分業進展の背景
第3章　東アジア諸国・地域における電気・電子産業の発展と貿易構造の変化
　――日本企業の進出と米国情報化関連投資の影響を中心に――
　第1節　東アジア諸国・地域における電気・電子産業の発展と特徴
　第2節　東アジア諸国・地域における電気・電子産業の直接投資受入れ
　第3節　米国情報化関連投資の東アジア諸国・地域に対する影響
　第4節　東アジア諸国・地域における電気・電子機器貿易
第4章　東アジア諸国・地域における重工業の発展と貿易構造の変化
　第1節　東アジア諸国・地域における自動車生産の拡大と自動車部品貿易
　第2節　東アジア諸国・地域における鉄鋼生産の拡大と貿易構造
　第3節　東アジア諸国・地域における工作機械生産の拡大と貿易構造
第5章　2000年代における中国の工業生産の拡大と鉄鋼業
　第1節　中国鉄鋼生産の急拡大と生産構造
　第2節　中国鉄鋼生産の拡大を支える設備投資

おわりに　――結論と展望――
参考文献

㈱創風社　東京都文京区本郷4―17―2　振替　00120―1―129648　TEL 03―3818―4161
soufusha.co.jp　FAX 03―3818―4173

相田利雄（法政大学）・小川雅人（福井県立大学）・毒島龍一（千葉商科大学）

増補・現代の中小企業

Ａ５判上製　460頁　本体　2900円

第1部　中小企業の理論

第1章　中小企業の量的地位と役割
- 第1節　日本における中小企業の量的地位と役割
- 第2節　中小企業の国際比較

第2章　企業集団と中小企業問題
- はじめに
- 第1節　資本の集積と集中＝独占と金融寡頭制支配
- 第2節　日本の金融資本（企業集団）
- 第3節　独占的大資本による中小企業の支配・収奪
- 第4節　中小企業の残存・新生のメカニズムと中堅企業
- 第5節　中堅企業

第3章　中小企業の労働問題
- はじめに　労働者の生活とは何か
- 第1節　大企業と中小企業の労働諸条件の比較
- 第2節　大企業と中小企業の労働諸条件の格差が生ずる諸要因

第4章　格差縮小への道
- 第1節　三つのレベルの民主化
- 第2節　中小企業の労使関係

第2部　中小企業の実態

第1章　系列・下請中小企業問題
- 第1節　下請制（システム）と中小企業
- 第2節　自動車産業における系列・下請問題

第2章　流通問題とロードサイド店
- 第1節　流通環境の特徴
- 第2節　競争環境の変化とロードサイド店の動向
- 第3節　立地転換を図る小売業と改正街づくり三法
- ——まとめに代えて

第3章　サービス産業の中小企業
- 第1節　産業構造の変化と中小サービス業
- 第2節　中小企業のサービス経済化における意義

第4章　地域経済と中小企業
- 第1節　地域経済と商店街
- 第2節　地域経済と地場産業

第5章　地域コミュニティと中小企業
——コミュニティ・ビジネスにおける女性の活躍——
- 第1節　女性と自営業
- 第2節　コミュニティ・ビジネスと女性
- 第3節　求められる女性の創業・経営環境整備

第6章　中小企業経営
- 第1節　中小企業の経営者
- 第2節　中小企業の経営戦略
- 第3節　中小企業のマネジメントと人材育成
- 第4節　中小企業の経営組織
- 第5節　中小企業のマーケティング
- 第6節　中小企業の財務戦略

第7章　ベンチャービジネス
- 第1節　日本のベンチャービジネスの歴史
- 第2節　日本のベンチャービジネスの特徴
- 第3節　事業の計画と必要な経営資源
- 第4節　中小企業の研究開発
- 第5節　ベンチャーキャピタル

第3部　中小企業の政策と課題

第1章　中小企業政策の歴史と現代
- 第1節　中小企業政策と歴史
- 第2節　バブル経済の崩壊と競争政策
- 第3節　選択と集中による中小企業政策
  ——「意欲ある」中小企業に重点化する中小企業政策——

第2章　中小企業問題と中小企業政策
- はじめに
- 第1節　下請中小企業政策
- 第2節　官公需確保法
- 第3節　中小企業分野調整法

第3章　新連携政策
- 第1節　グローバル経済下の新たな中小企業共同化支援
- 第2節　中小企業間の新しい事業創造と経営革新の機会創造
- 第3節　新連携支援の仕組み

第4章　地域経済再生と自治体の役割
——地域商業再生における各主体の関係——
- 第1節　地域経済の再生の視点
- 第2節　商店街再生の意義
- 第3節　地域再生の方法

第5章　創業支援政策，起業家政策
- はじめに
- 第1節　起業家支援政策の背景
- 第2節　創業支援政策・起業家政策の幕開け
- 第3節　進化する起業家支援政策
- 第4節　新規創業，起業家政策の今後

〈補論1〉　大卒の就職先としてみた大企業と中小企業のメリット，デメリット
〈補論2〉　戦前の日本経済と輸出中小企業
参考図書

㈱**創風社**　東京都文京区本郷4—17—2　振替 00120—1—129648　TEL 03—3818—4161
soufusha.co.jp　FAX 03—3818—4173

----きりとり線----

創風社刊 申し込み書

TEL 03—3818—4161
FAX 03—3818—4173

書店でご購入の場合，この用紙をお持ちください。

増補・現代の中小企業
相田利雄他著　本体2900円（　　）部
ＩＳＢＮ978-4-88352-134-0
創風社 図書目録 希望（　　）部

取り扱い書店名

小林一穂（東北大学教授）著
社会をとらえる
四六判並製 200 頁　本体 1500 円

マルクスはもう古いとよく主張されている。だがそれは，近代社会はもう古いというのと同じだ。というのも，現に私たちが生活しているのは近代社会で，この社会をマルクスはとらえようとしているからだ。「資本主義が続くかぎり，マルクスを超えることはできない」（サルトル）といわれるように，マルクスが示した社会理論は，今日の私たちにとっても妥当するといえる。また，マルクス自身の著作は短いものでも難解だし，いわゆる解説書はそれぞれの立場から書かれている。初めてマルクス社会理論を学ぼうとするときに，どれを手にとったらいいのか迷うことも多い。本書は，マルクス社会理論にもとづいた叙述だが，マルクスに「忠実」な解説をめざすのではなく，筆者なりのマルクス理解を展開することで，平易な説明になるように心がけた。

（主要目次）
第Ⅰ部　社会論理の把握　第1章　包括と循環　第1節　包括の弁証法　第2節　循環の弁証法　第2章　疎外と物象化　第1節　対象化と疎外　第2節　物象化という事態　第3章　日常意識とイデオロギー　第1節　目の前の現実と日常意識　第2節　日常知・学知・イデオロギー知

第Ⅱ部　社会構造の把握　第4章　生活と生産　第1節　人間の基底的存在と生活過程　第2節　生産活動と生産過程　第5章　生産様式と生産関係　第1節　生産関係の形成　第2節　生産様式の諸相　第6章　循環過程と再生産構造　第1節　生産過程の循環　第2節　社会の再生産構造

第Ⅲ部　歴史形態の把握　第7章　小経営と個体的所有　第1節　小経営生産の解体　第2節　商品世界の発展　第8章　資本世界と階級闘争　第1節　資本の再生産構造　第2節　資本関係と階級関係　第9章　自由処分時間と自由の領域　第1節　自由処分時間の創出　第2節　将来社会の展望

第Ⅳ部　思想状況の把握　第10章　ブルジョア・イデオロギーへの批判　第1節　近代ブルジョア社会の構成　第2節　ブルジョア・イデオロギーの誤り　第11章　小ブルジョア・イデオロギーへの批判　第1節　小ブルジョア・イデオロギーの存立基盤　第2節　小ブルジョアジー・イデオロギーの幻想性　第12章　農本主義思想の把握　第1節　小経営農と農本主義　第2節　日本農本主義への批判　おわりに

（関連書）

小林一穂 著『イデオロギー論の基礎』（創風社）
　　ISBN978―4―88352―071―4　四六版上製 240 頁　本体 1600 円　2003 年

小林一穂 著『イデオロギー批判の視角』（創風社）
　　ISBN978―4―88352―185―2　四六版上製　208 頁　本体 1600 円　2011 年

株式会社　創風社　　東京都文京区本郷 4―17―2　　振替　00120―1―129648　TEL 03―3818―4161
　　　　　　　　　　soufusha.co.jp　　　　　　　　　　　　　　　　　　　　　FAX 03―3818―4173

------------------------------きりとり線------------------------------

創風社刊
申し込み書

書店でご購入の場合，この用紙をお持ちください。

『社会をとらえる』
ISBN978―4―88352―209―5

小林一穂 著　本体 1500 円（　　）部

創風社 図書目録 希望（　　）部

取り扱い書店名

TEL 03―3818―4161
FAX 03―3818―4173

田中 菊次（東北大学名誉教授）著
〈論 究〉
K.マルクス著 F.エンゲルス編
資本論——経済学の批判（全3部）
——その理論的・体系的未完成の解明とその完成のために——

A5判上製 216頁　本体 2,400円

この21世紀初頭のグローバル化の時代に，K・マルクスの『資本論』のもつ価値，そしてその現代的意義を根源的に問い直す書き下ろしの労著。マルクスの『資本論』はこの資本主義の分析の理論としてどこまで到達して，どこから先を現代の研究者に託したのか。著者は一貫してMEGAの最新資料をも駆使して，マルクス経済学の学問的達成と未成を究明することに取り組んできた。

〈目 次〉

〈序説〉：K・マルクスの原手稿・『資本論 — 経済学の批判』（全4部）——それは，いったい，何だったのか？

前篇：K・マルクス著，F・エンゲルス編『資本論——経済学の批判』（全3部）の理論的・体系的未完成の解明
- 第1章　現行『資本論』第Ⅲ部第6篇（地代論）の理論的・体系的未完成
- 第2章　現行『資本論』の「競争論」（第Ⅲ部第2篇第10章）の問題性
- 第3章　謎の"第Ⅱ部 第4章（編）"
- 第4章　「形態論」と「過程論」の論理について
- 第5章　「労働力の商品化」について
- 第6章　"資本の内的核心構造の分析"としての『資本論』の生成について

後篇：K・マルクスの原手稿・『資本論 — 経済学の批判』（全4部）と"経済学の編別構想"の完成のために：試論
- 第1章　「商品形態論」と「商品交換過程論」について
- 第2章　「労働力の購買と販売」について
- 第3章　「領有法則の転回」と「労賃形態」について

- 第4章　あるべき"第Ⅱ部 第3編「資本の全過程」"について
- 第5章　『資本論』の"国民経済的枠組み"について
- 第6章　「特別利潤の地代への転形」について
- 第7章　現行『資本論』の最終篇・第Ⅲ部 第7篇と"Ⅳ 国家"への上向の問題について

〈結説〉：人間・自然・社会・歴史の新しい眞の時代のために！

あとがき

付篇「学問としての経済学を求めて」
1）著者略歴
2）退官記念座談会：「学問としての経済学を求めて」
3）著書正誤一覧

株式会社 創風社　東京都文京区本郷 4—17—2
soufusha.co.jp
振替　00120—1—129648　TEL 03—3818—4161
FAX 03—3818—4173

――――――――――きりとり線――――――――――

創風社刊
申し込み書

TEL 03—3818—4161
FAX 03—3818—4173

書店でご購入の場合，この用紙をお持ちください。

〈論 究〉資本論——経済学の批判（全3部）
ISBN978—4—88352—196—8

田中菊次 編　本体 2,400円（　　　）部

創風社 図書目録 希望（　　　）部

取り扱い書店名

第3章　商店街組織と外部組織連携事例

第1節　本章の狙い

　これまで商店街の機能の分析，商店街の内的・外的資源連携について既存の活性化事例を見てきた。今日の社会経済環境は人口減少の時代に入っている。世界の主要都市（人口10万人以上）の25％以上が1990年から2000年の間に人口減少した[1]。人口増加都市もあるが，大都市への集中により周辺の小規模都市の多くは人口減少となり過疎化に拍車がかかることになる。日本でも国立社会保障・人口問題研究所（2013）の推計では2015～2020年に人口減少市町村割合90.3％であるが，2035～2040年には98.4％の市町村が減少となる。都市のほとんどが「縮小」するのである（図表3－1）。

　日本の経済規模としても新興国の台頭などで大きな拡大は望めない。地域コミュニティは，住民と行政の間にある様々に中間的組織が大きな役割を果たしていかなければならない。商店街もその1つである。当然地域社会から必要とされない商店街は消えて行かざるをえない。全国の数多い商店街がすべて無くなるわけではない。また，新たな商店街もできるかもしれない。しかし，その商店街に共通しているのは，大型店と買い物面だけで競争するのでなく，地域の中で関係主体と連携していけるところである。連携する最大の意味は商店街が地域コミュニティで果たす役割，すなわち商店街機能を発揮することである。そのための商店街の努力は，経済が拡大していた時代（場合によっては安定し

図表3－1　人口減少市区町村数と割合

	平成17（2005）～平成22（2010）年[注1]	平成27（2015）～平成32（2020）年	平成37（2025）～平成42（2030）年	平成47（2035）～平成52（2040）年
人口減少市町村数	1,265	1,520	1,628	1,656
人口減少市町村割合（％）	75.2	90.3	96.7	98.4

注）平成25（2013）年3月1日現在の市区町村（1,683自治体）に組替えた値で集計。
出所：国立社会保障・人口問題研究所（2008）「日本の市区町村別将来推計人口（2013年3月推計）」。

た時代も）とは比較にならないのである。繰り返し主張するが，商店街機能には，商業機能と社会機能がある。仮に地域と連携して社会機能は果たせても本来的に商店街が求められている買い物の機能が充実していることは前提である。これなくして商店街の将来はあり得ない。本稿が機能の総合化を強調するのはその理由による。

　本章のまとめとして，商店街機能が商店街で総合的に展開している事例を紹介する。長野県佐久市の岩村田中央商店街と神奈川県茅ヶ崎市の茅ヶ崎商店街連合会である。両商店街とも地域をマネジメントする組織として決して完璧ではない。課題も数多くある。それを確認することは商店街の将来にとっても課題であるからである。

　岩村田中央商店街は大きな立地環境変化で危機感を持った当時の青年部が，商店街運営を引き継ぎ，地域と一体になって課題解決を商店街で展開してきた。競合するはずのイオンと連携をとってポイントカードを共通化し，商店街で運営している食料品店の足りない商品の供給を受けるなど協力関係を構築している。経済的機能と社会的機能を総合化して実施することで商店街の活性を維持している。

　また，茅ヶ崎商店街連合会は，いくつもの市民団体と連携しながら，商店街全体の活性化を図っている。地場の企業や農家などと取り組むことでワインや自転車を開発し産業面での貢献もしている。連携のキーワードは「エコシティ茅ヶ崎」である。共鳴できる組織と連携することで活動を広げた。商店街の機能は結果として総合的・融合的に発揮された。2つの事例とも商店街の機能を相互的に発揮することで，なおかつ商店街以外の組織とも連携することで大きな力を発揮しているのである。

第2節　長野県佐久市岩村田本町商店街[2]

　岩村田中央商店街の立地する長野県佐久市岩村田は，長野県の東側に位置し群馬県との境にある。長野新幹線佐久平駅や上越道佐久ICがあり，交通の便が優れている。歴史的には中山道の宿場町として栄え，商業的にも賑わいを見せた。車で7〜8分位の位置に長野新幹線佐久平駅がある。佐久平駅の近くには新幹線開業後まもなく，ショッピングセンターイオンが出店した。立地は住宅を中心とした昔ながらの街並みで老舗の多い伝統的な商店街である。

図表3−2　岩村田中央商店街の10年の活動経過

2001年12月	アーケード・カラー舗装完成
2002年3月	地域と商店街を結ぶコミュニティ施設「おいでなん処」開設
2003年4月	地域密着型食料品店舗「本町おかず市場」開設
2004年11月	「本町手仕事村」開設
2009年1月	「岩村田寺子屋塾」開設

出所：岩村田中央商店街資料より筆者作成。

老舗の多くは造り酒屋，信州味噌，和菓子など手造りにこだわる伝統のある店が多い。商店街のコンセプトとしても「手作り　手仕事　技の街」として発展を期している。佐久市は，2011年9月で人口は10万803人である。市役所によると佐久市自体としては商圏人口として25万人程であるが，商業地は4ヵ所に分散する都市構造で特に中核という地区はない。

岩村田本町商店街は，佐久平駅より徒歩約15分に位置し，中山道道沿いの220mに伸びる商店街で，長野オリンピックの開催を契機に，1996年頃に相次ぎ開業した長野新幹線佐久平駅と上越自動車道佐久ICにより，郊外の新たな交通の要所において，イオンなど大型店をはじめとした商業の集積が進展した。

15年程前の立地環境の激変は岩村田商店街にとって危機的状況が迫っていた。将来に不安を感じた当時30歳代の若手経営者や後継者グループによる商店街組織改革の機運が高まり，大変な軋轢のもとで商店街運営の代替わりを図った（阿部理事長談）。幹部が総入れ替えになり，理事の平均年齢が36.7歳という全国で最も若い商店街振興組合が誕生した。

若手の企画・行動力を活かし，商店街への集客を図るイベントに取組んだ（日本一長いいなりずし，日本一長いロールケーキ）。イベント時には商店街通りに人が入りきらないほどの集客があり，イベント自体は大成功であったが，一方で売上に結びつかず，空き店舗は増えていった。しかし，その人出は続かなかった。「商店街の売上につながらないイベントは意味がない」として方針を転換し，魅力ある個店の集まりである商店街を目指した。

個店の魅力向上に取組む中で，商店街が存在感を発揮して勝ち残るには，地域とともに生きる店づくり，商店街づくりが原点であると考え，商店街活動の中核にすえた。

この10年の活動経過は図表3−2のとおりである。

1 地域社会との関係性

　岩村田商店街は，様々な地域社会の組織と関わっている。商店街のコンセプトとして常に地元密着で地域とともにという理念から，住民の要望を非常に重視している。地元高校との関係強化，子育て・教育など地域団体との連携による活動，地元神社との連携，ショッピングセンターイオンと連携している[3]。ワオンカードと商店街ポイントカードの共通化，また，「本町おかず市場」の不足商品をイオン経由で調達することなどである。岩村田本町商店街では，これらの事業を通して，地域の人々に利用してもらえる店舗にするためには，地域に密着した店舗運営を心がけ，コミュニケーションを顧客と積極的に図ることが重要と考え，日々買い物に来る客とともに「地域と共に生き，暮らす店舗づくり」を進めている。

2 商店街の機能展開

（1）経済的機能
① 経営機能

　日本一イベントが個店の活性化に思った程役に立たなかったことを真剣に受け止め，「各店がアイデアや個性，技を出し合い，魅力ある店舗づくりを進めていくことが商店街の活性化につながる」（阿部理事長）として魅力ある個店経営を商店街で支援する活動をはじめた。中小企業診断士らの指導のもと，個店の魅力向上に取組み，意識変化を促している。

② 業種機能

　商店街に必要な業種として食料品店「本町おかず市場」を商店街で開設した。商店街にあったスーパーが撤退し，顧客の要望として「日常の食料品を買える店が欲しい」という声が多かった。しかし，商店街に出店してくれる食料品店がみつからず，自分たちで店を開いた。2003年4月開店した。安全安心の「地産地消」をかかげ，手づくりの惣菜を常時50種類そろえた。地元の特産品をつかった新しいメニューの開発もしている。いまや「地域の台所」となっている。この企画は商店街が主体となって空き店舗を活用し，消費者の要望を受けてコンセプトとして「何を売るのか，誰に売るのか，どのようにして売るのか」等をテーマに商店街の中で勉強会を重ねた。

「本町おかず市場」事業は非常に重要な事例である。2002年から「経営の勉強会」を行ってきたこともふまえ準備を始めた。勉強会は12回行った。勉強会は「単に本町おかず市場の成功に導くためだけのことではなく，共に生きていく者として，各店の見直しや改善をし，いかに顧客に必要とされる店にしていくか，いかに向上していくかを学ぶ」ことを目的とした。

商店街が主体で空き店舗対策として，このような店づくりに取り組むケースは全国的にも非常に珍しいことである。成功させるため，野菜の専門家，惣菜の専門家を募集し，また愛される「名称」を決めるために1月にチラシを発行した。名称は「本町おかず市場」と決定した。材料は地元の無農薬野菜だけを使い，また肉や魚，卵などは生産者がはっきりわかる物だけを使い，安全と健康を第1に考えた惣菜を作るため店内に厨房を作った。商店街では近隣の消費者の冷蔵庫代わりになる店舗を目指すことを理事会で決定し，開店準備にとりかかった。

③　組織機能

この商店街の最も注目すべきは，危機感を持つ若手後継者が商店街運営の責任を持ったことである。1995年大きな環境変化に対して危機感を持った若手経営者や2世の集まりの青年会を中心に商店街組織改革の機運が高まった。商店街の中にあった3つの組織をひとつに統合し，1996年5月，商店街の長老格の幹部との徹底した話し合いを行い，若返った組織の岩村田本町商店街振興組合を設立した。地元在住の放送作家等からイベント企画の指導をしてもらい，商店街のシンボルマークを岩村田の鼻顔稲荷神社にちなみ，招きぎつねの「いわんだ君」に変更した。

この商店街の組織機能のもう1つの特徴は，一理事二役制をとっていることである。これは若返った理事の教育も兼ねて，次々に開設した施設運営について本来の自分店舗以外に運営責任者として役割を担ってもらうのである。例えば，本業の文具業の経営者は「本町おかず市場」の運営の責任者でもある。理事はすべて本来業務以外に商店街の重要な役を兼務することで，経営についての勉強と組織の責任を勉強することになった。

（2）社会的機能
①　地域課題解決機能

○手仕事村

　岩村田商店街は商店街の社会機能として多くの地域に対する役割を担っている。「本町手仕事村」もその1つである。地域で起業したい人はいるが，チャレンジショップなどの支援できるところはこの地区にはなかった。働く場や技術を磨く場として岩村田本町商店街振興組合が「本町手仕事村」への参加を募集した。この商店街のコンセプトである「手造り・手仕事」にあった施設として開設した。2.5坪のミニショップ開業支援の企画に応募，組合の審査を無事通過した手技系の6つの小さな店が入居した。商品の販売だけでなく，店舗内でいつでも制作を行っていて，手仕事でできあがった商品をその場で販売もしている。

○岩村田寺子屋塾，子育てお助け村

　長野県佐久地域は，かねてより教育熱心な土地柄である。岩村田地区の商店街が連合して，街で子育て世代を応援するのが，「子育て村」である。商店街での買い物や美容院の間の一時預かり，子育て相談など，若年層の母親にとって駆け込み寺のような存在となっている。小学生には，学習の機会も支援しようとして立ち上げたのが，「岩村田寺子屋塾」である。地元の塾と連携した寺子屋塾を開設した。これは商店街単独の事業である。この寺子屋塾は，小学生の子どもたちが，個々の能力や必要性に応じた，個別指導教育を受ける場としてばかりでなく，高齢者を交えて，伝承したい文化・風習を3世代，4世代にわたって学び，自発性，社会性の備わった子どもになるための学びの場として運営しいる。

○高校生チャレンジショップ

　商店街近辺には，岩村田高校，佐久長聖高校，北佐久農業高校があることから，高校生に商売の楽しさ，商店街の魅力を伝える場として提供している。

○青春食堂

　地元ブランド米の米粉を使い，米粉うどんという新たな地域ブランドの創出を図る。高校生と連携したメニュー作りや新商品の開発を行う。ターゲットを決めたタイム戦略（ランチタイム，部活後の高校生タイム，夜の大人タイム）を実施し，幅広い集客を図っている。

② 地域交流機能
〇特徴あるイベント

代替わりが進んだ後の商店街では，地域の交流を促進するためのイベントとして，1996年11月から「日本一に挑戦シリーズ」始めた。第1回は，「日本一長～い草もちを作ろう大作戦！」，南北に長い商店街の特徴を生かし，全長200mの日本一長い草もちを地域の皆様（800人）で作りあげた。以降毎年開催。また，佐久平はケーキがおいしい街でも知られていることから，ケーキと景気をかけ，ケーキ時計シリーズイベントを企画した。日経ビジネスの表紙を飾る程有名になった。

〇地域コミュニティ施設「おいでなん処」の開設

岩村田周辺地区には公民館がなかったため，地域に役立つ商店街活動として「現代風縁側・井戸端」をコンセプトに，空き店舗を活用して，バスの待ち時間や買い物の休憩場所，地域サークル活動，展示販売会場等として活用ができるコミュニティ施設を整備した。地域住民のコミュニケーションの場として空き店舗を活用したコミュニティ施設の開設である。月20～30回，年間約6,000人が利用している。また，買い物の休憩所，バスの待合所としても利用されている。

③ 街区整備機能
〇アーケード，中央ビルファサード整備

道路拡幅工事が進む中，1966年2月本町防災建築街区造成事業の指定が決定した。同3月本町商店街協同組合成立し，同4月防災建築街区造成事業工事起工し，同10月「中央ビル商店街」を設立した。ハード事業の推進と管理を行う「本町商店街協同組合」とイベントを中心に事業を行う「中央ビル商店街」の組織とシンボルマークを完成，道路拡幅と防災建築街区造成事業が完成，アーケードも完成し，安全な歩行空間を確保している。建築以来30年を経たアーケード・カラー歩道，また，地盤沈下した商店街を再びよみがえらせる戦略として，アーケード・カラー歩道再構築を決意し，アーケードで，雨や日差しを避けて，快適に商店街を歩ける歩行空間を維持している。

図表 3-3　岩村田本町商店街の機能連携

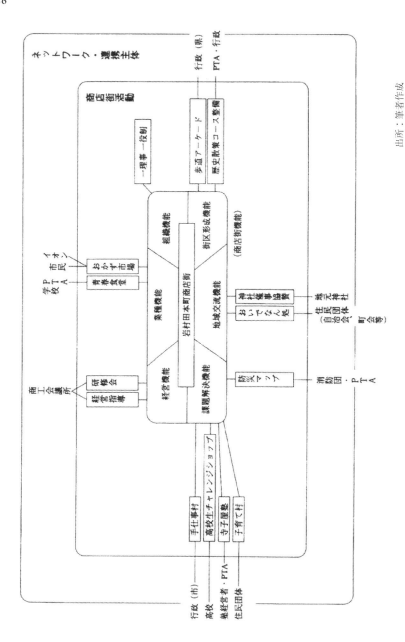

出所：筆者作成

3　岩村田本町商店街の総合的機能連携の確認

　岩村田本町商店街の商店街活動を商店街機能から整理し，図面にすると図表3—3のようになる。商店街を取り囲んで経済的機能と社会的機能があり，この機能はそれぞれ3つの機能に分けられる。それぞれの機能に関連した商店街活動は図のように配置される。各機能に該当する商店街活動があることがよく分かる。決して特定の機能だけの活動ではないことが改めて確認できる。商店街活動の外側にはネットワークの連携主体が配置されている。これまで分析してきた商店街機能を総合的に発揮することを端的に示しているといえる。

第3節　神奈川県茅ヶ崎市商店会連合会

　茅ヶ崎市はもともと相模湾に面した静かな住宅都市として発展してきた。住環境としての良さからリゾート都市として知られている。住民も比較的「市民」としての意識が高い人が多く，消費者団体，市民団体の連携が活発であった。また，それぞれの地域で商店が市民との交流も活発に実施されていた。商店街，消費者，農業者など各立場では当面の目的や課題は異なるが，「地球温暖化問題」では目的が一致し，むしろ立場が異なることで様々なアプローチがあり，活動としての広がりを持つことができた。この主な活動は，「茅ヶ崎リターナブルワイン」「エコレンタサイクル」「エコ商品」「エコカルテ」「地域通貨」「生ゴミの堆肥化」「マイバッグ」である。

1　地域社会との関係性

　茅ヶ崎商店会連合会は2002年から市内の消費者，商業者，自治会，農家等様々な人や組織が参加した交流ビジネスといえる「エコ・シティ茅ヶ崎」事業をはじめた。もともとの趣旨は商店街活性化のための神奈川県の「商店街競争力強化支援事業」を受けたのがきっかけである。商店街が市民団体と連携し，行政の協力を得て，地球温暖化問題と地域商業活性化のためのまちづくりをはじめた。この茅ヶ崎の例は商店街が中心となった活動としてまちづくりの先進事例となっている。

　この活動は，市民組織「ほっと茅ヶ崎準備室」があったことも活動が推進できた理由の1つである。茅ヶ崎商店会連合会との緊密なコミュニケーションの

もと他の市民団体とのパイプ役を果たした。

2　商店街の機能展開

（1）　経済的機能

① 　経営機能

○茅ヶ崎リターナブルワイン

　茅ヶ崎リターナブルワインの活動は，地域の様々な各個人，各団体が連携した象徴的な活動であるが，特に地区内の酒販小売店にとって顧客との接点をつくる格好の機会となっている。

　酒類製品は業界の競争激化と長期的経済低迷のため低価格化の方向に突き進んでいた。ビールメーカーは，酒類の容器は物流コストの安い缶容器に変え，低価格の発泡酒等が次々に販売され容器の缶への移行が促進された。地球温暖化問題が市民生活にも影響が出てくるようになり，消費者の意識の中に低価格や便利さより環境に優しい生活が意識されている。その一方で，80年代後半からの規制暖和の推進により酒小売業界ではディスカウントの大型酒販店が増え，中小の酒販店の経営が厳しくなっていた。ジャスコ等の大型店の出店が相次ぎ商店街の景況は悪化していった。

　茅ヶ崎市には歴史のある商店街が多く，各商店街の中には1，2軒の酒屋がある。このリターナブルビンの活動は中小酒販店にとって大型店やディスカウントの大型酒販店への対抗策でもある。大型小売店は各店舗の判断で決定できることは少なく，まして，効率性を高めることやコストの削減が，重視され，人件費の高いリターナブルシステムは難しい。

② 　業種機能

○「リターナブルワイン」や「メイドイン茅ヶ崎の自転車」の活動

　街中の競争が厳しい業種にとって顧客との接点をつくり，経営改善するには地域前提間活動は非常に有効である。決してそれだけで生き残れるということではないとしても「酒販店」「自転車店」が経営改善のきっかけとなることは期待できよう。このほかにもリサイクルによってワインであれば，ブドウ農家，ビンメーカー，酒販店，（残渣を利用し堆肥肥料）の利用による園芸等の需要が喚起される可能性を持つ。これは自転車においても同様である。

③　組織機能
〇商店会連合会の主催
　岩澤裕茅ヶ崎市商店会連合会会長（2004年当時）によると市内商店街の空店舗は2000年に56店であったのが，2001年には81店に増えたという。この「エコ・シティ茅ヶ崎」の活動が始まったことが契機で，商店街で酒類小売店の酒屋小売組合青年会のメンバーによって商店街でのリターナルビンの活動が始まった。
　メイドイン茅ヶ崎の自転車開発の事業計画も茅ヶ崎市商店会連合会が中心で取り組んだ。運営組織として自転車メーカーや市民らと協力して「茅ヶ崎サイクルライフ研究委員会」を作り，自転車の推進事業に取り組んでいる。自転車を市民や観光客にもっと利用してもらうことで自転車小売店の活性化にもつなげたいという狙いもある。自転車商協同組合の会員の32店がこの活動に参加している。

（2）　社会的機能
①　地域課題解決機能
〇リターナブルワインの環境問題に関する目的
　リターナブルワインとは，ワインビンのリターナブルをするために始まったシステムであり，「リターナブルワイン」と表現しているのである。地元のブドウ農家とワインメーカーの協力で，特産品としての茅ヶ崎ワインをつくり，販売を始めたのである。
　この活動に取り組んだ理由は次のとおりである。
・ワインブームと輸入ワインの増加でびんが増えている事によってびんの処理が大変であること。
・通常のワインのびんはカレットにしかならず路盤材として道路に捨てていること。
・ごみが増える事によってさらに地球温暖化につながる原因が増えること。
・茅ヶ崎市はびんと缶を混合収集しているのでリターナブルびんが混ざっていると壊れてカレットになってしまう。

「リターナブルワイン」活動の成果として期待されるのは次のようにいえる。
・環境問題への対応

・特産品としての商品開発
・中小酒販，商店街の活性化
・ゴミの減量

　この活動により市役所など行政の意識が変わり，協力が得やすくなったという。市にとってゴミ処理経費が削減ができるだけでなく，リサイクルセンター，最終処分場，選別施設等の施設，逆有償などの経費が削減できる可能性もあるのである。市商連では今後の発展として次のような課題を意識している。
・数字目標を持つ → 環境と経済の目標を明確にする
・情報を発信し続ける
・全国へ（どこでも取り組めるとメーカーが注目）
・びんビール・一升瓶の拡大へ

○メイドイン茅ヶ崎の自転車開発
　２つ目には環境と産業の連携を目指したメイドイン茅ヶ崎の自転車開発である。茅ヶ崎市の商店会連合会は，茅ヶ崎商工会議所，神奈川県の自転車商協同組合と共同でメイドイン茅ヶ崎の自転車を開発し，環境に優しい安全で快適な自転車ライフを推進する活動を展開した。目的は幾つかあるが，自転車ライフを茅ヶ崎ライフスタイルとして提案し，そのための自転車自体を開発し，利用できるシステムづくりをすることである。
　安全で快適な自転車のまちとして駐輪場を設置し，まちづくりの一環としてレンタサイクルにも力を入れた。
　茅ヶ崎市商店会連合会によるとメイドイン茅ヶ崎の自転車開発の主な活動は次の通りである。環境への配慮を PR するために自転車の利用促進活動を推進している。地元の自転車メーカーに依頼し，メイドイン茅ヶ崎の自転車を開発し，加盟自転車店などで販売している。環境問題への協力だけでなく，実際の自転車店の販売促進に活用できるのである。
　開発コンセプトは次の通りである。
・丈夫で軽いアルミフレーム
・買物やサイクリングにも適するスポーティーな自転車
・安全性にも重視，電球切れが無く明るいウルトラビームライト
・有害物質の発生を抑えた環境にやさしいパーツの多様

・茅ヶ崎らしさを出したシリアルナンバープレートの取り付け

○エコマネー（地域通貨）
　茅ヶ崎の地域通貨を作るきっかけは，茅ヶ崎市で環境審議会の公募市民委員が市民と行政がパートナーシップで進める分科会活動の中で提案したことである。茅ヶ崎の地域通貨は，第3者機関を行政もできるだけ含めた地域の社会団体を結成して「グリーンチケット」という地域通貨を発行する方式になっている。茅ヶ崎の地域通貨は「商店街や行政，NPO団体が，主催団体から必要な枚数を借り入れ，行政であれば環境と地域によいことをしてくれた方々にこのチケットを支払う。商店は借り入れたチケットをレジ袋辞退などのお客様にはサービスとして渡したり，海岸清掃のボランティアにプレゼントする」という仕組みである。
　また，地域通貨のメリットとしては地元の商店街で代金の5％程度あるいは特定商品の購入などに使えるほか，行政は庁内のコピーサービス・食堂・カフェ・証明書手数料・入場料などの有料行政サービスの代価としてそのチケットを支払ってもらうことができるとしている。

○マイバッグ推進の活動
　茅ヶ崎マイバッグは，「エコ・シティ茅ケ崎マイバッグ推進会議」を設置し，茅ケ崎市・茅ケ崎市商店会連合会・茅ケ崎商工会議所・茅ケ崎市大型店連絡協議会・茅ケ崎市消費者団体連絡会等5団体で組織され推進されている。
　これまでの活動として2004年度からは毎月5・15・25日を「マイバッグデー」に定めて，マイバッグの持参（レジ袋の削減）を訴えている。

・生ごみの堆肥化
　生ゴミの再資源化に取り組むことによって，茅ヶ崎で考えたのが，「生ゴミの堆肥化におけるシステムづくりについて，生ゴミの堆肥化を商店会として継続可能なシステムとして実施することにより無農薬（リサイクル）の肥料が作成され，家庭菜園などで大いに役立つと考えている。それらを具体的に継続していくための条件や手段が検討された」のである。

② 地域交流機能
○エコカルテ

　茅ヶ崎商店会連合会は，市民向けの活動だけでなく，商店街の運営・商店の経営についてしっかり消費者の意見を反映した商店・商店街づくりをすすめている。消費者との接点は要望を聞くだけでなく消費者に参加してもらえる活動を模索するためでもある。その活動が「エコ・カルテ」という商店街自己診断シートである。環境に優しい地域づくりという観点からまちづくりについて商店街として何をしなければならないかを商業者自身が認識する必要があるという考え方である。当然商店街の活性化としての顧客に満足してもらうことである。換言すれば街のコミュニケーションづくりでもある。そのきっかけ作りが，環境問題なのである。これまで商店街は地域の経済や街を支えてきたが長期化した不況，郊外大型店の増加などで地域社会，住民とのコミュニケーションが薄れた。環境問題を通じて地域住民と情報共有し取り組まないと解決しないという決意からである。元来商店街は人とまちのコミュニケーションの場である。商店街が活性化することで，地域社会の本来のまちの姿をとりもどせるのである。

③ 街区整備機能
○レンタサイクル

　湘南雰囲気を感じつつ自転車で茅ヶ崎市街を走ることは市民や観光客にとっても街並みをゆっくり見る機会ともなる。環境問題と観光を結びつけることになり，街の快適さがますきっかけとなる。

　開発した自転車だけでなく放置された自転車や不法投棄の自転車を商店会連合会が再利用を発案した。リサイクルされた自転車は「ちがさきしょうれん号」と名付けられ，その後「エコサイクル・レンタ号」と改名し，現在は16台になったレンタル自転車が稼動している。2002年3月に貸し出しを開始した。1日100円で貸し出している。加盟自転車店6店と自転車店以外の店3店の9ヵ所に設置している。この活動が知られてくるにつれ徐々に利用が増えているという。指定された商店で借りることができ，市民だけでなく市外からの観光客からも好評を得ているという。自転車は借りた商店に返すことになっているが，同事業に加盟している商店ならどこへでも返却できる仕組みも現在検討されている。また，加盟している自転車店は，どこで買った自転車でも修理する，ま

第3章 商店街組織と外部組織連携事例 93

図表3-4 茅ヶ崎商店会連合会機能連携

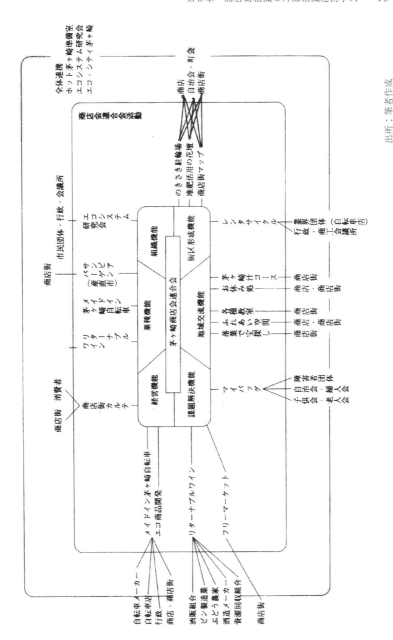

出所:筆者作成

たどの店でも快く空気入れサービスをする，商品の配達もするなど経営におけるサービスの向上にも役立てている。

3　茅ヶ崎商店会連合会の総合的機能連携の確認

　茅ヶ崎商店会連合会の活動と連携について整理すると図表3―4のように整理できる。中央に茅ヶ崎商店会連合会があって商店街機能に取り巻かれている。商店会の活動があって各機能との関連が数多く見られる。連携先も市民団体の上部組織とも密接な関連を持っている。さらに，支援機関，行政がサポートし緊密な関係を保っている。茅ヶ崎の事例のもう1つの大きな特徴は地元産業界との連携である。このような商店街と地域の産業界がこれほど緊密な連携をしている例は非常に少ない。全体としての活動を取りまとめたのは，「エコタウンシティ茅ヶ崎」という活動体である。幅広い市民や産業界を巻き込む活動はネットワークを組むのに大変有効な手段であった。特にその中核に商店街組織があったことは特筆すべきである。商店街機能の総合化の見本となる例である。

　この事例で強調しておきたいのは，茅ヶ崎商店会連合会の中間支援組織としての役割である。商店街の中間支援組織としての役割は，全国の事例は商店街活性化事例でも，連携して活動しているのは数多いが，茅ヶ崎の事例は多くの市民組織の集まりである「エコシステム研究会」，「エコシティ・茅ヶ崎」の組織を活動の中核に据えていることである。市民と行政の間で多くの活動主体と連携しながらこの事業を展開していたのである。それが商店会連合会であったことが事例として取り上げた大きな理由である（図表3―4）。

第4節　これまでの商店街連携と仮説の検証

1　これまでの商店街連携の確認

　商店街の景況は悪化している。その理由は何か。また，衰退を止めるには何をすればよいのかを問題意識として論を進めてきた。第3章で詳細に分析したように商店街として活性化事例として取り上げられている商店街数は全体で597である（分析対象は354である）。しかし，それらの商店街数は，商店街実態調査の「繁栄」している商店街の数（36商店街）よりはるかに多い。「活性化」といわれていても大半の商店街は「繁栄」していないのである。商店街が，他

の組織と商店街という場（プラットフォーム）で連携し，商店街機能が総合的・融合的に発揮されていれば，商店街として「繁栄」しているところはもっと多くなるだろう。

地域商業や商店街の実態は第2章で確認したように厳しく，商業の構造が大きく変化している。社会環境も少子高齢社会が進展し，都市でも限界集落が発生し，全国的に買物難民が数多く出現し，社会問題にもなっている。そのような社会変化を追認し，まちづくり政策，流通政策も変わってきた。まちづくり三法が施行され4年経ったが地方都市の中心部の空洞化は回復の目途は立っていない。政策思想も補完性原理（自助，共助，公助）が強調されるようになった。

このような背景のもとで，商店街，特に地方都市の商店街の役割は大きく変わってきたとみなければならない。商店街も地域社会を構成する1つの主体として，地域課題を解決のため，他の組織と連携しながら商店街機能を総合的・融合的発揮しなければならないのである。

まず，これまでの地域社会と商店街の関係を整理してみよう。従来の商店街機能の連携について行政支援との関連も含めて確認すると図表3－5のようになるだろう。特徴的にいえば，① 商店街機能の総合的・融合的には発揮されていなかった。特に経済的機能にウエイトが置かれていた。経営意欲の減退とともにマーケティングの基本がおろそかになっていた。② 商店街活動はボランティアという認識が強く，社会的機能の発揮に伴う活動は行政支援をあてにしていた。すなわち商店街活動は自立化していなかった。③ 住民に対しては「客」としての対応で，商店街自身が地域社会の一員であるという認識が少なかった。

これまでも商店街は買い物の場としての役割を果たし，地域の祭礼などの協賛,売り出しイベントの実施などで地域コミュニティの核となっていた。しかし，現実の商店街の実態はこれまで見てきたとおりである。商店街衰退の要因を整理すると ① 買い物の場としての活動は，郊外大型店の出店や消費者の広域移動で，大型店との競争には確実に劣位におかれた（競争環境の変化）。② 郊外大型店との競争の結果，経営者の高齢化，後継者不在などで経営意欲が減退し（経営機能），店揃えができなくなった（業種機能）。さらにリーダーがいなく組織的活動ができなくなった（組織機能）。③ 少子高齢化の進展で地域社会の課題が多くなっても商店街が対応できなかった（社会環境の変化）。どの要因をとっても商店街が単独で対応できる課題ではなく，衰退は商店街の構造的問題であ

図表3―5　従来の商店街機能と外部との関連性

出所：筆者作成

った。公的機関の支援も商店街の自己組織化を前提した内容で，いわば特定の商店街機能発揮の資金的支援であった。公的機関の支援も商店街の構造的課題の解決はできない。

2　仮説の検証

商店街が地域社会で果たす商店街機能の発揮についていくつかの仮説を立てた。仮説を確認すると次の内容である。

第1の仮説は，商店街機能の発揮は総合的・融合的でなければ地域社会で生き残れないのではないかというものである。商店街の地域社会での役割は，特定の活動（限定された商店街機能の発揮）に終わっていないか。今商店街に求められているのは，買い物としての経済的機能と地域社会貢献としての社会的機能の発揮である。

第2の仮説は，地域社会の他の主体と連携化しなければならないのではないかということである。多くの商店街の内部資源，すなわち現状の商店街組織で，地域社会に求められる商店街機能を総合的に発揮できない。商店街は地域を構成する他の主体と連携し，商店街の場を使いながら機能を発揮することではな

いだろうか。

　第3の仮説は，地域社会で商店街は人々が交流する「場」（プラットフォーム）となる必要があるのではないかということである。地域社会で地域の課題を解決するNPOや各地域団体は目的が明確である。しかし，地域の課題解決を広く地域社会の求めに応ずることはできないが，より多くの地域の課題解決には商店街の「場」を使い，この場で地域社会の様々な主体と連携して地域社会の求めにより貢献できるのではないか。

　第1章の商店街機能の分析，本章の岩村田本町商店街，茅ヶ崎商店会連合会の事例を通じて仮説を検証してきた。

　第1の仮説の「商店街機能の発揮は総合的・融合的でなければ地域社会で生き残れないのではないかということである」。活性化事例の商店街の半数以上は，少なくとも2つ以上の商店街機能を発揮した活動をしている。仮説は実証できたといってよいだろう。また，ほとんどの事例商店街でも機能を発揮した活動が見られる。これは確認できただけの内容であって，紹介された以外にもあるであろう。ただ，融合的という点についてはヒアリング調査以外では明確に確認できないが，ヒアリングできたところは融合的であるところが大半であった。

　第2の仮説は「地域社会の他の主体と連携化しなければならないのではないかということである」。商店街活性化事例を見ても連携が確認できる商店街は100を超える。経済的機能については必ずしも連携した活動とは限らないが，社会的機能を発揮するためには，連携することが多いと見てよいであろう。この連携についての仮説は実証できたといえよう。事例の活性化商店街は様々な外部組織と連携している。NPO等の活動組織だけでなく，商店街同士の連携も多く見られる。地域社会は様々な組織と連携することは地域の課題解決など地域社会維持・発展のために必要で，第6章で見たように，岩村田の事例では商店街でない組織との連携は数多いが，茅ヶ崎の事例の活動主体は商店会連合会で，各商店街が幅広く連携しているのが確認できた。商店街以外にも，いくつもの市民組織と連携している。この事例は連携の事例として象徴的である。また，商店街連合会が果たす中間支援組織としての役割は大きな意味を持つ先進事例である。

　第3の仮説は「地域社会で商店街がプラットフォームとなる必要があるのではないかということである」。事例調査で社会的機能はほとんどが商店街という場（プラットフォーム）で，他の組織と連携して活動していると見てよいだろう。

仮説は実証できたといってよいだろう。商店街が関わらない活動は活性化事例としてはあがっていないはずだからである。商店街の立地は地域の人々が集まりやすい所に成立していたことは，買い物の場所としてもよく知られるところである。そこは地域の活動団体が自然に集まることができ，住民，消費者も商店街で買い物，サービスや情報，交流等の利益を享受することができるのである。地域活動団体としても空き店舗やコミュニティスペースの活用による活動は数多くの事例で確認できている。すでに見たように商店街プラットフォームには連携する組織との信頼関係が重要である。そのためにはそれぞれの情報の共有化は欠かせない条件である。商店街が様々な組織とのネットワークを持つことが重要であることは繰り返し述べてきたところである。

第5節　これからの商店街連携モデル

　図表3―6は，これまで見てきた商店街機能と連携について一般化を試みたモデルである。「地域のプラットフォームとしての商店街」を中央に位置づけた。市民と行政の間にある中間支援組織の1つとしての役割を果たす。特に右側の連携組織は各種地域団体・NPO等である。大型店とは対立関係になるのではなく，岩村田本町商店街のように協力・補完関係を持つことで，大型店とは異なる機能を果たすことになる。また大学，高校等学校教育機関との連携[1]はすでに各地で実践例はあるが，教育と商店街の双方にとってメリットがある活動が必要である。他の商店街との連携は地域的な立地の一体性があるところは特に必要である。消費者から見ると連続している商店街組織の違いはほとんど意識していない。共同することでのお互いのメリットは大きいはずである。企業との連携は催事の協賛だけではなく，起業支援の協力やファンドの有力の協力者として位置づける必要がある。商工会議所等の支援機関は商店街の各店の経営支援のため連携することの意義は大きい。事例の中でも多く見られた経営指導は，経営力強化のためには有効である。

　行政との関係はこれまでとは異なる視点で見る必要がある。これまで行政，特に基礎的自治体は「顔の見える支援」として街路灯補助，イベント補助など細かな具体的な支援が多かった。商店街に公共的性格があるとはいえ，今までのような支援では地域社会は活性化しない。結論的にいえば，経済的自立を支援すべきといえる。商店街が補助金無しでは活動が存続できないとするなら，

第 3 章　商店街組織と外部組織連携事例　99

図表 3 − 6　これからの商店街モデルの概念図

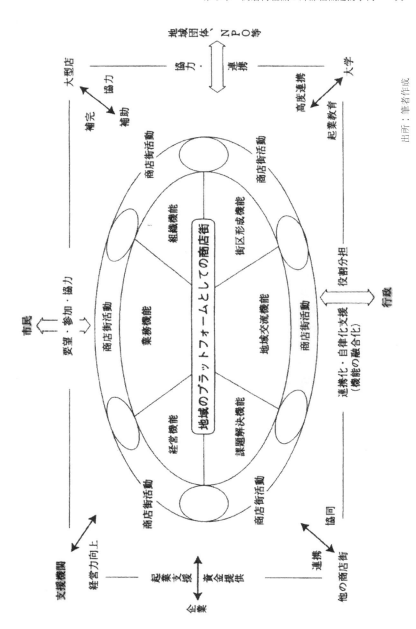

出所：筆者作成

地域社会にとって必要性を考えなければならない。基本は個々の店の経営活動である。商店街が存続するためには，これまで幾度も述べたように商店街機能の総合的に発揮する活動が必要である。この支援が行政として必要な支援である。決して個別の商店街機能の活動への資金助成ではない。他の地域団体と連携することの橋渡し等でネットワークを促進することを大きな役割とすべきである。商店街が自律化することで，行政との役割分担ができることになる。

注

1) Hatje Cantz (2005)。
2) ヒアリングは2011年9月27日，28日，阿部理事長，中村副理事長，他理事3名。
3) 143 商店街と大学との連携はが多いが，学生の起業教育を商店街の経営者とともに商店街の中の空き店舗での実践例は参考となる。吉田健太郎（2011）「大学と地域との連携による実践的起業家教育の可能性――社会起業家教育の実践事例――」『ふくい地域経済研究』第13号，福井県立大学地域経済研究所。

参考文献

吉田健太郎（2011）「大学と地域との連携による実践的起業家教育の可能性――社会起業家教育の実践事例――」『ふくい地域経済研究』第13号，福井県立大学地域経済研究所。
Hatje Cantz Verlag（2005）*Schrumpfende städte, Band 1* ―Internationale Untersuchung.

（小川　雅人）

第 4 章　地域商業に求められる社会性と経済性
―― 地域住民が主役となった持続性のある共同売店を主体に ――

はじめに

　わが国では，日常生活での当然の行為である「買い物」が，高齢化を契機に身体的にも経済的にも対応が困難になり，近年における高齢化の進展の中で，深刻な問題になっている。それらが社会的に問題であることを，はじめて指摘したのは杉田（2008）の著書である『買物難民』[1]である。杉田は，「買物難民」を「商店街の衰退や大型店の撤退などで，その地域住民，特に車の運転が出来ない高齢者が，近くで生活必需品を買えなくなって困っている状態」と同書で定義している。なかでも，これらの現象が自動車等の移動手段を持たず[2]，身体的にも経済的にも対応が難しい高齢者を主体に深刻な問題になりつつあると指摘している。

　一般的に「買い物」は，医療や介護などと比較すると，生命に関わる深刻な課題であるとの認識はなされていない。しかし，高齢者が自由に買い物に行けなくなると，健康な生活を維持する上で重要であるとされる生鮮品など，わが国の食文化の基礎である季節性のある食料品の購入の困難度が高まることになり易い。それらは，ひいては毎日の食生活において栄養が偏り，健康に害を及ぼすことが指摘[3]されている。さらに，わが国の医療制度や介護制度などは，世界に冠たる公的制度が整備されている一方で，買物難民問題に対する対応の必要性が，社会的な課題として対応が必要になっているものの，まだまだ十分なものになっていないのが実態である。

　本章では，わが国で社会的な課題としての取組が迫られている，「買物難民」問題に関する支援策として重要な役割を担う，地域商業としての機能と，その機能の持続的展開を確保するために，地域住民が主体となり成果を上げている共同売店に焦点をあて，ローカル・ガバナンスとしての事業の立ち上げと推進に関して検討していく。

第1節　内需型産業である小売業の構造変化と地域の課題

ここでは，内需型産業である小売業における構造変化に加え，需要側である消費者の構造的変化を確認することで，地域商業が直面する課題に関して分析していく。

1　需要サイドである消費者の構造変化

(1) 少子化と高齢化並びに人口減少の進展

今日の我が国においては，少子化及び高齢化並びに人口減少が今後も進行し，消費財購入の総需要が減少する中で，従来有効であった既存の規模拡大型流通ビジネスモデルが条件不適合を発生させている。我が国の総人口は2004年の約1億2,780万人をピークに，人口減少期を迎えている。国立社会保障・人口問題研究所の中位推計によると，日本の人口は2050年には約9,515万人になると見込まれており，総人口に占める65歳以上の高齢者の割合も，2005年には20％程度であったものの，2020年には30％弱，2030年には30％強，2050年には40％弱まで上昇すると予測されている。具体的には，若年層の減少，高齢者の増加，単身高齢世帯の増加，人口の都市集中の加速化，市場の縮小，年金生活者の増加等が生じてくる。

また，戦後の高度経済成長期を通じて都市部への人口流入が増加したこともあり，その受皿として都市部郊外の開発が進展することで，都市部の人口が郊外部に流出することに伴って様々な都市機能も郊外に移転してきた。

(2) 消費者の購買行動の多様化

消費者の生活スタイルの変化や購買時の利用交通手段の変化も，購買行動に大きな影響を与えている。例えば，時代や地域によって何が中心に売れるかは変化しており，時代と共に消費者の物質的欲望が量的に満たされるに伴い，流通を経由する商品の数も種類も膨大になっている。それは，バザールから百貨店，そして食品スーパーからコンビニエンス・ストアへと主要小売業の位置取りが変遷する流通の新しい形態の登場に繋がっている。

また，鉄道等の公共交通機関の普及が街道沿いから駅前商店街へ，そしてモータリゼーションにより郊外ショッピングモールへ，さらには単身世帯や深夜

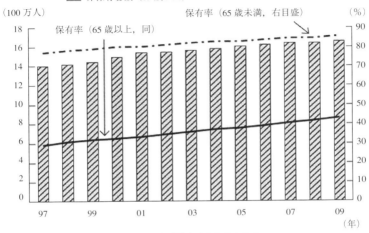

図表4－1　運転免許保有状況

出所：警察庁「警察白書」より作成。

生活者の増加が近隣型コンビニへと，小売業の主役が変遷しており，消費者の交通手段や生活スタイルの変化が，購買行動に影響している。

（3）　高齢者による移動手段の減少

　高齢者が買物難民となるか否かの分かれ目は，移動手段の有無である。近隣に商店のない地域に居住している高齢者であっても，移動手段が確保されていれば買物難民とならずに済む可能性が高い。高齢者の移動手段の有無に関して，運転免許の保有状況を図表4－1でみると，65歳以上の保有率の上昇傾向は確認できるが，保有率は65歳未満に比較して低くなっている。また，65歳以上の免許の非保有者数は増加している。それゆえ，買い物において自ら運転する移動手段を有しない高齢者の割合は今後低下する可能性がある一方で，高齢化の進展により買物難民の絶対数は増加するとみられる。

　さらに，家族構成という観点から考えると，今後も進むと予想される核家族化は高齢世帯[4]の増加を引き起こし，買物難民を増加させる要因になっている。

図表4—2　わが国における小売業業態別の動向

	総合スーパー						食料品スーパー						コンビニエンスストア					
	事業所数(カ所)	%	年間販売額(億円)	%	売場面積(千㎡)	%	事業所数(カ所)	%	年間販売額(億円)	%	売場面積(千㎡)	%	事業所数(カ所)	%	年間販売額(億円)	%	売場面積(千㎡)	%
99年	1,670	0.1	88,496	6.2	13,392	10.0	18,707	1.3	167,479	11.6	15,569	11.6	39,561	2.8	61,269	4.3	4,090	
02年	1,668	0.1	85,151	6.3	14,706	10.5	17,691	1.4	159,037	11.8	16,386	11.7	41,770	3.2	67,136	5.0	4,481	
04年	1,675	0.1	84,063	6.3	15,191	10.5	18,485	1.5	170,469	12.8	18,246	12.7	42,738	3.5	69,222	5.2	4,715	
07年	1,585	0.1	74,467	5.5	14,903	10.0	17,865	1.6	171,062	12.7	19,207	12.8	43,684	3.8	70,068	5.2	5,016	
99-07年増減率		-5.1		-15.9		11.3		-4.5		2.1		23.4		10.4		14.4		

	食料品専門店						食料品中心店						合計					
	事業所数(カ所)	%	年間販売額(億円)	%	売場面積(千㎡)	%	事業所数(カ所)	%	年間販売額(億円)	%	売場面積(千㎡)	%	事業所数(カ所)	%	年間販売額(億円)	%	売場面積(千㎡)	%
99年	249,287	17.7	92,068	6.4	8,097	6.0	131,465	9.3	66,802	4.6	6,399	4.8	1,406,884	100.0	1,438,325	100.0	133,869	10
02年	204,171	15.7	74,102	5.5	6,864	4.9	140,172	10.8	67,771	5.0	7,205	5.1	1,300,057	100.0	1,351,092	100.0	140,619	10
04年	190,788	15.4	70,231	5.3	6,409	4.4	132,299	10.7	63,635	4.8	6,781	4.7	1,238,049	100.0	1,332,786	100.0	144,128	10
07年	176,575	15.4	72,188	5.4	6,254	4.2	98,998	8.7	53,888	4.0	5,578	3.7	1,137,859	100.0	1,347,054	100.0	149,664	10
99-07年増減率		-29.2		-21.6		-22.8		-24.7		-19.3		-12.8		-19.1		-6.3		1

出所：経済産業省『商業統計表』各年版より作成。

2　内需型産業である小売業の構造変化

　小売業界は，内需型産業であり人口構造的な経営環境要件に最も影響を受けやすい特質がある。その意味では，我が国は先進諸外国に先駆けて人口減少・高齢化，消費成熟化の度合いを強めていることが結果として，小売構造の変化に影響しているので，小売市場規模を日本商業統計の数値で確認する。1997年の116兆円[5]をピークとして，それ以降は市場規模の縮小化傾向が継続している状況にある（図表4—2）一方で，チェーン展開を前提とする業態小売業は店舗大型化志向性を強めている。結果として小売業の売場総面積が拡大化傾向にあるが，その背景要因として次のように整理できる。

　第1に，地域シェアでの優位性を確保する方策として，ドミナント出店戦略を指向する業態小売業各社の出店戦略の観点から，出店を継続していること。

　第2に，競合する他小売業の進出しているエリアには，より面積の大きな大型店舗での出店が競争上優位であるという考えに基づき，新規出店の店舗あたり面積の拡張を指向していること。

　第3に，退店には巨額の諸費用を要する事[6]から，一時的に経営コストが拡大する懸念があるため退店を見送る傾向が確認できること。

　第4に社員のモチベーション維持や成長戦略の経営計画を展開する上で，「新規出店」を経営計画として表明することにより，高い評価が得られやすいことなどである。

図表4－3　縮小する小売市場規模と拡大する売場面積

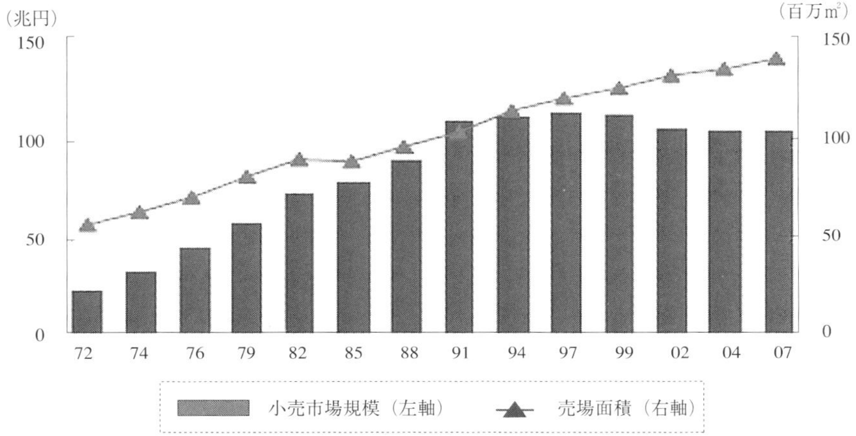

（兆円）　　　　　　　　　　　　　　　　　　　　　　　（百万㎡）

凡例：小売市場規模（左軸）　売場面積（右軸）

注）自動車，燃料の市場規模及び売場面積を除いて作成している。
出所：経済産業省『商業統計表』各年版より作成。

　それらの小売業の戦略展開の結果として，小売業の売場面積が拡大傾向にある一方で，単位面積売上は継続的に減少している。言い換えれば，大型店舗の新規出店で，総額としての販売金額は増加しているものの，売場単位面積当たり売上効率は低下している。その意味では，売場の単位面積当たりの販売金額という生産性指標が悪化しており，小売業界の競争環境が厳しくなっていると理解できる（図表4－3）。

　国内市場規模が縮小化する中で，内需型産業である小売業各社の競争適応戦略は，既存顧客の固定客化に加え，新規顧客の来店促進化を図ることに主眼を置く方向にシフトしている。それは，1990年代初頭に米国小売業界において，ウオルマートが生鮮食品を含む食品カテゴリーの販売に着手する中で，他業態特に生鮮食品への取扱商品へのラインロビング化が進展したことを想起させる。米国では，それらを契機として，従来の取扱カテゴリーの枠を超えた，オルタネーティブ・フォーマット（Alternative format）への取組みが加速し，既存の小売業態の取扱商品の範疇を越えた，異業態間の競合関係を強めたことは記憶に新しい。

図表4—4 飲食料品小売業事業所数の推移

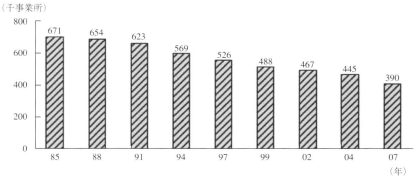

出所：経済産業省『商業統計表』各年版より作成。

　ひるがえってわが国を概観すれば，業界内部の競合関係の強まりに加え，内需型産業として，消費支出金額を巡り外食産業や中食産業，飲食等の提供サービス業等，他業種との競争状況が厳しくなっている。加えて，消費者の購買行動の変化に対応し，急速に進展している無店舗販売形態のインターネット通信販売の成長性は，有店舗にとって看過することは出来ない存在になっている。

（3）　飲食料品小売業の減少に伴って発生する買物機会の減少

　経済産業省の商業統計から，飲食料品店数の推移を図表4—4で確認すると，1985年には全国に671千事業所存在した飲食料品小売業が，2007年には390千事業所まで減少しており，この期間に281千事業所，割合して約42％の事業所が消滅している。2000年に大規模小売店舗法（いわゆる大店法）が廃止されたことを契機に，都市郊外部への大型店舗の進出が加速した。大型店舗の旺盛な出店の一方で，個人商店における後継者不足問題や，消費者の自動車利用による郊外店舗利用等の買物行動などのライフスタイルの定着等といった複数の要因が重なり，既存の個人商店やその集積である既存の商店街の衰退が進行した。それらは，都市部においても買物機会の減少によって買物難民の顕在化の背景になっている。

（４） 小売業の立地環境の変化と小売店舗数の減少による買物機会の減少

　小売業の店舗立地状況を確認すると，1960年代までは駅前・駅周辺や商店街などの市街地立地店舗が主流であったが，1970年後半頃から郊外住宅地や郊外幹線道路（ロードサイド）沿いに立地する店舗が増えてきた。バブル経済下の1980年代後半以降は，地価の安い郊外とりわけ郊外幹線道路沿いへの出店が相次いだ。また，モータリゼーションの進展もあり，週末のまとめ買いなどライフスタイルが変化したことも，これらの動きを加速させている。さらに，県庁や市役所・町村役場等の行政機関，病院，図書館，学校などの公共施設や映画館などの文化・娯楽施設の郊外化も進展した。

　一方，大都市郊外の団地やかつてのニュータウンでは，同世代（特に，団塊世代）の住民が集中して居住していることが多い。近年は，急激な高齢化や人口減少が進展し，結果として郊外型店舗の売上げ低下が，店舗の閉店・撤退を促進するケースが増えている。従来は，近隣の店舗が撤退しても，車や公共交通機関等を使って容易に買い物に行くことができた住民も，高齢化と共に自由に買い物に行くことが困難になってきている。こうして，日常の買い物機会が減少する中で，「買物難民」が大都市郊外の団地やかつてのニュータウンでも顕在化するようになった。経済産業省（2011）では「こうした地域では高齢化の進展が急であるだけに，対策が十分にとられていないことが多く，坂の多い地域に造成された例や，付随するスーパーが撤退してしまった団地等は，既に深刻な問題が生じつつある」と指摘している。

　加えて，近年，大型店の進出に伴う経営環境の変化や，業種店による後継者不足等の影響を受け，地域住民に身近な存在である小規模店舗や商店街数が減少していることも買い物機会が減少する状況に拍車を掛けている。経済産業省の「商業統計」によると2007年の小売業の事業所数は約114万ヵ所で，1982年の172万ヵ所をピークに減少し続け，最近10年間で約2割も減少した。中でも従業員数が1〜4人の小規模店舗の減少が激しく，1997年には46万ヵ所あったが，2007年には28万ヵ所と，最近10年間で約4割の店舗が姿を消した（図表4—5）。また，小売業を主体とした小売業の集積した商店街数を確認すると，全国の商店街[7]の数は1997年には14,070ヵ所であったものが，2007年には12,568ヵ所に減少している。これは，既存の商店街の衰退を意味しており，近隣居住者の買物の場が消滅していることと理解出来る。

　近年のわが国小売業の販売金額が伸び悩む中で，売り場面積の拡大が続き，

図表4−5　小売業の推移

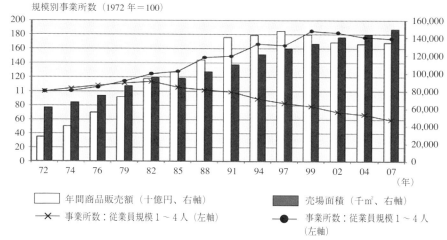

出所：『商業統計』（経済産業省）より作成。

図表4−6　地方都市部（人口5万人規模）での買物距離の拡大

	一般食料品店舗数	鮮魚店舗数	青果店舗数	精肉店舗数	減少率		店舗までの平均距離	大型店
					同市内	全国平均		
80年代	56店	37店	37店	18店	-	-	395m	中心街に2店開店
90年代前半	39店	29店	18店	9店	▲36%	▲22%	528m (1.3倍)	郊外に2店開店
90年代後半〜00年代	12店		7店	3店	▲75%	▲36%	761m (1.9倍)	郊外に4店開店

注1）店舗までの平均距離は，上記業種店までの距離の平均値（10地点から）である。
注2）（　）内は，82年度比での倍率である。
注3）佐賀大学清田勝の研究によれば買物適正距離は，徒歩400m，自転車1,000mである。なお，同市の店舗までの平均距離に関するデータは，10地点の平均である（地点によっては，82年比で5.5倍になっている）。
出所：杉田聡「買物難民」大月書店2008年9月及び2009年6月2日読売新聞等の資料を基に作成。

面積当たりの売上が減少していることを考えると，競争力の劣る小売業は淘汰され閉店が増加すると容易に予想される。今後，高齢化と人口減少化により，小売業の売上は中長期的に減少し撤退や閉店が，一層増加する可能性が高い。高齢化が進む環境下で小売店舗の撤退や閉店が続くと，買物難民の問題は一層深刻化すると懸念される。

具体的に5万人規模の地方都市における小売店舗数の変化と，地域住民の店舗までの平均距離の変化に関して確認すると，図表4−6のようになる。ここで注目すべき点は何点かあるが，特に同市内での店舗の減少率が全国平均を大きく上回っていることと，結果として店舗までの平均距離が80年代と比較して1,9倍と大幅に伸び，距離的には761mと徒歩での買い物適正距離の倍近いものになっており，高齢者などが快適に買物出来る機会が大幅に削減されていることが理解出来る。なお，この距離は平坦で安全に移動できることが前提であるが，実際は高低差が大きく歩道橋や歩道の自転車通行等を考えると，高齢者への快適な買い物機会は益々減少していると理解出来る。

第2節　地域商業の構造変化による買物難民問題の顕在化と課題

ここでは，買物難民に関わる先行研究に関して，研究視点毎に類型化したうえで確認する。

1　地域商業の衰退に伴う買物弱者[8]視点で買物難民に関する研究

商業機能の衰退に伴い，買い物機会の減少が高齢者などが買い物などに不自由をきたすとして，買物難民との概念を世に問うたのは杉田（2008）による『買物難民』である。それが契機となり，経済産業省が主体となり2009年11月に，地域で買い物に不便を感じている人々が増加しているとの地域での新たな課題への対応をねらいとした「地域生活インフラを支える流通のあり方研究会」を設置し，翌年5月に報告書が取りまとめられた。そこでは，地域インフラとしての流通を幅広く検討することで，「買物弱者問題（経済産業省においては「買物弱者」と表記している）」においても都市部と農村部に分けて対応の方向性に関して，4つの形態を示唆している。ここで提示された各形態は，流通業が買物弱者への対応に取組む方策の示唆であり，①宅配サービス，②移動販売，③店舗への移動手段の提供，④便利な店舗立地を提示している。

それらの視点を前提に，工藤（2011）や経済産業省（2010）においては，買物弱者への支援策として ① 店舗を設定，② 商品の宅配，③ 店舗へのアクセス容易性の確保を提示している。さらに，農林水産省（2013）では，『食料品の買い物における不便や苦労を解消するための先進事例』として，① 店舗販売，② 食品宅配，③ 移動販売，④ 共食・会食と類型化して提示している。それぞれにおいては，全国の先行事例を取り上げることで，取組み経緯，取組みの内容・効果，取組みにおける工夫などに関して解説している。その内容は，買物弱者対応策として流通業者としての取組みに関して大変示唆に富んだものになっている。

2　フードデザート（food deserts）視点での買物難民に関する研究

　岩間信之らの研究グループによるフードデザートの定義[9]は，① 社会的弱者（高齢者，低所得者など）が集住し，② 商店街の消失などに伴う買い物環境の悪化（食料品アクセスの低下）と，家族・地域コミュニティの希薄化に伴う生活支援の減少（ソーシャル・キャピタルの低下）の何れか，或は両方が生じたエリアとされている。その意味では，本論における買物難民と同義語として理解することが可能になるので，本論では先行研究として類型化している。

　さらに，岩間らの研究グループでは，食品スーパーの郊外進出が顕在化した英国で，1970-90年代半ばに，inner-city / suburban estate に立地する中小食料品店やショッピングセンターの倒産が相次いだ（Guy 1996）。その結果，郊外のスーパーストアに通えないダウンタウンの貧困層は，都心に残存する値段が高く，かつ野菜やフルーツなどの生鮮品の品揃えが極端に悪い雑貨店での買い物を強いられ（Wrigley 2003 ほか），英国では，彼らの貧しい食糧事情がガンなどの疾患の発生率増加の主要因であると指摘する研究報告が多数見られている。その一方で，米国ではフードデザートエリアにジャンクフード店が入り込み，肥満問題が発生しているとの指摘（Swinburn ほか 2004，など）があるとされている。

　わが国におけるフォードデザート問題に関して，岩間（2010）は，地理学の視点からフードデザートマップを提示すると共に，アンケート調査を基にした地域コミュティの重要性を指摘し，コミュニティ・ビジネスの可能性に関して論じている。その後，岩間（2013）らは，『フードデザート問題〜無縁社会が生む「食の砂漠」〜』において，フードデザート問題の発生要因を整理し，具体的な研究事例を基に，栄養学の視点を交えて問題提起をしている。その上で，

フードデザート問題への対応として，主体間連携，人と人の繋がりの重要性に関して論じている。

木立（2010）は，わが国のフードデザート問題を，英国等の海外事例を取り上げて特徴を整理すると共に，フードデザート問題が発生した地域の再生の必要性を指摘している。また，木立（2011）は，フードデザートの対応策として①小規模小売店の再評価，②移動販売，③宅配，④交通機関，⑤コンパクトシティに関しての検討を提言している。また，フードデザート問題で地域コミュニティとしての農山村における生活基盤確保の視点から，買物難民対策に関して検討したのが小田切ら（2011）である。そこでは，経済活動を基盤として公共サービスを総合的に提供するような，新たな地域コミュニティ作りを指向すべきであると論じている。

3 買物難民の量的変化予測と対応策

本節においては，買物難民の規模がどの程度問題になるのかに関して，わが国における量的な変化予測の先行研究から確認する。

（1） 買物難民問題の量的変化予測

ここでは農林水産政策研究所の，買物難民の定義を確認すると以下になる。ⅰ）店舗までの道路距離が1km以上（統計データから把握する折には直線距離で500m以上），ⅱ）自動車を所有していない，ⅲ）高齢者（65歳以上）の条件を満たした方々が食料品の買物に最も不便や苦労をしていると想定している。その結果は，500m以上で自動車を所有しない前提になる65歳以上人口は，生鮮食料品販売店舗までのアクセスが，2010年の382万人から2025年には598万人と，56.4％増加する。一方で，食料品スーパー等へのアクセスは，644万人から814万人へと26.4％増加すると推計されている。その背景として，店舗数変化要因は相対的に小さく，殆どが人口動態要因に起因するものとされている（図表4－7）。

高齢者の買物難民のみならず，中小商店の撤退地区において大型小売業の撤退も全国的に見られている。全年齢について確認すると，生鮮食料品販売店舗までのアクセスは，2010年の854万人から2025年には1,035万人に21.2％増加することが予想されている。なかでも，都市部地域で，43.4％も増加するとの予測である。このうち，都市部地域での増加の殆どは店舗数の減少（人口動態

図表4―7　店舗まで500m以上で自動車がない65歳以上人口

都市圏・地方圏，DID・非DID別／生鮮食料品販売店舗　　　　　　　　　（万人，％）

	2010年			2025年			変化率		
	全地域	都市的地域(DID)	農村地域(非DID)	全地域	都市的地域(DID)	農村地域(非DID)	全地域	都市的地域(DID)	農村地域(非DID)
全国計	382	181	202	598	349	249	56.4	93.1	23.6
三大都市圏	163	115	48	294	231	63	80.1	100.5	30.8
東京圏	76	58	18	156	131	25	105.4	126.3	38.6
名古屋圏	29	15	14	43	26	18	51.3	73.1	28.2
大阪圏	58	43	16	94	75	20	61.4	75.1	24.2
地方圏	219	65	154	305	118	187	38.8	79.9	21.4

注）東京圏は，東京，埼玉，千葉，神奈川，名古屋県圏は，愛知1岐阜，三重，大阪圏は，大阪，京都，兵庫，奈良である。
出所：薬師寺哲郎「食料品アクセス問題と高齢者の健康」農林水産政策研究所。

は人口減少と人口移動により減少）によるとされている。次いで，食料品スーパー等までのアクセスでは，1,507万人から1,433万人に1.9％減少するが，そのほとんどは農村地域での減少となり，大部分が人口動態要因（人口減少と人口移動）による減少と言える。

（2）　買物難民問題対応方策

ここで，経済産業省（2012）「地域生活インフラを支える流通のあり方研究会報告書」から，買物難民問題への対応方策を確認する。そこでは，小売業が郊外に大規模な店舗を構え，広範な周辺地域から自家用車による来店促進を図ることで成長した時代であったものが，近年においては，少子高齢化や景気の悪化が進む中で郊外型の大型小売店舗の売上も伸び悩んでいる。それは，菊池（2013）が指摘する既存の来店促進型小売経営形態の限界であるとの考察からも理解できる。

その意味では，従来型の流通システムで対応できない買物難民という問題を考える上で，新たな状況を想定した新しいシステムが必要である。そこでは，小売業として今後の経営の方向性として消費者に近づき，消費者の潜在需要を積極的に掘り起こしていく取組の必要性が高まっているとされ，以下の4つの形態に注目すべきであるとの指摘がなされている（図表4―8）。

図表4—8 「新しいシステムの萌芽と成り得る4つの形態」のイメージ図

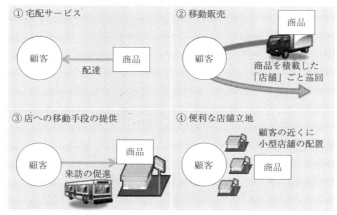

出所：経済産業省（2012）「地域生活インフラを支える流通のあり方研究会報告書」40ページ。

① 宅配サービス（商品を顧客に届ける）
② 移動販売（商品を積載した店舗ごと顧客まで移動する）
③ 店への移動手段の提供（バスの運行等により顧客が店まで移動するのを促す）
④ 便利な店舗立地（顧客の近くに商品のある店をつくる）

4　先行研究からの示唆と残された研究課題

　地域商業機能の低下に伴って発生する買物難民に関して，幾つかの研究の論点があるので，以下整理する。第1に，買物難民問題が顕在化している背景を踏まえての現状に関する研究であり，杉田（2008），木立（2010），岩間（2010, 2013）等が買物難民に関しての多面的な視点から示唆に富んだ考察がなされている。

　第2に，買物難民対応策として，行政や公的機関をも含めた組織的連携化や地域のコミュニティの重要性に関しての提言である。それは，街づくりとしてのコンパクトシティと言った都市計画という視点であり，岩間（2011）や小田切（2011）等が多面的な視点での考察がなされている。さらに買物難民への対応として，経済産業省（2010）や工藤（2011）が具体的な対応策としての流通

業者にとって示唆に富んだ考察である。

第3として，買物難民への対応策として，先行的に取組んでいる事例の整理で，経済産業省（2011），工藤（2011），農林水産省（2013）があり，地域の特性に対応した対応策に関して，今後取り組もうとする企業において大変示唆に富んだケースを分析している。

以上の先行研究は，買物難民問題の対応策として示唆に富んだものである。しかしながら，小売業者として買物難民対応を図るには，小売業の経営継続性の困難度が高い商圏を前提とする必要があることに加え，主として高齢者を主体に食料品を提供し続けることであり，小売業としての事業継続性の難易度が高いことは明らかである。その一方で，先行研究では小売経営と事業の継続性に関しての研究は，必ずしも十分な検討がなされているとは言えない。

しかしながら，菊池（2015）によると買物難民問題への対応には継続性が重要な前提であると言える。何故ならば，行政からの支援が事業立ち上げが主体であるので，支援が終了した場合や，取組み企業・組織が撤退した場合には，再び買物難民問題が顕在化すると共に，より解決の困難度が高まることになってしまうとの指摘である。

そこで，本論では先行研究において残された課題として，買物難民問題への対応に当たっての継続性を前提とした事業の在り方に注目して検討する。

第3節　地域商業の機能遂行に伴う買物難民問題解消の課題

1　政策的取組課題としての買物難民問題

2011年2月の国土審議会政策部会第3回長期展望委員会資料に，わが国の人口は2008年をピークに減少に転じ，2050年は1億人を切り9,700万人程度になり，結果として896にも及ぶ自治体が「消滅」の危機にあると指摘されている。この問題の解決に取り組むために，政府は，「まち・ひと・しごと創生本部」（地方創生本部）を設置し，2014年12月27日，「まち・ひと・しごと創生長期ビジョン」（地方創生ビジョン）と「まち・ひと・しごと創生総合戦略」（地方創生総合戦略）を策定した。それと同時に，各自治体に対して地域の実情に応じたビジョンと総合戦略の策定を要請している。

これらの動向の背景には，わが国における高齢者の割合の高まりが先進諸国

のなかでも顕著であることが大きく起因している。ここで，人口構造の変化を確認すると，人口減少と高齢化が顕著に進展している。同時に，買物施設・店舗，とりわけ零細・小規模の小売業が減少するなかで，いわゆる「買物難民問題」が中山間地のみならず，都市部でも社会問題として顕在化・急浮上している。なかでも，中山間地域では人口減少が進んでいる中で，小売経営の維持が難しくなっている。特に，2000年代半ば以降に，中山間地域の住民の買い物の場としての拠り所とされていた農業協同組合（JA）の店舗の閉鎖が重なり，問題が全国的に顕在化し「買物難民」，「買物弱者」の問題が社会的にクローズアップされてきている。そのような人口構造変化とその影響を受け，買物難民問題の本質や問題解決の方向性について，先行研究や行政の解決策の提示として，「移動販売」，「買物代行」，「宅配」，「配食サービス」，「送迎バス」，「デマンド交通」，「小型店をつくる」，「店を引き継ぐ」などが鍵となることが先行研究で示唆されている。

加えて，2014年の「日本創成会議」による「地方消滅」が提起されたこともあり社会問題として認識されるようになった。その問題の本質は単なる買物先の消滅に留まらず，弱者切り捨ての構図，すなわち社会的排除問題にあると理解でき「買物難民問題」というよりも「フードデザート問題」と表現した方が妥当な状況にあり，問題の深刻度が高まっている。

それらの問題解決策と先行ケースに関して，筆者が数年間を掛けて「現場の実態」を業務遂行や業務への同行によって確認すると，伝統的な移動販売事業に加え革新的な移動販売事業や買い物代行事業，さらには配食サービス事業などと言った，新たな住民サービスを確認することができた。さらに，沖縄県内を主として，地域住民主体で設立・運営されている共同売店が，100年以上継続されていることが確認できる。それらの担い手は新たな事業体，住民組織，食品店・食品スーパー，商工会，NPOなどである。ここで問題なのは，いずれにおいても事業採算性の面では厳しい状況にあり，多くは担い手の高齢化問題もあり，存続可能性に懸念が生じている状況にある。

2　地域商業の衰退に伴う買物難民問題の実態

高齢化の進展や人口の減少等を背景に，都市部の人口が増加し様々な都市機能も郊外に移転し郊外の開発が進んだ。結果として，地域商店の撤退等により，都市部近隣に生鮮三品（青果，精肉，鮮魚）や生活必需品を扱う店舗が消滅し，

日常の買い物に不便を感じている高齢者等，いわゆる買物難民の増加が問題となっている。商業機能については，1960年代までは，駅前・駅周辺や商店街など市街地に立地する店舗が主流であったが，1970年後半頃から郊外住宅地や郊外幹線道路（ロード・サイド）沿いに立地する店舗が増えてきた。バブル経済環境の中で，1980年代後半以降は地価の安い郊外（特に郊外幹線道路沿）への出店が急増した。また，モータリゼーションの進展は，週末のまとめ買いなどライフスタイルが変化したことも，これら動向を促した。

さらに，県庁や市役所，病院，図書館，学校等の公共施設や映画館等の文化・娯楽施設の郊外化が進展した。大都市郊外の団地やかつてのニュータウンでも，同世代（いわゆる団塊世代）の住民比率が高いこともあり，急速に高齢化が進展している。結果，郊外立地の大型店舗での売上げが落ち込み，閉店や撤退を余儀なくされるケースが増加している。従来は，近隣の店舗が撤退しても，車や公共交通機関等を使って容易に他の店舗への買い物が容易であった住民も高齢化の進展に伴い，自由に買い物に行くことが困難な状況になっている。こうして，日常の買い物が困難になる「買物難民」が大都市郊外の団地やかつてのニュータウンにおいても発生するようになった。

経済産業省報告書（2010）では，「こうした地域では高齢化の進展が急であるだけに，対策が十分にとられていないことが多く，坂の多い地域に造成された例や付随するスーパーが撤退してしまった団地等は既に深刻な問題が生じつつある」と指摘している。さらに，近年，大型店の進出や後継者不足等の影響を受け，住民にとって身近な存在である小規模店舗や商店街が全体的に減少していることも，買い物を困難にする状況に拍車を掛けている。経済産業省の「商業統計」によると，既述したように2007年の小売業の事業所数は約114万ヵ所で，1982年の172万ヵ所をピークに減少し続け，最近10年間で約2割も減少した。中でも，従業員数が1～4人の小規模店舗の落ち込みが顕著で，1997年には46万ヵ所あったものが，2007年には28万ヵ所となり，最近10年間で約4割の店舗が消滅している。また，商店街数は，1997年には14,070ヵ所あったものが，2007年には12,568ヵ所に減少している。

これらの量的構造変化を受けて，岩間（2011）はフードデザート問題として次のような指摘をしていることが示唆に富んでいる。社会・経済環境の急速な変化の中で生じた「生鮮食料品供給体制の崩壊」と，「社会的弱者の集住」という2つの要素が重なったときに発生する，住民の生活（主に買い物）環境悪化

問題と整理できる。買い物の困難がもたらす日々の食生活の悪化は，健康被害に直結する。欧米においては，1990年代後半，地方都市に住む外国人労働者などを中心に同問題が深刻化した。近年，日本では独居老人などを主体に，この問題が顕在化している。これらの指摘を考慮すると，買物機会の確保は地域の生活インフラとしての不可欠性が高いことが理解できる。言い方を変えれば，地域生活を維持するには，何らかの形での買物機会の確保が不可欠であると理解できる。

3　買物難民問題解決に必要なローカル・ガバナンス視点

こうした買物環境の改善を図るため，買い物弱者が存在する地域において，移動販売事業，ミニ店舗事業，宅配事業や配食サービス事業等による買い物機会を提供する事業に対して，行政がその費用の一部を助成している。地域生活を維持する地域住民の課題解決のために，行政支援を受けて様々な取組がなされているが，その前提として本質的で不可欠な解決に必要なことは，地域住民が自ら参画し，それら問題に主体的に取り組む地域経営の視点が求められている。

今日，地域経営，公共経営は「ローカル・ガバナンス」の視点から論じられることが少なくない。小滝（2007）初谷（2008）によれば，ガバナンス論で描かれる理念的な「すがた」や「かたち」は，各地域の広狭や特性，調達可能な資源の多寡や種類，参画するアクターの構成によって多種多様な具現化のプロセスをたどると指摘されている。それらを考慮すると買物難民問題は，従来の枠組みで持続性を確保する事が困難であり，新たな枠組みとしてローカル・ガバナンスの考えを基に検討する価値が高いと考えられる。

ここで，ローカル・ガバナンスを，一言でいえば多様な人々が関わり，地域の活性化を図る手法をいう。政治や行政の領域では「ガバメントからガバナンスへ」という視点の転換が指摘されている。公共を行政が独占する傾向が強かった時代から，地域住民，NPO，企業などの多様な団体や個人が地域経営に関わることが重要になっている。人口減少社会への対策として，国は，各自治体に対し地方版総合戦略の策定を要請し，当該計画と交付金を組み合わせて国主導の「地方創生」の推進を図っている。しかしながら，それぞれの地域は，固有の地勢・歴史・文化・慣習等を有していることもあり，本来の「地方創生」は，各地域の知恵と工夫に基づき，独自性と自立性をもって取り組まれることの重

要性が高まっていると考えられる。

ここで，買物弱者問題に関しても，地域住民の生活の場の確保を考慮すると，ローカル・ガバナンス視点で各地の買物難民対応としての高い支持を得て店舗展開をしている先行取組事例の住民参加状況等に関して分析する。

第4節　ローカル・ガバナンス視点でみる沖縄の共同売店

本節では，地域住民の参画を得て展開されている，沖縄県内の共同売店に関して分析することで，買物難民対応策の有効性を確認する。

1　ローカル・ガバナンス視点でみる沖縄共同売店[10]の買物難民対応の経緯

沖縄県の共同売店は，明治末期の沖縄北部地区で誕生し，購買事業を中心に様々な事業を行なってきた独特の相互扶助組織である。基本的には，字ごとに，地域の全戸（または一部）が共同で出資して設立し，共同で事業運営を展開している。現在の「農協」や「生協」などの協同組合組織に類似しているが，それらの法律の制定以前に設立されている。共同売店を支えているのは沖縄の助けあいの精神であり，貨幣経済が地域に導入されてきた明治末期頃に，現金生活に対応するために地域において相互扶助を目指して，出資者の地域住民の要請に対応して小売事業を基点に，各種事業を設立・運営したものと言える。

現在の生協や農協など日本にある協同組合は，戦前の産業組合が起点となっており，1900（明治30）年，ドイツの協同組合をモデルとした産業組合法を受け全国に設立された。沖縄県最古の「奥共同店」は，産業組合法施行から6年後の1906（明治36）年に設立されており，同法の影響はあるが，奥共同店自体は本制度に則って設立されたわけではない。「南島文化」創刊号で，当時は，明治政府の指導によって，沖縄では1910年で44組合の産業組合が設立された。当時の産業組合は政府の監督下におかれ，自主的な組織運営には至らなかったようである。「国頭郡志」「国頭村史」によれば，行政からの各種助成に依存し，市町村や県の系統化により，天下り的な性格を有していたようであり，中途での解散事例が多かったとのことである。一方で，奥共同店は町村や県或いは明治政府の指導があったものの，あえて法人組織の認定を受けず，営業税免除も受けられない個人商店同様の扱いを受ける形で，独自に設立された。

奥共同店の誕生については堂前（1997）や金城（2003）など諸説あるが，奥

共同店創立80周年の記念碑には、「糸満盛邦翁は安政元年に生まれ、昭和14年84歳で没した。同氏は公共心に厚く、生前自ら営んでいた店の利益が大なることを認め、それを何とか字民共同の事業とすべく、時の有志と諮り字民の多大の賛同を得て同氏の雑貨店を引継ぎ、明治39年春、奥共同店として産声をあげた。そして同氏は自ら同店の監督として、その基礎づくりと発展に尽くされた。共同店創立80周年記念にあたり、その功績を讃えこの碑を建立する」とある。

2　共同売店の経営形態

現在の共同売店の経営方法は、2形態に分類できる。まず、地域住民出資を基にした資本金で経営するもので、地域住民直営経営方式といえる。この場合、出資者である住民選挙によって地域から事業運営責任者（名称は主任）を選出し、従業員は地域から選択された者が交代で業務を推進するので、地域住民にとって共同売店は無くてはならない拠点であったと理解できる。なお、社会的な役割を果たしているものの、地域住民の出資が前提であり、決算毎の収支結果としての利益は、資本金に繰り入れること、地域施設への補助金に充当することや出資者へ配当するなどになっているようである。

次に、地域住民が地域集落内の個人に経営を委託するもので、個人請負型経営方式と言える。地域として共同売店から家賃、水道代や光熱費を徴収するが、経営的継続の困難度が高い場合には免除されることもある。

地域住民直営型経営方式で赤字経営のために、個人請負型経営方式に移行することが多いようである。堂前（1997）、宮城（2003）によれば、経営継続性の困難度が高いことにより、完全に個人商店になることも多いようである。特に、共同売店の必要性を認識する中で、共同売店の存続を願う人々が組合を組織化し、その組合の中だけの経営としていることもあり、全ての共同売店が、地域住民が総意として支援して経営されているとは限らない実態もあるようである。

なお、1980年代の沖縄国際大学の調査結果によると、沖縄県域で約120店あったと言われている。共同売店としての運営形態が様々で定義が難しいが、奄美地域など含めると200店近くあったと指摘されている。

3　地域における共同売店の役割

沖縄の共同売店は、その名前から「単なる小売業」と理解されやすいが、幅広い事業展開の歴史がある。まさに、地域住民の生活をコミュニティ・ビジネ

スやソーシャル・ビジネスの原点として再評価されると共に，近年は特に，高齢化・買い物弱者問題などでその社会的機能が注目され，お年寄りにとっては買い物だけでなく，地域住民のコミュニケーションの場としても重要な拠点になっている。

沖縄県における共同売店の歴史は古く，明治期の産業組合（現在の農協や生協の源流）の影響を受けつつ，沖縄で独自に発展してきた。設立背景の基本は集落の全ての住民が出資することで設立され，共同で運営している相互扶助組織（現在は主に購買事業を中心に行っている）である。共同売店ファンクラブの眞喜志氏によれば，集落単位で運営されている生協や農協のような組織であり，沖縄県や鹿児島県の奄美地方の独特の文化である。

共同売店のなかでも，国頭村奥の「奥共同店」が，最初の設立であり，その後，沖縄県全域に広がっていった。近年では買物難民問題の解決策としても全国的に注目されている。出資・運営・利用を，全て集落で行い，その利益は地域に還元される。

共同売店の特徴は，地域住民にとって必要な事業を行っており，販売事業のみに限定されていないのが特徴である。基本形態は物販事業であり，いわゆる共同購入，共同出荷が主体であるが，その他に，運輸，精米，酒造所，信用事業（畜産資金や教育資金の貸出し），バス運営，保育園，銭湯，電話の取り次ぎ，親子ラジオ，有線放送・共同アンテナ，ガソリンスタンド，食堂，理髪，コインランドリーなど，各地域住民の需要に対応すべく多岐に渡る事業を展開していた。言い方を変えれば，小売業の組合，喫茶店の組合，地域通貨の組合，水道組合等といった，地域住民が必要性に対応して様々な組合を組織化し地域再生の役割を自ら構築したものと理解できる。

さらに，共同売店が，「コミュニティ・スペース」としての機能を有していることが指摘できる。徒歩圏内の商店という側面をもつ「共同売店」には地域の人々が集まるスペースを設定されており，そこが地域住民の憩いの場（いわば「公民館」）となり，地域住民の絆が育まれる。コミュニティ・スペースだけでなく，高齢者や子どもを地域の人々みんなで見守る福祉的な役割をもつことなどから，地域住民の生活にとって不可欠な拠点として貢献していることが確認できる。

お わ り に

　本稿では，大型店舗の展開に関する流通規制の緩和を前提に，大型店の進出を直接的な契機として業種小売業が大幅に減少し，地域型の商業集積の減少のみならず，大型店の効率性の追求により大型店の撤退などが進展し，小売店舗の空白地区が急速に増加してきている。それに加え，人口構造の変化（人口そのものの減少に加え高齢化率の急速な高まり）が進展する中で，中山間地にのみならず都市部でも買物機会が急速に減少してきている。その結果，地域住民における生活面での困難度が高まり，買物難民といった社会問題化している。そこでは，地域商業の活性化による買物機会の提供を，政府や地方自治体を主体に検討され，多くの取組課題が議論されている。

　しかし問題は，小売業の効率性を優先した店舗出店戦略が，地域の実情より企業都合を優先して店舗を撤退させていることを考慮すると，買物の場を提供することの困難度は高いものがある。言い方を変えると，継続的な買い物場所の提供を持続させることが，地域住民にとっての健全な生活をする上では，大変重要な要件になると言える。

　先行研究を確認すると，物販事業の持続困難商圏での事業継続には，地域住民の協力を得ることが不可欠な前提条件であることが示唆されている。特に，本稿で対象としている，店舗展開においては施設の設置や運営などに掛かる費用を考慮すると，その重要性が一層高まる要件である。

　そこで，今回は店舗の設置・維持が地域住民にとって，不可欠な生活インフラであるとの認識に基づいて推進する枠組みとして，ローカル・ガバナンスの考えを基に，先行事例を確認した。ここで，ローカル・ガバナンスは，社会性の或る諸活動の展開を行政が取り組む時代から，地域住民，NPO，企業などの多様な団体や個人が地域経営に関わることが重要になっていることを意味している。しかも，それぞれの地域においては，固有の地勢・歴史・文化・慣習等を有していることもあり，一律的ではなく各地域の知恵と工夫に基づき，独自性と自立性をもって取り組まれることの重要性が，先行事例から示唆された。

　そこで，以下先行研究や今回分析した先行事例を基に，地域住民主体でローカル・ガバナンスとしての事業の立ち上げと推進に関して，4段階に分類して整理していく。

第1段階は，地域住民の買物支援を前提に，地域住民の直面する課題の検討である。そして，その取り組みを実現するために，企業や行政などと連携が出来ないかの確認が必要になる。そこから，取り組みの全体像や計画をまとめ，運営することになる。

　第2段階は，買物支援を中心として推進する組織を形成し，如何なる取り組みかの方向性を決め，地域住民と話し合いを促すことが必要になる。例えば説明会や相談会を実施するなど，地域住民と買物支援を行う組織が「寄り合い」を行い，「困り合う」ことでその方向性を決定し，地域住民の参加を促すことが前提になるので，買物支援に取組む同士をいかに組織化できるかが重要となる。それらの方々が，取り組みの中心メンバーとなって推進することが必要になる。なお，この段階では，地域で買物に困っている実情の把握と，「店を作る」，「店への移動手段を提供する」，「商品を届ける」の基本方式から，どの方式を採用するのか，大枠の計画立案を図り，大枠の計画をもとに，地域住民と意見交換，コミュニケーションを行い，参加者を募ると同時に協力体制を構築することである。

　第3段階は，企業や行政など他の団体との連携化の模索が必要になる。そして地域住民の参加・協力体制と他の団体との連携状況を踏まえて，具体的な計画を立てることになる。その内容は，詳細であることが効果的であるものの「推進する」考えが重要になる。行政をはじめ，小売業や地元企業，NPOなどと連携できないかを検討して協力を要請する。地域住民の協力体制や他の団体との連携状況も踏まえ，取り組みを進めていくための詳細なプランを立案する。プランを作成する中で，第1段階に立ち返って地域住民に説明することや相談に対応することも必要になる。

　第4段階は，第3段階において第2段階でまとめた計画や全体像をもとに，取り組みを立ち上げて運営する。立ち上げたあとは継続して運営できるように，常に取り組みの状況を把握し，問題があれば見直していくことが不可欠である。運営が安定したら，地域住民がより住みやすくするために，新たなサービスも実施できないかなど，取り組みそのものを発展させることの検討が必要になる。

謝　辞

　本論作成にあたっては，井上円了研究助成による実態調査によるものの

で，ここに感謝の意を表します．また，多くの実態調査に協力して頂いた方々にも紙面をお借りして感謝申し上げます．

注

1 ）ここでは，杉田の指摘（2015 年 1 月 21 日『徳島新聞』））に従って「買物難民」と呼ぶ．主たる理由をまとめると以下の 2 点になる．第 1 点は，高齢化などにより買い物が不便になったのならば「買い物弱者」であるが，政治制度や大企業の経済力の影響による規制緩和などにより，大型小売業が郊外立地に積極的に取組んできたことが，特に高齢者に困難が強いられたという点がある．第 2 点は，難民という言葉で表現せざるを得ないほど買い物に困っている人がいることは「弱者」では理解できなくなる．
2 ）高齢者は健康上の問題など様々な事情から車を手放すことが多く，平均免許取得率が 73.6％に比べ，65～69 歳は 65.9％，70～74 歳は 50.2％，75 歳以上は 23.0％といずれも平均を下回っている（『平成 21 年警察白書』警察庁）．
3 ）岩間信之を主体としたフードデザート問題研究グループの HP（http://www18.atwiki.jp/food_deserts/pages/1.html ※ 2016. 12. 25 アクセス）を参照のこと．
4 ）高齢世帯とは，高齢単身世帯（65 歳以上の者 1 人のみの一般世帯（他の世帯員がいないもの）），および高齢夫婦世帯（夫 65 歳以上，妻 60 歳以上の夫婦 1 組の一般世帯（他の世帯員がいないもの））を指す．
5 ）経済産業省『日本商業統計』各年版を参照のこと．なお，自動車，燃料小売額を除く．消費税引き上げの影響は含んでいない．
6 ）規模の利益を追求する多店舗展開の手段として，総合スーパーは自社で店舗を保有することに加え，土地所有者に店舗を建設してもらい，それを長期契約で借り上げるという方法をとることにより低コストでの出店が可能となった．一方で，このことが退店の際の費用負担を大きくしている一因ともなっている．
7 ）商店街とは，小売業，飲食店及びサービス業を営む事業所が近接して 30 店舗以上のものである．
8 ）経済産業省の報告書では買物弱者．
9 ）フードデザート問題研究グループ HP：http://www18.atwiki.jp/food_deserts/pages/1.html を参照のこと
10）共同売店に関しては，共同売店ファンクラブ（http://kyoudoubaiten.ti-da.net/c30550.html ※ 2016. 12. 25 アクセス）の情報を基に同組織の眞喜志敦氏及び先行研究者の村上了太教授，沖縄国際大学南東文化研究所によるところが大きい．それに加え，沖縄本島・石垣島・与那国島の共同売店の店長及び主任等多数の方にご多忙の中にも関わらず貴重なお時間と，親切にご対応いただいたので，紙面をお借りしお礼を申し上

げる次第です。なお，ありうべき誤謬は筆者にある。

参考文献

Bendapudi, N. and Leone, R.（2003）"Psychological implications of customer participation in co-production" *Journal of Marketing*, Vol. 67（Jan.）, pp. 14-28.

Payne, A. and Holt, S.,（2001）. "Diagnosing customer value", *British Journal of Management*, Vol.12, No. 2, pp.159-182.

Prahalad, C. K. and Ramaswamy, V.（2004a）. *The Future of Competition*, Harvard Business School Press.

Prahalad, C. K. and Ramaswamy, V.（2004b）. "Co-creation experiences", *Journal of Interactive Marketing*, Vol. 18, No. 3, pp. 5-14.

Sheth, J. and Uslay, C.,（2007）"Implications of the Revised Definition of Marketing", *Journal of Public Policy & Marketing*, Vol. 26, No. 2, pp. 302-307.

Guy, C. M., Corporate strategies in food retailing and their local impact; a cace study of Cardiff, Environment and Planning A 2829, 1996 pp. 1975-1602.

Swinburm B, Caterson I, Seidall J, James W. Diet, nutrition and prevention of excess weight gain and obesity, Pub health Nutrition, 7, 2004, pp.123-41.

Vargo, S. Maglio, P. and Akaka, M.（2008）. "On value and value co-creation: A service systems and service logic perspective", *European Management Journal*, Vol. 26, No. 3, pp. 145-152.

Vargo. S. L., Lusch. R. F.,（2008）" The Service-dominant Logic: continuing the evolution", *Journal of the Academy of Marketing Science*, 36, pp. 1-10 .

安仁屋正昭・玉城隆雄・堂前亮平（1979）「共同店と村落共同体　沖縄本島北部」『南島文化』沖縄国際大学南島文化研究所。

安仁屋正昭・玉城隆雄・堂前亮平（1983）「共同店と村落共同体」『南島文化』沖縄国際大学南島文化研究所。

青木幸弘（2013）「ブランド価値共創」研究の視点と枠組：S—D ロジックの観点からみたブランド研究の整理と展望」関西学院大学リポジトリ。

石原武政, 矢作敏行編（2004）『日本の流通 100 年』有斐閣。

岩間信之編著（2011）『フードデザート問題——無縁社会が生む「食の砂漠」』農林統計協会。

———（2017）『都市のフードデザート問題——ソーシャルキャピタルの低下が招く街なかの「食の砂漠」』農林統計協会。

宇野政雄（1982）「これからの流通展望」『早稲田商学（早稲田大学）』第 296 号。

宇野史郎（2005）『現代都市流通とまちづくり』中央経済社。
沖縄大学地域研究所（2008）『奥共同百周年記念誌』奥共同店100周年記念事業実行委員会。
小田切徳美編著（2011）『農山村再生の実践』JA総研研究叢書。
小滝敏之（2007）『市民社会と近隣自治体――小さな自治から大きな未来へ―公人社。
金城一雄（2003）「共同店の歴史展開と現状」『沖縄大学地域研究所報』29.

河内俊樹（2014）「S―Dロジックにおける価値共創に関する一考察」松山大学論集第26巻第3号。
近藤公彦（2013）「小売業における価値共創――経験価値のマネジメント――」マーケティングジャーナル Vol. 32, No. 450, 51〜61ページ。
木立真直（2013）「フードデザートとは何か――社会インフラとしての食の供給――」『生活協同組合研究』）（公財）生協総合研究所, vol. 431.
菊池宏之（2011）「小売主導型流通システムへの転換と中間流通」」『季刊マーケティングジャーナル』Vol. 121.
―――（2013）「食品スーパーにおける寡占化の進展」『産業経済研究第』第12号。
―――（2015）「買物難民問題と小売経営」『経営論集』85号。
―――（2016）「小売経営における価値共創」『産業経済研究』第15号。
経済産業省（2010）『買物難民を支えていくために〜24の事例と7つの工夫』。
―――（2010）『地域生活インフラを支える流通のあり方研究会報告書』。
経済産業省商務情報政策局商務流通グループ流通政策課（2015）『買い物弱者応援マニュアル』。
坂本秀人（2016）『現代流通の諸相』同友館。
関満博（2015）『中山間地域の「買い物弱者」を支える』新評論。
庄司真人（2011）「価値共創における顧客の役割と経営診断」日本経営診断学会論集 11, 63〜68ページ。
杉田聰（2008）『買物難民』大槻書店。
総務省自治行政局（2015）『「小さな拠点」の形成に向けた新しい「よろずや」づくり』。
初谷勇（2008）「地域共治（ローカル・ガバナンス）と自治体NPO政策」『商経学会』第4巻第2号（通号150号）。
藤井禎介（2009）「ローカル・ガバナンス――予備的考察――」『政策科学16巻 特別号』。
藤岡芳郎（2012）「価値共創型企業システムの展開の可能性と課題――プロジェクト研究と事例研究をもとに』『広島大学マネジメント研究』第12号, 63〜75ページ。
藤岡芳郎・山口隆久（2012）「サービス・ドミナント・ロジックの理論化へ向けての一考察」『岡山理科大学社会情報研究』第10号, 1〜14ページ。

田村正紀（1990）『日本型流通システム』千倉書房。
――――（2001）『流通原理』千倉書房。
田口冬樹（2016）『流通イノベーションへの挑戦』白桃書房，62〜63ページ。
田島義博（2004）『歴史に学ぶ流通の進化』日経事業出版センター。
堂前亮平（1997）「沖縄の伝統的商業空間」『沖縄の都市空間』今近書院。
土屋純，兼子純（2013）『小商圏時代の流通システム』古今書院。
眞喜志敦（2009）「地域のくらしを支える共同売店」『都市問題』第100巻第9号。
村松潤一（2009）『コーポレート・マーケティング：市場創造と企業システムの構築』同文舘出版。
村松潤一編著（2010）『顧客起点のマーケティング・システム』同文舘出版。
矢作敏行（2004）「チェーンストア――経営革新の連続的展開――」石原武政・矢作敏行編『日本の流通100年』有斐閣。
薬師寺哲郎編著（2015）『超高齢社会における食料品アクセス問題』ハーベスト社。
金城一雄・玉野井芳朗（1978）「共同体の経済的組織に関する一考察――沖縄県国頭村字奥区の「共同店」を事例として」。

（菊池　宏之）

第5章　商店街活性化組織の経営戦略
―― にこにこ星ふちのべ商店街の活性化事例 ――

は じ め に

　本研究の目的は，2011年に桜美林大学とにこにこ星ふちのべ商店街，相模原市による産学官連携事業から誕生した，地域活性化情報誌「キラキラふちのベストリート☆」Vol. 1の企画・出版と，2012年に実施した「にこにこ星ふちのべのうわさ」等の地域活性化事業を対象にし，筆者がこれまで研究を続けてきた，全国160の地域商業活性化事例と比較しながら，活性化事業を推進する主成員が形成する「新しい組織」[1]の発展を媒介として，活性化が推進していくという形成プロセスと要因，商店街組織のガバナンスにより誕生した，「新しい組織」を明らかにしていくことである。

　シャッター通りという言葉が表すように，地域商業の衰退問題が深刻化している現状の中で，全国に約15,000の地域商業のうち，僅かな2.2％という割合ではあるが活性化事業を成功させている事例がある（表5―1）。

　本研究は，商店街活動の組織づくりとガバナンスについて，これまでにない多くの事例（160事例）を定量的分析と定性的分析を用いて方法論的にみて複眼的なアプローチを行ってきた。（具体的に売上の増加等，活性化したというデータ等の証明のある事例）[2]。

　この事例に対し，第6章の記述の通り，141回のインタビュー調査を始め，多くの定性的調査と定量的調査を重ね[3]，地域商業が活性化していく形成プロセスを明らかにすることにより，商店街組織のガバナンスついての考察を行った。

分析から論じられてきたものであり，数件の活性化事業事例，多くても数十件の事例から論じられたものだからである。またその事例は，この研究分野では有名になっている地域（お年寄りの原宿巣鴨地蔵通り商店街，烏山駅前商店街のスタンプ事業，長浜の黒壁，等）の現地訪問調査，インタビューから構成されているものが多いという課題を指摘しておく。

　本研究のように，これほどまでに数多い活性化事例の定性的分析，定量的分

図表 5 ― 1　商店街の最近の景況

単位：%

調査年度	繁栄している	停滞している	衰退している	無回答
平成 15 年度	2.3	53.4	43.2	1.1
平成 16 年度	2.1	67.4	29.7	0.8

単位：%

調査年度	繁栄している	停滞しているが上向きの兆しがある	まあまあである（横ばいである）	停滞しているが衰退する恐れがある	衰退している	無回答
平成18年度	1.6	4.8	22.9	37.6	32.7	0.4
平成21年度	1.0	2.0	17.9	33.4	44.2	1.5
平成24年度	1.0	2.3	18.3	33.0	43.2	2.2
平成27年度	2.2	3.1	24.7	31.6	35.3	3.1

注）平成 18 年度から選択肢を 3 つから 5 つに変更している。
出所：商店街実態調査報告書（経済産業省中小企業庁）を基に筆者作成。

析（参与観察，インタビュー調査，アンケート調査，内部記録文書等）は，現在まで類を見ない（表 5 ― 2）。

　また，先行研究の研究対象の活性化事業は，同じ時期の事例ではないため，同時期における横断的研究とはいえないという課題を指摘しておきたい。もちろん，数件（多くても数十件）の同時期に実施されている活性化事業の研究分析を行っている先行研究はあるが，1 人の研究者が同時期に現地訪問調査するには物理的な制約があるのは当然で，多くても数十件の同時期に実施された，事例研究にとどまっている。

　そこで本研究は，同時期における横断的な 160 事例の調査を実施し，そこから得られたファクト，「新しい組織」のガバナンスについて，その主成員と「動機」，主成員による経営資源へのアクセス，ネットワークの構築，連鎖について議論していく。活性化事業が既存の制度化された組織ではなく，「新しい組織」のガバナンスの発展を媒介として推進していくという，プロセスと要因を明らかにしていくことが，今後の地域商業活性化の取り組みについて将来的な展望を与えると考えるからである。そして，このアプローチは，既存の先行研究にはない視点からのアプローチでもあり，アカデミックな視点からも貢献できるものと考えているからである。

第5章 商店街活性化組織の経営戦略　129

図表5－2　複数のデータ源と調査方法

事例＼調査方法	原宿表参道欅会	商店街調査報告書25事例	新発田駅前商店街	ゆうゆうロード商店会	田原町商店街	にこにこ星ふらのヘソ商店街
現場観察（立場）（関与的観察）	「eco-avenue21戦略委員会」委員			「ゆうゆう散歩戦略委員会委員長		桜美林大学専任教員
現場観察（立場）（協力的観察）			「まちカフェ事業」アドバイザー			
現場観察（立場）（非関与的観察）		「全国商店街振興組合連合会」研究員			福井県立大学地域経済研究所客員研究員	
インタビュー（オープン・エンド）	N＝1×7回		N＝1×3回	N＝1×12回	N＝5	N＝7
インタビュー（半構造的）	N＝3（合計10回）	N＝61（合計84回）	N＝2（合計5回）	N＝6×3回（合計30回）	（合計5回）	（合計7回）
内部記録文書	会議事録，企画書，PR誌（原宿表参道）	会議事録，企画書，決算書，写真	会議事録，企画書，決算書，写真，活動資料	会議事録，企画書，決算書，写真，活動資料	会議事録，まちづくり資料，活動記録，写真	会議事録，まちづくり資料，活動資料，写真
アンケート調査	（1事例）	391事例から155事例を選別	（1事例）	（1事例）	なし	なし

出所：アンケート調査の（1事例）は現場観察から筆者作成。

商店街活性化事業がどのような組織・成員によって推進されていくのかを，160の地域活性化事例と桜美林大学と地域商店街，相模原市との連携事業の取り組みを研究対象としながら，商店街組織のガバナンスが社会的事業の実践的な教育が及ぼす可能性と影響力についても検討をしていく。

検討に際しては，桜美林大学とにこにこ星ふちのべ商店街が取り組んだ地域活性化情報誌「キラキラふちのベストリート☆」Vol. 1 の企画・出版と，2012年に実施した「にこにこ星ふちのべのうわさ」等の地域活性化事業を対象にした実証分析を用いる。

従来，地域商業に関する研究は，商業集積論等からの研究が主流であったが，本研究は，「新しい組織」という概念を導入し，主成員と「動機」，主成員のネットワーキング等をネットワーク組織論等からの分析を行った。筆者が注目したのは，活性化の成立が，商店街のガバナンスから誕生した「新しい組織」の生成，発展という現象に支えられているという点である。この「新しい組織」の形成プロセスが活性化の推進を支えているというのが，基本的な考え方である[4]。

地域商業活性化事業を推進する主成員たちが，ネットワークの形成プロセスを踏まえつつ，インフォーマルな形で，共通の目的を持ちながら，商店街組織のガバナンスの結果，「新しい組織」を誕生させていく行為について，第7章「新しい組織」の主成員の価値観の共有，活性化事業の連鎖，「新しい組織」の形成という切り口から分析していく。

組織のイノベーションに関して，すでにさまざまなアプローチから研究が試みられてきた。本研究で取り上げる事例のように，イノベーションを通じて既存の商店街等組織から，新たな組織が自立的に誕生，生成，発展していく場合を想定すると，そこには主成員たちの相互作用を前提としながらも，さらに行為主体としての主成員という視点が重要となってくる。つまり，母体組織（商店街等）における主成員たちによる，「新しい組織」の誕生は，主成員たちの相互作用から導かれるものとして考えることができる。

この2つの視点をどのように結びつけるかが問題であり，そこには相互作用における解釈の差異という視点が不可欠であると考えている。したがって本研究は，このような主成員たちの相互作用において生じる，「新しい組織」の誕生，生成，発展を，その動機づけや主成員たちの人的資源へのアクセス，及びネットワーキングに注目する。主成員たちの相互作用を通じて，なぜ「新しい組織」

が誕生し，生成，発展していくのかを，主成員たちの相互作用と新しい組織の形成との関係について明らかにしていく。

したがって本研究の中心的な課題は，主成員の行為がもたらす影響力を分析することであり，そこに，主成員の「動機」，主成員のネットワーキング等に着目する根拠がある。

第1節　大学との地域連携の背景（産学官連携事業）

筆者は，2011年4月に桜美林大学に着任し，地域連携の担当教員を拝命した。にこにこ星ふちのべ商店街協同組合が毎年実施する，「第23回ふちのべ銀河まつり」実行委員会が5月13日（金）に開かれ，桜美林大学担当教員として出席をした。その後，毎月1回の会合に出席することになり，商店街幹部の人達と接する機会が増え，商店街の活性化事業に参与観察する立場となった[5]。

にこにこ星ふちのべ商店街も，消費者のライフスタイルの変化やニーズの多様化，モータリゼーションの進展等による地域間競争の激化により商店街機能の衰退が大きな問題となっている。商店街店主の高齢化や後継問題も重なり，商店街が単独で再生を図ることも難しい状況である。

商店街組織も，このままでは，ますます高齢化，衰退という状況は避けられないという危機感から，昨年理事長がK氏に代わった。理事長がK氏に代わり，商店街協同組合と桜美林大学が連携して協働で来街者アンケート調査をすることになり，会合を持ち，商店街の現状と機能について話し合いを深め，今後の商店街の在り方を模索，検討を重ねてきた。その中で，学生が商店街に興味を持つためにはどうしたら良いか，街に足を運んでもらうためにはどうすれば良いか等，真剣に議論がされるようになった。「商店街店主ヒアリング」「周辺地域住民アンケート」調査等を行いこれからの商店街に求められる機能を明確にすることにより，取り組むべき課題を商店街機能として再構築する動きとなった。

具体的には，2010年12月に，にこにこ星ふちのべ商店街協同組合と桜美林大学関係者による，「淵野辺駅周辺活性化プロジェクト」の基，来街者行動（商店街利用頻度）アンケート調査（12月15日）を実施することが決定した。調査の結果は，2011年1月19日に商店街の方々に向けて報告会を行った。様々な店主の方が参加をし，学生と意見を交わしながら開催された報告会は，個々

にとって勉強になるものであった。また，大学の課題を通して学生が商店街のあり方について直接提案することにより，商店街との新しい連携も生まれた。

　このアンケート調査と報告会をきっかけに，商店主と大学生のコミュニケーションも生まれ，商店街の特性を活かしながら行うまちづくりの可能性を模索するようになった。
そして，商店街機能の再構築として，大学との産学官連携事業が計画された。
地域活性化情報誌の発行である。

第2節　「キラキラふちのベストリート☆」の取り組みと活性化事業

　地域活性化情報誌「キラキラふちのベストリート☆」Vol. 1の取り組みについて，2011年5月に実施した，にこにこ星ふちのべ協同組合茅理事長へのインタビュー，2011年7月に実施した現地調査と，K理事長，商店街幹部とのインタビュー，2012年6月21日に実施した，K理事長および淵野辺のうわさイベント担当，山本氏のインタビュー，2013年7月19日に実施した茅理事長インタビューと2014年6月12日実施した茅理事長へのインタビュー等，7回のオープン・エンドのインタビューを基に論述する。その際，これまでの研究成果から考察された，商店街活性化事業における形成プロセス（大熊2009）の一般化を試みる。

　にこにこ星商店街協同組合理事長のK氏は，商店街組合員の減少や高齢化，商店街組織の弱体化に危機感を持っていた。

　①　商店街において何かしらの危機感ないしは深刻な問題が存在する
　既に，商店街組織内だけでは，地域商業の活性化は難しい環境にあることを感じていた。2010年に桜美林大学と来街者行動（商店街利用頻度）アンケート調査（12月15日）を実施したことにより，商店街組織ではない外部組織との連携の重要さを感じて模索を始めた。まず商店街の近隣には桜美林大学があることに着目し，大学関係者等とのインフォーマルな会話から，まちづくり，地域活性化に造詣の深い教員を探していた。そして，2011年の1月19日に来街者行動（商店街利用頻度）アンケート調査報告会が，商店街組織内外の有志等が集まるきっかけとなった。

② 連絡を取り合った人々の集団ないしネットワークが，一同に会し話し合いが行われる

商店街の活性化に危機感，問題意識を持ったK理事長と商店街幹部は，活性化事業の新たな展開等を模索していた。商店街組織の決算報告会に相模原市長，地域住民代表，関係機関，大学関係者を招き，立ち話ながら筆者も含め，市長，相模原市関係者，大学関係者等との会合が進み，予算の実現方法までの打ち合わせが行なわれた。

③ このネットワークないしはその中核の人たちが，問題をより明確に定義し話し合い，解決に向けてまとまる

大学のリソースである学生を活用することは当然であり，筆者は中小企業論入門の授業で，地域活性化事業に関心のある学生と，地域活性化情報誌の出版に向けて検討を重ねていった。学生がすべてをやることになるが，印刷会社だけは，アウトソーシングの必要性があった。

④ このネットワークは，その商店街の懸案事項に関心を持つ他の人びととも連結する

地域活性化情報誌の出版が成功すると，商店街組織の有志と，学生，地域関係者等による新しい活性化事業について考えていく機会が増えた。

⑤ ネットワークとその利用者は，懸案事項に関して何かしらの結果（成功）をおさめ，必要とあれば，さらに他のとの連携を考え始める

平成12年4月より，「ふちのべのうわさプロジェクト」を商店街関係者，大学教員。学生，外部アドバイザーで発足させ活動を始めた。

⑥ そのネットワークと他の人は，既存の組織ないしは個々の成員から，商店街内外に常設の委員会，ないし「新しい組織」を設置する

「交流」「情報発信」「自己表現」の3つを目標に掲げ，「ふちのべのうわさプロジェクト」を成功させる。

⑦ 新しい組織は，その関係者に協力を要請したり，あるいはコミュニティの住人にサービスを提供したりして（あるいは両方の活動を通じて），問題

解決を成し遂げるための戦略を進化させていく

　古くからの大野北銀河まつり，JAXA との連携，イベント等を実施するために，商店街と学生，外部アドバイザーとの連携を図りながら，活性化事業の方向性の検討を始める。

⑧　新しい組織は，コミュニティの他の懸案事項にも着手するようになり，協調，キャンペーン等から組織基盤を発展させる

　商店街協同組合の運営を組織化するため，商店街委員会，全体委員会等の若返りの組織化を実行し，にこにこ星ふちのべ商店街をいかにして盛り上げていくか，商店街と地域の住民と学生が一体となって取り組むようになる。

⑨　新たな参加者はより効率的になるように学習し効率化（システム化）される

　落語イベント，淵野辺駅下ビアガーデン，七夕祭りのイベントや JAXA との連携はやぶさグルメ＆グッズ，地域住民，関係者とのコミュニケーションが形成される。

⑩　新しい組織内又は地域住民に対するコミュニケーションが形成されていく

　2011 年度以降，相模原市，大学関係者，近隣団体，地元企業等との連携事業が認められ，神奈川県第 1 回「かながわ商店街大賞」を受賞する。はやぶさにアイデアを得た関連商品やグルメを次々に開発しマスコミなどに取り上げられるなど，地域ブランドを醸成した成功例となる。

⑪　安定した収入源が，企画・開発される

　「にこにこ星ふちのべ商店会」はその運営のために，大学関係者，地域住民のボランティア組織や NPO 法人等の他の組織とのネットワークを深め連携していく。

⑫　新しい組織は，他の組織とネットワーク化して，提携を形成する

　このように，にこにこ星ふちのべ商店街協同組合における活性化事業の形成プロセスを記述すると，大熊（2009b）に論述しているように，これまでの研究成果である，形成プロセスの一般化と符合する。

第3節　理論的背景（先行研究のレビュー）

　本研究の焦点となるのは地域商業活性化事業が，なぜ商店街等組織内部で行われずに，新しい組織を誕生させるのかというファクトである。主成員が新たなパートナーとの相互作用を通じて，活性化事業を実現する新しい知識や，アイデアを獲得し，さらに活性化事業を誕生，生成，発展させていくことを説明するために，「新しい組織」という概念を導入して論じる。

　「新しい組織」とは，前述したにこにこ星ふちのべ商店街の活性化事業の形成プロセスのファクト（⑥，そのネットワークと他の人は既存の組織ないしは個々の成員から商店街内外に常設の委員会ないし「新しい組織」を設置する）を指し，広く利害関係を調整し，地域活性化を推進する主成員の集団と捉えたい。これは，商店街組織の中にある委員会を創ることも含まれる。組織の中で全体の合意形成が図れない商店街は，準備委員会等を創り，1つの活性化事業に賛成する人たちだけで，「新しい組織」を創る。

　ある種の組織は，開放性を持ちたがらず，従ってイノベーションも望まない。例えば，伝統的な病院や修道院は，かなりはっきりと環境から隔離している。これらの組織は変化を嫌う。また他の組織の多くは，環境に対してあるところは開放し，他は閉鎖するといった選択性を持ち，意図的に自ら独特のイノベーションを追及している[6]。既存の商店街組織の構成員も，地域商業の衰退という現実から，「この商売は私の代で閉めるため後継者はいらない。息子には継がせない方が良い」，「閉めたお店を人に貸すのは，契約が煩わしいから賃貸に出さない」（弁天通り商店街K氏に対するヒアリング，2008年6月30日より）等，イノベーションを望まず，挙句の果てには商店街組織を脱退するなど，活性化とは程遠い距離感を持つ人たちが増えてきた。

　E. M. ロジャース（1985，宇野義康，濱田とも子訳）によれば，組織内の変動の多くは，組織の環境が変動したために起きている。だから，組織が革新的であるためには，システムにある程度の開放性（openness）があり，環境とインフォメーション交換を行う必要がある。従って環境に対する開放性は，組織のイノベーションを促進するという。この観点に立ち，自然発生的に誕生してきた地域商業（商店街等）は，高度経済成長からモーターリゼーションの時代になり，大型ショッピングセンターの台頭という環境の変化等により，来街者の

減少等,危機感ないし深刻な問題が存在することになり,主成員たちが一堂に会し話し合いが行なわれ,新しい組織を誕生させることになるのである。この組織を,「新しい組織」と呼ぶこととする。

従来の地域商業活性化の研究では,商業集積やいくつかの事例を取り上げて論じられてきたが,本研究においては,筆者が主体となって手掛けた原宿表参道欅会のまちのメディア化,参与観察した新潟県新発田市のまちカフェ,千葉県市川市のゆうゆうロード商店会で筆者自身が立ち上げた地域活性化情報誌の出版と,158の活性化事例(大熊 2009b)を対象に,すべての事例にアンケート調査とヒアリングを実施したのをベースにしながら,福井県田原町商店街の現地調査とインタビュー調査,そして筆者が桜美林大学に着任してからの,にこにこ星ふちのべ商店街の活性化事業を加えて,特に活性化が見られた30事例において,141回のインタビューを重ねてきた。その結果,活性化の成立が,「新しい組織」の誕生,生成,発展という現象に支えられているというファクトが認められた(以後,にこにこ星ふちのべ商店街を含めた160事例について論述する)。

平成21年度の商店街実態調査報告書では,「繁栄している」と感じている地域商業(商店街等)は1％にまで激減している。1％という数字は,「繁栄している」と感じている地域商業(商店街等)のことであるが,日本全国に約15,000の商店街(振興組合,協同組合等の組織化されていないものも含めて)があるといわれている中,筆者が担当した,商店街活性化に係る事例調査研究(2007)のデータを基に十分に効果があり,継続性がある活性化事例の選定をした結果の数(具体的なデータ等の証明がある事例)である,160事例との割合(「繁栄している」と感じている商店街等の数」と符合していることになる。もちろん,筆者がアンケート調査を基に,関係者から聴き取り調査をして取りまとめた160事例の商店街がすべて,「繁栄している」と答えた商店街であるとは限らないが,本研究のデータの1つとしている,160活性化事例の信憑性を裏付ける1つの要素といえるだろう[7]。

ここで,この章では,本研究の議論の核心となる,地域商業活性化の理論的背景について議論していく。なぜならば,地域商業活性化の研究を深めていくにあたり,活性化事業を成功させている事例の分析を重要に考えているのと同時に,地域商業活性化の理論的整理が必要であると考えているからである。

小川(2010)は個店経営,商店街の課題は自らの経営商店街のあり方を顧客

の視点から真剣に見つめなおすことが必要であると主張する。第1に，市場に対する敏感さを養うこと。第2に，店・商店街の特徴を顧客がすぐわかるように明確に表現することと整理している。

毒島（2004）は商店街の地域社会ニーズへの対応として，地域ニーズへの対応，社会・経済環境の変化への対応，商店街活動の後退への対応，商店街内の個性・特質の活用，パートナーシップづくりを挙げ，地域活性化の条件は，人的資源の意義，として成り行き任せの経営を脱し，商店街の存在意義を明確にできる経営者が求められているという。地域情報の意義，として商店街の未来を開拓するには，地域情報に敏感な人材の供給源が不可欠という。顧客ニーズ及びサービス重視，として商品やサービスの魅力はいうに及ばず，地域文化・祭事の活用，地域コミュニティ形成・維持そしてこれらを担う人材育成により，顧客ニーズへの対応と顧客満足の実現が実りある成果をもたらすという。地域環境への配慮，として地球環境を魅力あふれた快適な生活・文化・交流・ネットワーク形成が待たれるという。社会経済的諸資源の発掘・活用，として諸資源の潜在的な側面を発掘し活用に結びつけることであるという[8]。

石原・西村（2010）は，地域商業におけるネットワークの特性を顧みると，個店間のネットワークはどちらかというと接合型としての傾向を持つ場合が多いのに対して，商店街組織内の関係は結束型ネットワークとしての傾向を持つ場合が少なくないのではないかと推測される。より多くの個店が参加して商店街組織の活動を活発化させるためには，個店間だけでなく組織間のネットワークについても，接合的型に意識的に変えていく必要があると主張する。

田中（2006）は既存組織構成員の減少あるいは機能低下という形で集団性の崩壊が進んでいるという現実と，チェーン店や大型店の支店が商店街に進出し，組織の中で比率を高めることで，商店街組織の意思決定への参加意欲が非常に低下しているという事実を挙げ，商店街店舗は充足できたとしても，組織そのものは，空洞化しているという現実を説明している。それゆえ，商店街の側からすればアウトソーシングの形で街区周辺の資源活用が図られねばならない。

商店街活性化活動は，こうした既存の商店街経営の限界から枠組みを拡大し，新たな人材活用の可能性を目指すものである。その場合，既存の商店街組織が如何なる形で新たな組織に作用するかが問題となる。基本的に，旧来の商店街組織はこれまでの規制秩序の継続性に立つがゆえに，改革の難しさを抱えている。その意味では，改革を求められている企業と同様に，転換期を迎えた商店

街は，その組織形態を時代変化に適応して，改廃も含み調整せねばならない課題を負わされているという[9]。

鈴木（2001）は，小売業の構造には次のような変動が起こると想定している。

（イ）規模構造

中小企業の存立する機会は競争の中にあっても確保されるが，膨大な零細層は縮小し，企業やフランチャイズシステム等が一層大規模になっていく。

（ロ）業種構造

複合型の業種が比重を高め，しかも新しい組み合わせが出現する。しかし専門型の価値は多くの分野で存続する。また，成長業種と衰退業種に類別されるが，成長業種の多くはある限度内の成長にとどまる。

（ハ）地域構造

人口密度の低い地域の商店街は，消滅してしまうものも発生するが，多くの場合は，近隣を対象としたまとまりのない集団として存続していこう。他方では上位の広域型以上の集積は地域の中心市街地として整備されるが，同一レベル以上のものとの地域間競争は激化し，相対的地位を確保出来ない集積も出現する。

（ニ）形態構造

店舗の形態，企業の形態，企業間組織の形態のすべてにわたって，新しい革新的な形態が出現するとともに，手直しを怠った形態に固執するもののうちから，特殊な伝統的な価値のあるものを除いて，衰退する形態が出現しようと論じている[10]。

次に，中心市街地（商店街）活性化事業を推進する組織を実証研究するにあたり，「新しい組織」について関連する先行研究をレビューしていく。なぜならば，30事例における現地調査訪問の結果，中心市街地（商店街）活性化事業から共通する形成プロセスのファクトが発見され，その1つの特徴に，制度化された既存の商店街組織ではない，「新しい組織」を設置し，推進するというファクトが抽出されたからである。

活性化事業組織の先行研究の中で田中（1983）は，意思決定システムの複雑さが，多くの個店経営者の挫折感につながる事例が多いことを，組織間関係から論じている[11]。白石（1992）によると，商店街組織は個としての商店経営と全体としての商店街経営という形を取ることで，2重の意思決定（階層性）について指摘している[12]。石原（2006）は活性化事業組織を，自然発生的に成立してきた「所縁型組織」，同質性の高い「仲間型組織」と名づけ分析している[13]。そして加藤（2005）は，商店街組織では全員の合意を得るというよりも，少数の仲間組織に分解して，事業を進めていくという方策が模索されたともいえると述べている[14]。これは，筆者が主張する，「新しい組織」の形成が重要なファクトであると言えるかもしれないという点と一致する。付け加えるならば，加藤（2005）は地域商業とまちづくりの重層的なインターフェイスをマネジメントする手法として，ネットワーク組織という考え方が注目されることを明らかにした。

　石井（1996）は，昔からの商人家族がまちを去り商店街の統一がとれなくなると，商人たちは，総論賛成，各論反対の無益な会議が常態化し，ついに，「内の敵」に敗北して統制が取れない組織に陥ると述べ，中小商業研究については商店街組織を捨象し，個店と市場という関係で問題を捉えていた。同様に，横山（2006）は，「商業集積は個々の独立した小売商からなる特有の要因であって，個店は商業集積あるいはそれを構成する他店と相互依存的な関係と捉えられるが，各個店がこのことを同じレベルで認識していないことが問題である」と述べ，個店の意識こそ今日的な商店街問題の本質である。と指摘する人たちもいる。田中（1995）の個店優先の考え方は，商店街における意思決定は個店の経営が主で商店街の経営を，従とする階層的意思決定の考え方を主張し，個店の差異化による複合的な商店街づくり，多極複合型商店街経営の形成を提起している。しかし，このような商店街組織の研究アプローチは，既存の制度化された組織（商店街等）の内部のマネジメントに限定して考察されたものであった。

　出家（2008）[15]は，商店街の活性化は，地域住民主導型の「参加・協同型」の方法で進めていかなければならない時代になったと主張している。

　直近の先行研究で福田（2010）は，商店街は商業機能を強化するとともに地域社会の課題やニーズを探り，地域資源を活かしたまちづくりを関係者との協働により進めることが期待される。商店街は内部組織における資源の限界に直面する厳しい状況にあるが，外部組織のネットワークのあり方についても直視

すべき時期にあるという。そのうえで，何よりも商店街はメンバーの異質性・多義性を認識し，内部組織と外部組織の二面性から組織間ネットワークを構築していくことの意義を個店に啓発することが課題であるが，現在まで商店街組織と外部組織との連携に関する研究は，未だ少ないことを主張している（福田，2009）。角谷（2009）も商業集積としての商店街は商店街組織の主体的な活動によって変化し形成されると考えられてきたため，商業集積の発展における商店街組織以外の組織およびその活動についての理論的な研究の蓄積は乏しいと主張している。

同様に，直近の先行研究で小川（2010）は，本来的に商店街組織は商業者個人にとって立地が最大の共通性である。もちろん売り出しや商店街の販促は，自店の売上貢献にとってメリットがあるかぎり積極的に参加していた。商店街の販売促進の魅力がなくなり個別店舗のメリットが感じられなくなるにつれ，参加しない店が増えているのはどこでも見られる傾向である。特に近年は数多くの先行研究が指摘するように，「まちづくり」といった地域社会全体への関わりを持つ活動は，商店街が全員合意の意思決定で行なわれるのではなく，個人の商業者あるいは商店街有志として参加しながら展開されることが多いのは商店街組織の特性であると論じている[16]。小川も商店街組織の活性化事業を組織に焦点を当てて着目はしているが，やはり商店街組織の外部組織との連携や，ネットワークに着目した先行研究は数少ない。そればかりか，活性化事業組織による活性化の形成プロセス等に着目した先行研究はまったくない。

このように，活性化事業組織は先行研究においても，組織として捉えた「組織論」，「組織間関係論」，「ネットワーク組織論」等からのアプローチがたいへん注目されつつあるが，先行研究において，地域活性化事業における商店街組織と商店街組織以外の組織とのネットワークについて，正面から応えられる先行研究は非常に少ない。

ここに本研究は，既存の先行研究にはない視点からのアプローチでもあり，アカデミックな視点からも貢献できるものと考えている理由がある。

第4節　現場（フィールド）での観察

本研究はフィールド調査を中心にしており，他のデータ以上に調査対象にかかわる，「新しい組織」での観察データが経験の理解の原点になっている。

第 5 章　商店街活性化組織の経営戦略　141

　2003 年の 10 月から 2005 年の 12 月まで，筆者は，商店街振興組合原宿表参道欅会の活性化事業推進組織「eco-avenue 21 戦略委員会」という環境を考え地域活性化を目指す，「新しい組織」の参加者になる機会に恵まれた。

　「eco-avenue 21 戦略委員会」の委員会に参加し，「新しい組織」の主成員等が，どのようにネットワークを誕生させ，生成，発展させていくのかを参加観察者としてつぶさに見ることができた。そして，「新しい組織」の形成プロセスに，主成員たちはどのように携わっていくのか，会合の場では書記を担当させて頂き，会議議事録の作成にも携わった。本研究の問題意識を持つきっかけになった実務経験をさせてもらったと言っても過言ではない。

　ここでは，ベンチャー起業家として，「eco-avenue21 戦略委員会」で環境に関する活性化事業を企画し，トヨタ自動車，花王，サントリー等の大手企業を「ストリート広告展開」のスポンサーとして協力してもらい，結果，広告費として，数千万円単位の財源を，原宿表参道欅会及び個店に対して支払うことになった。この財源創出は，欅会にとっても初めての経験であり，数年前に道路舗装をしたときの数億円という借入金を，数年で返済してしまうまでに発展した。

　次に，2006 年 9 月から経済産業省委託事業「商店街活性化に係る事例調査研究」報告書を受託した全国商店街振興組合連合会の研究員として報告書の執筆にあたることになる。

　ここでは，全国約 13,300 商店街の中から，経済産業局，自治体，日本商工会議所等にアンケート調査を実施し，推薦を受けた 391 事例について研究員が現地調査を行なって取り組み内容等を各商店街の関係者から聴き取り，報告書としてまとめたものである。

　この経験は，本研究における定量的なデータ知見を得るのに大変役立ち，多量のデータ分析に非常に貢献した。

　2008 年 4 月からは，新潟県新発田市にある敬和学園大学の産学商連携事業，新発田駅前商店街活性化事業として，学生が商店街で経営する「まちカフェ事業」の準備段階から，オープンまで参加した。ここでは，他に，大学の専任の教員が主成員のリーダーとして活躍していたため，非関与的な参加観察者としての立場をとることができた。この実績から 10 月に「新発田市まちづくり座談会」の委員として会合に参加するようになり，新発田市の地域商業でいったい何が起こっているのかを現場で観察し，記録することができた。

　また，2008 年から筆者自身が主成員として取り組んだ，千葉県市川市の「市

川市の消費動向調査に関する研究」（千葉商科大学経済研究所）では，地域商業活性化における，「新しい組織」，社会的企業（事業）に着目し，その誕生と生成，発展という形成プロセス，組織の特徴と役割を明らかにしていくことを目的にしている。

具体的には，市川駅南周辺の地域商店街をフィールドとし，大学と地域の連携事業によって，「ソーシャル・キャピタル」をキーワードに，社会的企業（事業）の創造を思考する。学生たちによる現地フィールド調査を行い，社会的課題の解決を考え，展開していく過程において，どういった人たちと連携し，社会的な繋がり（ネットワーク）を発展させていくのか。どのような地域イノベーションを創造していくのかを観察することにより，大学の地域貢献のあり方や，今後の市川市における地域商業が抱える課題と支援について，政策的インプリケーションを抽出することを目的に考察していく。

その結果として，地域活性化情報誌『ゆうゆう散歩』をVol. 3まで出版している。

2009年に4月からは，福井県立大学地域経済研究所の研究員として，福井大学と田原町商店街，福井市による産学官連携事業から誕生した，コミュニティスペース「たわら屋」のオープンと活性化事業に関して，福井大学のN教授と学生，田原町商店街の理事長N氏の連携経緯と活性化事業資料等は，客観的な立場から観察できた。まさに地方の地域活性化事業の取り組みとして，大きな示唆を得られた事例であった[17]。

このように，本研究は，複数の現場（フィールド）での観察が可能な環境にあり，今，現場で何が起こっているのかを観察し記録することができた。

マコール（1984）によれば，体系的な現場感覚の視点は，「多様な参加者の行動や言動が結合しあって，どのように社会的に認知可能なエピソードや出来事を創り出していたり，どのようにそれを管理したりしているのかを，分析すること」（269頁）であるという。

要約すれば，ネットワーク組織での会合が実際に行われている現場での参与観察は，調査研究の初期の段階に「現場の感覚」を得るためになされた。他にもいろいろなデータを得ることができたが，当然のことながら現場の感覚は，現場での観察からでなければ得られないものであった。現場にしっかりと居合わせたから，組織の全般的な雰囲気や会合の運営方式や雰囲気，現場発の相互接触等をライブ感覚で観察ができたのである。

原宿表参道欅会の活性化事業や，商店街調査報告書，ならびに新発田駅前商店街の活性化事業の参与観察，同じく2008年から市川市南商店会の大学と商店会の連携活性化事業の主成員として参加した参与観察，2009年からは，客観的な立場で観察できた，コミュニティスペース「たわら屋」の地域商業活性化事業等，エスノグラフィック的インタビュー記録，内部記録文書等の5つ調査は，それぞれの活性化事業の性質の差異はあるが，本調査研究における現場での観察が目指すものは構成的アプローチ（constructivist approach）である。

構成的アプローチは，状況をあるがままの全体像としてホーリスティック（全体的）に捉えようとするアプローチであり，自然に生じる行動や発想を既存のカテゴリーにはめ込むのではなく，現場での人びとの相互作用をそれ自体丸ごと「社会的成果（social accomplishment）」を成しているとみなしている。

第5節　インタビュー調査

第2のデータ源は，インタビュー調査である。2003年から研究調査対象となる活性化事業を参与観察し続けているが，研究のためのインタビューは，2004年から始まった。すべてのインタビュー回数を合計すると，商店街調査報告書の執筆による電話インタビューも含め，記録されているだけで141回にも及んでいる。

具体的には，原宿表参道欅会の活性化事業推進組織「eco-avenue 21戦略委員会」の主成員となるメンバーには，3人に対し，合計10回のインタビューが行われた。その方式は，すべてのインタビューにおいて半構造的で，オープン・エンドであった。つまり，活性化事業の概要，組織，考え方，感情，等，聞くべきことは大体方向づけられていたが，インタビューの流れに柔軟に対応し，こちらが事前に用意した解答の選択肢はなく，質問のたびに相手が好きに答えるがままに（オープン・エンド）インタビューのやり取りを行った。多くのインタビューは録音され，論文として執筆するたびに筆者自身の手によって繰り返し聞くことになった。

商店街調査報告書のインタビューは，25活性化事業に対し，24事例の現地訪問が行われ，主成員の1人から5人に対しインタビューが実施され，合計84回のインタビューが実施された。広島県呉TMOのH氏に対するインタビューだけが，H氏が東京に出張中ということもあり，東京で実施された。現地訪問イ

ンタビューは，1回から3回行われ，北海道の岩内町という北の離町まで2回の現地訪問，茅ヶ崎市商店会連合会へは，3回の現地訪問インタビューが実施された。

新発田駅前商店街活性化事業の，学生が商店街で経営する「まちカフェ事業」と新発田市まちづくり座談会の活性化事業では，主成員である大学教員へのインタビューと，筆者の講義を兼ねた学生へのインタビュー，まちづくり座談会への出席等，5回行っている（ここでのインタビューは，主成員である大学教員と筆者が同じゼミの友人ということもあり，インフォーマルなインタビューを合わせると，10回以上のヒアリングは実施されている）。

千葉県市川市の「市川市の消費動向調査に関する研究」（千葉商科大学経済研究所）の活性化事業では，筆者が主成員の中心として，地域活性化情報誌『ゆうゆう散歩』Vol.1 から Vol.3 の発行が実現された。研究会で市川市のまちづくり担当職員，商工会議所関係者，研究者との会議が現在まで19回重ねられ，ゆうゆうロード商店会の主成員である会長，役員等のインタビューを合わせると30回のインタビューが実施された（ここでのインタビューも，『ゆうゆう散歩』という地域活性化情報誌の発行という事業のため，インフォーマルなインタビューも合わせると数え切れない程のインタビューが実施された）。

福井県福井市の田原町商店街振興組合の活性化事業，コミュニティスペース「たわら屋」のオープンでは，2010年6月に主成員である大学教員と学生，2012年9月に田原町商店街振興組合理事長と大学教員，学生にインタビューをしている。福井県立大学地域経済研究所の客員研究員として委員会に出席するため，福井市には10回以上訪問し現地調査，観察も行ってきた。

2011年からのにこにこ星ふちのべ商店街の活性化事業は，筆者の実証研究として，地域活性化情報誌の発行，「ふちのべのうわさ」のイベント等を通して，理事長，商店街幹部に合計7回のインタビュー調査を実施してきた。直近のインタビューは，2014年6月12日である。

インタビューは，主成員の相手先の活性化事業の現場でなされるフィールド・インタビューを基本形式とした（広島県呉 TMO の H 氏を除く）。したがって，インタビューに前後して，主成員の事務所や，会議室，または活性化事業施設の現場で行なわれたため，現場を観察することもできた。主成員たちは，忙しい人が多く，時間を大切な有効資源と考えている人たちなので，その意味でも，フィールド・インタビューが優先されることになった。1件あたりのインタビ

ューの長さは，1時間から長いもので3時間に及んでいる。活性化事業の現場での観察は，現場の商店街の感覚や，雰囲気，来街者の顔を見ることができ，実感的・共感的に把握する上で，たいへん有益であった。

インタビューは，地域商業活性化の主成員となる内部者見解を彼らの言葉で記述し，彼らのことを理解する上で，不可欠な調査プロセスであった。虚心に観察したことを，主成員が自然に使う言葉による意味づけによって理解するためにインタビューを実施してきたからである。インタビュー・データから垣間見られる内部者見解が地域商業活性化事例の記述を助けるばかりでなく，「新しい組織」の形成プロセスを把握していく上で，数多くのヒントが与えられた。この意味において，インタビュー・データは，本研究の中核を成す。

インタビュー・データは，第7章のケース記述でも中心的なデータとして活用している。ここで，インタビュー・データの収集過程とインタビュー方法について概観しておく。

第1に原宿表参道欅会の活性化事業推進組織「eco-avenue 21 戦略委員会」の主成員となるメンバーのインタビューは，本研究の初期の頃に実施された。2004年のインタビューはインフォーマルなインタビューであるため，インタビュー総合計回数の141回にカウントしていない。正式に主成員に時間を確保してもらい，インタビューの目的を告知して実施したのは，2005年10月7日である（N氏）。2006年の1月10日（S氏），5月13日（N氏2回目），2007年12月12日（NT氏）とインタビューは続く。筆者は，「eco-avenue 21 戦略委員会」会議の参加者であったため，活性化事業の進捗状況を見ながら，そして「新しい組織」の参加者の変遷を観察しながら，誰が主成員として具体的にネットワーキングをしていったのかをつぶさに観察しながら，ポイントでのインタビューを実施することができた。今，誰にインタビューをするべきなのかの情報を集め，適確な時期に実施できたのは，当時は自覚がなかったが，筆者も主成員の1人（中心的ではない）という役割があったからである。もちろん，被インタビュー者がインフォーマル・インタビューにも積極的に協力してくれたことはいうまでもない。ラポール（信頼）のある，少数の主成員に何度も繰り返し話しを聞くことが可能だった，「eco-avenue 21 戦略委員会」のインタビューは，エスノグラフィック・インタビュー（スプラッドリー，1979）と言えるだろう。

第2に2006年から実施された，商店街調査報告書のインタビューはサンプリングの基本方針に違いがあった。日本全国の25活性化事業に対し，24事例の

現地訪問が行われ，主成員の1人から5人に対しインタビューが実施され，合計84回のインタビューが実施されたが，ここでのインタビューは基本的には，アンケート調査から浮かび上がってきた活性化事例の関係者に対し電話取材を行ない，誰が主成員であるかを聞き出すことから始まった（インタビュー当時は，誰が主担当者であるかという聞き方をした）。インタビュー方法は，ある程度構造化された，活性化事業の概要，組織，考え方，感情，等，聞くべきことは大体方向づけられていたが，ワン・ショット（1回限り）のインタビューを主としていた。流れに柔軟に対応し，こちらが事前に用意した解答の選択肢はなく，質問のたびに相手が好きに答えるがままに（オープン・エンド）インタビューのやり取りを行なったが，もちろん必要に応じて，フォロー・アップのインタビューのための2回，3回の現地訪問を繰り返したり，電話によるインタビューも実施された。第1の原宿表参道欅会の「eco-avenue 21 戦略委員会」の主成員に対するインタビュー方法は，少数の主成員に対しラポールの強さや主成員の代表性が信頼の試金石と言えるが，第2の商店街調査報告書のインタビュー方法の信頼性は，半構造化したインタビューにおける同一項目に対し，複数の多様な被インタビュー者の見解が一致していることで判定されるだろう。どちらの信頼性も，エスノグラフィック・インタビューと多数への半構造化されたインタビューとして実施されたものならば，信頼性に問題はないと言えるだろう。

第3に2008年からインタビューが始まった，新発田駅前商店街活性化事業の，学生が商店街で経営する「まちカフェ事業」と新発田市まちづくり座談会の活性化事業では，主成員である大学教員へのインタビューと，学生へのインタビュー，まちづくり座談会でのインフォーマルなインタビューとなるが，ここでは，第1，2のインタビューとは異なる環境による，インタビューが実施できた。主成員となっている大学の教員がいたため，筆者はあくまで非関与的な参加観察者（協力者）として活性化事業を傍観できた。中心となる主成員の大学教員からのアドバイスもあり，適確な被インタビュー者を紹介してもらうことができ，調査対象にむやみに影響を与えない非関与的方法を採用できた。インタビューは大学教員に2回，学生のK君1回，Yさんに1回，まちづくり座談会の場でM氏にインタビューを実施した。もちろんインフォーマル・インタビューは10回以上の回数になる。

第4のインタビューは2008年に始まり，市川駅南周辺の地域商店街をフィー

ルドとし，大学と地域の活性化連携事業によって，「ソーシャル・キャピタル」をキーワードに，社会的企業（事業）の創造を思考する。学生たちによる現地フィールド調査を行い，社会的課題の解決を考え，展開していく活性化事業である。具体的には，千葉商科大学の非常勤講師（2009年），客員講師（2010年）として，学生の企画による地域活性化情報誌『ゆうゆう散歩』の発行というアウトプット（地域商業活性化事業）を導き出した。ここでは，筆者自身が中心的な主成員となり，千葉商科大学経済研究所の客員研究員として，最初から研究会に参加し，研究者，市川市，市川市商工会議所，地元商店会の人たちと議論を重ねてきた。19回の研究会を続け，研究者，市川市担当者へのインタビューを含め，ゆうゆうロード商店会の会長，幹部に対して30回のインタビューを実施した。もちろん，ここでも，記録に残していないインフォーマル・インタビューも多数回実施された。

第5のインタビューは，福井市の田原町商店街振興組合の活性化事業，コミュニティスペース「たわら屋」に関するインタビューである。福井県立大学経済研究所の客員研究員という立場で，合計17回の会合に出席し，福井市における地域活性化の外観分析をはじめ，商店街理事長，大学教員，学生に合計5回のインタビューを実施することができた。

第6のインタビューは，3，「キラキラふちのべストリート☆」の取り組みと活性化事業で前述されたように，筆者が実証研究を進めながら，その時々のポイントでにこにこ星ふちのべ商店街のK理事長と商店街幹部にインタビューが行なわれた。筆者はここでは，数多くの地域活性化事業の当事者であり，実証研究を重ねてきたフィールドであるため，記録に残していない多くのインフォーマルなインタビューも実施されている。

このように，筆者は地域商業活性化事業の現場に対し，幸運にも多様な立場で観察する機会が与えられ，主成員の特性，動機，「新しい組織」の形成プロセス，組織の特徴，ネットワーキング，連携や発展という，「新しい組織」の進化過程を観察することができ，活性化事業の活動ポイントで主成員へのインタビューを実施することができた。

本研究は，30事例の活性化事業に対する，参与観察，インタビュー調査，内部記録文書（会議議事録等），アンケート調査によるサーベイ・データ等の分析から，活性化の成立が，「新しい組織」の生成という現象に支えられているという点に着目した。この「新しい組織」の形成プロセスが活性化の推進を支えて

いるというのが基本的な考え方である。

第6節　母体組織（商店街）と「新しい組織」の関係性の発展

　「新しい組織」の誕生，生成のという形成プロセスの展開の中で，スタートアップにおける，①の「商店街において何らかの危機感ないし深刻な問題が存在する」という動機づけは，形成プロセスの展開とともに変容し，⑧の，「新しい組織は，コミュニティの他の懸案事項にも着手するようになり，協調，キャンペーン等から組織基盤を発展させる」というプロセスでは，新たな動機づけが見て取れる。活性化事業が，「新しい組織」として形成プロセスを発展させていく中で，スタートアップ時の母体組織（商店街等）での危機感や問題が定義され，何らかの結果（成功）をおさめ，⑧や⑨の，「新たな参加者は，より効率的になるように学習し効率化（システム）される」段階では，地域活性化という目的の基に，新たな懸案事項に対する危機感，問題意識へと発展し変容している場合もあるからである[18]。

1　動機づけの変容

　商店街において，何らかの危機感ないし深刻な問題が存在するという動機づけがあると，「新しい組織」の誕生をもたらす契機となる。これは，160事例の商店街活性化事例のタクソノミーの比較分析の中から，十分に効果があり，継続性がある活性化事例として，30事例の現地ヒアリング調査の結果から生まれた，形成プロセスの　段階である。しかしながら，「新しい組織」が生成，進化，発展していく段階で，新たな懸案事項にも着手するようになり，新たな危機感，問題意識へと発展し変容している場合もある。

　例えば，岐阜県高山市商店街では，
〈コメント〉

　「平成11年と14年商店街の商店数比較調査によると1割の減少と空き店舗率が7.7％から9.2％までに上昇していたんです。そんな調査分析を商店街の会合で話し合っているうちに，街の中に人が住み，子どもからお年寄りまでが一緒に暮らしている，そういう本来のまちの姿を取り戻すことが，求められているのではないかという意見が出され，空き店舗を活用して，子ども連れの母親が気軽に立ち寄れる子育て支援コミュニティ施設を創ろうと考え，

平成15年1月に高山市の協力により，『まちひとぷら座かんかこかん』を設置したんです。(中略) 2階の『まちづくり広場』の活動が発展して，地域と人との関係を育むことを目的に，商店街のネットワークや仕組みづくり，協同事業などの企画提案を行うようになりました」

　このように，商店数の減少と空き店舗率の上昇という危機感ないし深刻な問題が発生し，解決していくという形成プロセスのなかで成功を収めると（「まちひとぷら座かんかこかん」の設置），新たな危機感，問題意識から，新たな懸案事項にも着手するようになる。主成員（コスモポリタン）たちの動機づけの変容が見て取れる。

　また，萩市田町商店街では，

〈コメント〉
　「商店街の入り口に空き店舗が発生したことから，地域資源，特性を活かし，地元住民はもちろん観光客の誘客ができるように，『観光ミックス型商店街』への移行を試みることになり，お客さんの来街を促すために空き店舗を活用した施設，『萩おみやげ博物館』を設置しました。(中略) 1年目からなんとか経営は安定していました。そうしたら，商店街の真ん中あたりに，また空き店舗が出てきたんです。今度は，商店街のブランドを開拓しようと萩焼きのギャラリーショップを創り，萩焼き作家の個展等を開催し，展示販売を行っています」

　「萩おみやげ博物館」を設置し，来街者を増やすことに成功した体験から，新たに，商店街ブランドの開拓を試みるという，新たな懸案事項に着手するようになる。ここにも，主成員（コスモポリタン）たちの動機づけの変容が見て取れた。

　同様に，大山町中央商店街では，

〈コメント〉
　「平成17年に，大山町が富山市と合併したのですが，その前からこの街は高齢化が徐々に進んでいました。街が（富山市中心部）どんどん大きくなって，ここからでも車で30分だから，若い人はみんな街に買い物に行くし，人口も

激減してきているから，お店も減ってきました。組合員店舗が4,5年前は24店舗くらいあったのが，今は18店舗しかない。とうとう，野菜が駅前（歩いて約12分）まで行かないと買えないようになっちゃったのには困って，何とかならないかと顔を合わす度（月に2回以上）に話し合っていました。（中略）商工会の先輩Tさん（代表理事より年下だがまちづくりのスキルを持っている商工会職員）がいろいろ考えてくれて，大山町商店街活性化事業委員会を創って，まちづくりアンケートをしてみんなの要望を聞いたら，もうみんな年寄りが多いから，集まれる場所があればいいという結果が出たんです。特に以前から活動していたボランティアグループのなかよし会の人に協力してもらって，何ができて何をしたいのかを聞いてみました。その結果，「よってかれ家（高齢者向けの支援施設）」が設置されることになりました。できてからは，ボランティアグループなかよし会のまとめで，誰かが必ず「よってかれ家」に来てくれて運営に参加してくれています。近隣の農家さんに手伝ってもらって，お年寄り向けに季節野菜の販売をしました（野菜は商店街では買えない。駅前のスーパーまで歩いて約12分）。他にも，手打ちそばの実演をして参加者と食べたり（無料），豆腐を作って鍋料理を地域住民に振舞ったり，いろいろな交流会が開かれ，高齢者の参加が随分増えました。

それからが，大変だったんです。平成17年度で県からの補助事業（3年間）が終わるから，やめようとみんなに相談したら，なかよし会も，商店街も，利用者も全員が続けて欲しいって言うんです。といっても家賃を払うお金もないし，どうするか考えていたら，Oさん（代表理事）が中心になって，関係者全員でサポーターになって，お金を出し合うから何とか続けようということになり，よってかれ家サポーターズができたんです。会員は130名以上集まりました。2年目の4月以降も続く事が，このあいだ決定しました。

結局，なかよし会の協力と，よってかれ家サポーターズの寄付や会員の参加で施設が維持され，毎日50名以上の住民が利用して喜んでいます。サポーター同士（住民）のコミュニケーションが生まれ，（中略）最近では少しでも運営費を稼ごうと，外部の人には施設の利用を有料にしたり，手づくり豆腐の販売や豆乳石鹸の開発，販売をしたり，収益事業を始めています。豆乳石鹸や豆腐は他でも販売できれば嬉しいので，今後は他地域の人たちとの連携も考えています。

大山町中央商店街でも，組合員店舗数の激減という危機感ないし深刻な問題が発生し，解決していくという形成プロセスのなかで，「よってかれ家（高齢者向けの支援施設）」の設置という成功を収めると，「新しい組織」が生成，進化，発展していく段階で，新たな危機感，問題意識から，新たな懸案事項にも着手するようになった。ここに主成員（コスモポリタン）たちの動機づけの変容が見て取れるのである。

2 主成員のネットワーキング

本章を通して，「新しい組織」の誕生，生成，発展という形成プロセスを展開した地域商業活性化事業は，衰退した地域商業の切迫した需要，必要性に対応した結果の産物であったと指摘することもできる。しかし，それは地域商業の切迫した需要，必要性だけが発展した要因として説明できるわけではない。何故「新しい組織」が誕生したのかという視点が抜け落ちているからである。活性化事業の共通した形成プロセスのファクトは持続的な動機づけが必要であるが，動機づけの変容などは，既に本章で分析した。そこでは，それぞれの地域商業活性化事業がどのように生じたかという動機づけと時系列的な流れが明らかになった。

これとは違った視点に着目をしてみると，活性化事業に共通する形成プロセスのファクトの発展には，動機づけのほかに，継続した成功体験の共有等のプロセスが重要であったと考えられる。これは，主成員たちの自発性という点を注視すると，主成員が母体組織（商店街等）に影響を及ぼすことによって，別の（次世代）の主成員にも影響を及ぼし，類似した活性化事業が繰り返されるファクトを見ることができるからである。本章の課題は，共通した形成プロセスのファクトがもたらす影響力を主成員の行為から明らかにしてみたい。

従って主成員がインフォーマルなネットワークをどのように形成していくのかと，スタートアップ時に必要な人的資源をどのように獲得するのかである。言い換えると主成員のネットワーキングとアクセス能力についてである。共通する形成プロセスの展開は，さまざまな種類の主成員個人のネットワークが複雑に交差する上で成り立っている。ということは，主成員の自発性に基づいた共通する形成プロセスをより明確にするには，主成員のキャリア形成にまで言及する必要があると考えられる。本項では，母体組織（商店街等）の内外に形成された主成員のネットワークに着目し，「新しい組織」が誕生する以前の段階

において，主成員の人的な経営資源へのアクセスについて分析を加えてみる。

3 ネットワーキングと「新しい組織」

「新しい組織」を誕生させる主成員（コスモポリタン）たちは，どのような状況の中で，ネットワークを模索し，人と出会い，スタートアップが動機づけられていったのであろうか。

ここにネットワークという概念を持ち込むと，新たな組織の生成を可能にする環境は，インフラや制度的な物理的な環境ではなく，むしろ「外部の経営資源との結合の可能性が高い関係性」と考えられる（Aldrich & Zimmer 1986）。

スタートアップ時に必要な経営資源としてまず考えられるのが，活性化事業の資金，潜在的な顧客，あるいは，一緒に事業を行う主成員のパートナーが考えられるが，スタートアップを実現する人的な経営資源は，これらの経済的に関わる直接的な協力者だけではない。そこには，スタートアップのための知識や経験を持った他の地域で活性化事業を行ってきた人や，主成員に対して技能や知識といった個人の能力形成に対してチャンスや可能性を与える母体組織（商店街等）の会長，理事長等の間接的な支援者も含まれているのである。

スタートアップ時における第三者からの支援に着目すると，主成員が活性化事業を推進するにあたり，「新しい組織」を誕生させるには，危機感や問題意識を共通にした主成員（コスモポリタン）たち，もしくは協力者たちと出会い，問題解決に向けた話し合いが成されるのかという，主成員たちのネットワークの能力が重要な分析対象となってくる。ネットワーク能力は，主成員同士や協力者たちの関係によって支えられている。であるから，主成員たちがどういうプロセスでネットワークを組むことになったのかを分析していく。

先行研究においてネットワークの概念は多様であり，分析の視点の違いにより得られる結果は異なる。

本稿で論じられる主成員のネットワークは，個人間のネットワークであり，組織間のビジネス上の取引という関係の中で構築されるネットワークとは本質的に異なる。

Monsted（1995）はネットワークの特徴を理解するために，二者間の関係性のダイナミズムを描き出す方法と蜘蛛の巣状の構造を外部から把握する方法の2つの分析視角を提示しているが，主成員のネットワークを明らかにするうえで，本稿が分析の対象とするのは，主成員という行為者が持つ求心的なネットワー

クであり，特にスタートアップ時のプロセスにおいて重要になってくる人的な経営資源のアクセス網を意味している（Johannisson, 2000）。

主成員のネットワークにおいては，スタートアップにおける必要な経営資源へのアクセスには，二者間の関係を仲介して更なるネットワーキングが必要になる場合が想定される。そこには，組織間の取引の範囲に基づく信頼関係とは異なり，ネットワークの発展は主成員間の信頼に委ねられ，仕事とは無関係のさまざまな知識や経験の共有，あるいは個人間の性格的な要素までもが媒介していることも考えられる。

ロレンツォーニ（Boari,Grandi,Lorenzoni, 1992）は，組織と組織に所属する個人のネットワークが持つ性質的な違いを分析し，ネットワークの概念的な規定として，組織の対外的なネットワーク，組織内部の対人ネットワーク，一般的な個人間のネットワークの3つに分類し，理論的な枠組みを示唆している。このことは，主成員のネットワークに置き換えると，フォーマルなネットワークとインフォーマルなネットワークに分類される。フォーマルなネットワークとは，一般的に組織の内部で発達する垂直的なヒエラルキーの関係を示している。そして，インフォーマルなネットワークとは，個人間の水平的な関係であり，組織からは無関係に発展していくものであるという。

グラノベッター（1973，1974，1982，1985）は，社会的ネットワーク理論の中で，「弱連結の強み（strength of weak ties）」のパラドクスを論じている。強連結のネットワークと弱連結ネットワークに分類し，強連結は相互の信頼や体験などを共有する二者間の強固なつながりであり，例えば親子や親戚，親友や，職場でのパートナーといった関係なのに対し，弱連結はめったに会わないような友人とか知人というような弱いつながりである（Granovetter, 1982）。

弱連結は，思いがけない情報や資源，意外な発想や知恵をもたらすという点では，強連結よりも強力である。これは，弱い緩やかなつながりが，強みを持っているというパラドクスである（金井 1994）。主成員たちは，強い連結と弱い連結の両方を必要とする。強い連結に強みがあることは，驚くべきことではない。強く結び合っているひととの関係を思い起こせば，その付き合いがもたらす便益は簡単に創造がつく。親・兄弟・親友・恋人等のつながりは，いろいろな場面で助けてくれる場面があるだろう。人・カネ・物という物質的な面に限らず，励ましであったり，安心感であったり，悩みの相談であったりする。ましてや強連結であるから秘密の情報の共有から，確固たる関係性を保つこと

ができる。

では何故，地域商業活性化事業に携わる主成員たちは，母体組織（商店街等）の強連結だけでなく，弱連結のネットワークを必要とするのであろうか。母体組織内では，その組織的特徴から共有している情報が多すぎる，商店街等の組織は自然発生的にできあがった昔ながらの地縁で結ばれている組織がほとんどである。父親，祖父，その前の先祖からの付き合いというのも良くある話だ。だからこそ，安心のできる関係であり，その関係の中に新たな課題をあえて創ろうとはしない。付け加えるならば，主成員とはいえない母体組織の多くの会員たちは，既に活性化事業等には興味を持たなくなっている。対照的に地域商業の活性化に危機感や問題を抱え，その対処のために話し合い，問題意識を共有した人たちと連携する主成員たちは，強連結だけの狭い世界だけでなく，弱連結のさまざまな人たちと会って，自分たちの世界を広げていく。この関係は，個人的な関係を親身になって考えてくれるわけではないが，ネットワークの中から，新しい情報をもたらしてくれる。グラノベッター（1973）は，ボストン郊外に住む人々の転職活動の研究から，このことを論じている。

4　組織の対外的なネットワーク

これまで，地域商業活性化事業における形成プロセスを論じるのに，「新しい組織」を誕生させた主成員たちの経営資源へのアクセスについて，ネットワーキングの先行研究を紹介しながら分析を試みてきた。では，具体的に主成員たちがそれぞれの現場で，どのようにネットワークを構築していったのか，筆者が現地訪問調査した28活性化事例から実証分析をしていく。

大山中央商店街（富山県富山市）は，富山市の中心部まで約30分という距離にある。そのため，交通インフラが整備されればされるほど，買い物客は中心部に取られ，年々来街者は減少していった。空き店舗も増え，商店街が地域コミュニティ施設の核として「よってかれ家」を設立した。その運営に関して，主成員（商工会担当者）のT氏が，別の業務で面識のあったボランティアグループ「なかよし会」に商店街の主成員たちと声をかけたところ，運営協力を受け「よってかれ家」を利用した高齢者支援事業を行うようになった。

両津夷本町商店街（新潟県佐渡市）では，フェリーの発着所の移転により観光客の来街が激減した。空き店舗の対策で頭を悩めていたが，以前から商店街の駐車場を使って露天の定期市「ふれあい市場」を実施していた近隣の農家の

人たちに，商店街の主成員たちが，空き店舗を使ってみてはと提案したところ，雨天時にはできなかった市場が，常設店を持つことにより，安定した収入が得られることから，コミュニティビジネス「うまいもんや」が誕生した。

両商店街とも母体組織（商店街等）の対外的なネットワークによる活性化事業である。

5　母体組織内部に見られるインフォーマルな関係

柏崎市諏訪町商店街（新潟県柏崎市）は，10年前に比べ組合店舗数が半分になり，現在29店舗である。「びっくり市」や「ガラクタ市」等のイベント事業を主成員たちが平成元年から続けている。特に「ガラクタ市」は市内で2番目の規模のフリーマーケットとして有名になっている。この商店街での活性化事業の主成員は歴代の商店街理事長たちである。

〈コメント〉

「イベントの時は必ず商店街の人が手伝ってくれます。何年も続けてきていますから，阿吽の呼吸とでもいいましょうか。そんな感じですよ。手伝ってくれるのは毎回同じ顔ぶれです。歴代の理事長たちです。私が理事長になってからは，毎月2，3回はみんなで集まって会議をしていますが，その後は飲み会となります。大変な議題もお酒を飲んで話し合っていくうちに解決することも多いんです」（柏崎市諏訪町商店街T氏に対するヒアリング，2006年12月6日より）

6　主成員のインフォーマルなネットワーク

茅ヶ崎商店会連合会は，「エコ・シティ茅ヶ崎をめざします」というコンセプトの基，平成13年から「茅ヶ崎リターナブルワイン」と「自転車のまち茅ヶ崎」に係る事業を行っている。会長のI氏は，市民団体の「ほっと茅ヶ崎準備室」の代表も務めるが，きっかけは，同市で大型ショッピングセンターの進出計画が持ち上がったときに，反対運動を展開した茅ヶ崎消費者団体連絡会の有志と一緒に設立した。反対運動の時から，市民団体とインフォーマルなお付き合いを重ね，環境について討論を重ね，ついにワインと自転車の開発，販売までを実現したケースだ。当初，商店会連合会は環境のことなど考えていなかったが，I氏の環境に対する思いと，市民活動のKさん等とのコミュニケーションから

生まれた事業といえる。

弁天通り商店街（群馬県前橋市）では，市中央に建つ大蓮寺の参道から発展した商店街で，全長約180メートルのアーケード通りに約32店舗が並ぶ小規模な商店街である。80年代後半から集客数は激減し，店舗数は最盛期の7割程度まで減りシャッター通りと言われるまでになってしまった。

そのようなことから商店街として，何とか以前のような活気あふれる商店街に戻したいと話し合いが行なわれていた。平成15年頃から，商店街はもともと大蓮寺の門前町であり弁財天が祭られ，以前は縁日も行なわれていた。その歴史伝統ある縁日を復活させようと考え，商店街で地元農家の人たちが開催していた「産直市」を，縁日と合体させ，地元農家・工芸作家・商店主等が，平成16年9月から，毎月3日に定期市「弁天ワッセ」として開催することとなった。「弁天ワッセ」に参加したのが，現在では青年部として活躍しているY君たちだ。副理事長のK氏との付き合いから，商店街の空き店舗に住居兼喫茶店を開業し，現在ではさまざまな活性化事業を行い，商店街のホームページの制作までを担当している。この商店街も主成員のK氏による，インフォーマルな付き合いの中から，ネットワークを広げ若者による出店を増やし，商店街に店舗兼住居を構えるまでに成った事例である。

7 人的資源へのアクセスのメカニズム

強連結がよく顔を合わせて，深い付き合いの中から親交を深め，あるいは家族，親族，親友，恋人のように非常に近い関係だったりするのに対し，弱連結のネットワークとは，ほとんど会う機会がない関係にもかかわらずに，新しいグループや，ネットワークとの結節点となるような関係であるとグラノベッターは論じている（1973）。主成員にとって経営資源とは，問題意識を共有できる人たちであり，ボランティアグループであったり，NPO法人であったり，個人の集まりであったりする。弱連結は主成員が経営資源にアクセスするための仲介者となる可能性が高いのである。ネットワークが高密度に発展していくことが，活性化事業の主成員たちの出会いを可能にするし拡大する。

活性化事業を行うためには，主成員となるパートナー，資金の確保といった直接的な支援となる人材だけでなく，新しい知識や経験を得て自分の能力の開花のきっかけとなるような間接的な支援者と知り合うことも重要な意味合いを含んでくる。個人的なインフォーマルなネットワークでは自分とは異質な知識

や経験，能力を持つ人的資源と知り合う可能性が多くなる。組織を超えた個人的なインフォーマルのネットワークであるため，母体組織（商店街等）では，得られない知識や経験，技能までも獲得できる可能性が含まれているのである。

インフォーマルなネットワークの架橋は2通りの方法で生じると考えられる。1つは，直接的なアクセスである。仲介者を介せずに直接インフォーマルな関係が生まれやすい環境に参加したりする方法である。2つ目は，間接的アクセスで仲介者が媒介することで，新しいネットワークへのアクセスが可能になる方法である。地縁や血縁，親友や恋人などの近い関係の人のインフォーマルな関係を利用するようなことである。

8　直接的アクセス

上越本町（新潟県上越市）の中心商店街は，周辺地域の人口の減少とともに空き店舗が増え，大型店の郊外への移転と新規出店のため，消費人口が流出している。特にここ数年，来街者の駐車違反の取締りが厳しくなり，約350メートルある商店街の駐車が問題となり，益々買い物客は駐車場を完備した大型店に奪われている。

本町三丁目商店街，四丁目商店街，五丁目商店街は別々の商店街組織として，ここに活動してきたが，販売促進活動は連携して協同イベント等を実施してきたが，最近の商店街の厳しい環境の中，3組合での連携の重要性，意思疎通の円滑化を目的に，生き残りを賭けた商店街内の組織強化を図るために，各商店街内で話し合いが行なわれ，平成17年に組織改革を行い，「上越本町三，四，五丁目商店街振興組合連合会」を組織化した。同時に組織の運営をスムーズにするために，最高決定機関「リーダー会議」を創設することになった。

〈コメント〉

「来街者の急激な減少はたいへんな脅威でした。このままでは，それぞれの商店街の解散もあり得るかもしれないと，3つの商店街の任意の人たちが集まって話し合いが行なわれていました。

このままではいけない。何か対応策を考え実行しないと商店街に未来はないとまで考えていました。事実隣の商店街は解散をしています。3つの商店街の理事長は，昔からの地縁関係もあり良く知った間柄なので，飲み会などでも会う機会も多くありました。各商店街の，いろいろな世代がお互いに話

し合ううちに，3つの商店街の合併話しが出てくるようになりました。商工会議所のS氏の提案もあり，3つの商店街の各世代が正式に話し合い，合併するということになりました。合併話にかかわった人数は，20人以上です（上越本町三,四,五商店街振興組合連合会M氏に対するヒアリング，2006年12月5日より）。

上越本町三,四,五丁目商店街振興組合連合会の主成員たちは，昔ながらの地縁関係もあり，主成員たちが直接の知り合いだった為，直接のアクセスを可能にした典型的な事例である。

9　間接的アクセス

原宿表参道欅会では，民間の会社が活性化事業に参加することによって，財源創出を理念としたストリート広告展開がスタートした。ところが，「eco-avenue 21戦略委員会」には，委員長，顧問，コーディネーター，書記と7名の委員（計11名）により構成されていたが，原宿表参道欅会の会員は4名で，残り7名は外部の有識者や民間企業に所属している外部組織のメンバーである。筆者が書記として出席した，第2回（2004年2月13日）の参加者は10名のうち7名が外部組織の委員だった。

このことは，原宿表参道欅会の主成員であるS氏のインタビューで説明がつく。

〈コメント〉

「私は，1995年に表参道にある，（株）ビクター音楽産業を55歳で退職。ビクター時代から『原宿シャンゼリゼ会』の活動に参加し，イベント等の司会を担当していました。当時の理事長から退職したら街のために働けといわれ，アーティストのグッズ制作・ノベルティー制作を業務とする個人事務所を表参道に設立して原宿シャンゼリゼ会に入会しました。1999年前々理事長が急死し，新理事長のA氏が急遽就任したところ，借入金が約3億円，来街者の減少，組合員の減少による財政減，理事の高齢化等の問題を抱え，ちょうど商店街組織の変革時期に当たり，次々と組織・活性化事業の変革を行ったんです。クリスマスイルミネーションを中止したり，組織内に青年部会を発足させたりしました。私は，2000年に原宿表参道欅会に名称を変更した後

の，公式サイトの立ち上げを任され，組織内での話し合いが頻繁に行なわれるようになりました。そして，理事長の発案のもと，今後の欅会の商業振興の1つとして環境浄化を位置づけ，01年にその基本方針『エコ・アベニュー』を宣言し，自らが環境問題に取り組み，環境の街"表参道"の定着を狙う取り組みをしていこうということになりました。(中略)翌年，KDDI(株)の携帯電話のプロモーションの話が進み，企画を担当する会社の担当者N氏と会う事になり，欅会の『エコ・アベニュー』の取り組みとN氏側の『ストリート広告展開』の企画が話し合われ，街をメディア化するという1つの企画としてまとまり実施されました。ミニチュアダックスフンド等の犬にKDDIのロゴ入り服を着せ，モデルが散歩をして歩き，表参道には商店街が設置したゴミ箱に『エコ・アベニュー』に協賛する広告展開をするという企画でした。これがきっかけで，O氏(筆者)やマスコミにも紹介され，関係会社や近隣の店舗にも協力が得られるようになっていきました」(原宿表参道欅会理事(『eco-avenue 21戦略委員会』委員)S氏に対するヒアリング，2006年1月10日より)。

このように，筆者が原宿表参道欅会の「ストリート広告展開」の活性化事業に参加するようになったのも，インフォーマルな関係を続けて信頼関係のあったN氏の間接的なアクセスが始まりである。

10 まとめ

本項では，経営資源へのアクセスという主成員の行為の観点から，「新しい組織」が誕生する形成プロセスを明らかにしてきた。ネットワーキングによるアクセスの能力は，主成員が持つ能力であると同時に，仕事や生活等のネットワークの発展が，新たな活性化事業へと繋がる可能性を秘めている。

グラノベッターの弱連結の強みという先行研究を例に，インフォーマルなネットワークの類型からアクセスのメカニズム及び，仲介者を介した間接的なアクセスと主成員が独自に持つネットワークからのアクセス(直接的アクセス)等を論じ，経営資源へのアクセスを分析した。

第7節　発見事実の要約

　これまでの考察から，以下の3点が明らかになった。第1に，地域商業活性化のタクソノミーと地域，店舗数の分析を行った結果，地域，店舗数による活性化事業の「現場発のファクト」を抽出した。第2に，28活性化事例におけるヒアリング調査および原宿表参道商店街事例，新発田駅前商店街ならびに市川市ゆうゆうロード商店会等の調査事例の分析結果から，12の共通する組織形成プロセスを明らかにした。商店街組織は，活性化活動が成熟化するにつれて，制度化された既存の商店街組織ではない「新しい組織」を結成し新たな発展へ向けての活動を展開するという形成プロセスを導き出した。第3は，「新しい組織」が活性化事業を行う形成プロセスを，主成員の行為がもたらす影響力という観点から分析をするためには，行為主体としての主成員という視点が不可欠であった。それは，主成員の意図によって次の活性化事業の発展へと繋がっていくのかどうかということが，主成員による形成プロセスのメカニズムを明らかにするうえで，最も重要な点であるからである。この調査と分析を行った結果，次に挙げることが理解できた。活性化事業の主成員たちは，自分たちが誕生させた「新しい組織」が，生成，発展し，新たなネットワークを模索し活性化事業を継続し，新たな効果を上げていくことなどの期待は事前にしていなかった。そのうえで，革新的な地域商業組織は自らが抱える課題解決に向けて新たな連携を模索し，持続発展的な基盤を築き上げようとするのである。

　本研究では，主成員の行為に着目するために，主成員を中心にしたネットワークに焦点を当てながら，母体組織（商店街等）と主成員との関係というように二者間の関係性について分析を行ってきた。

　主成員たちの自発性に基づいて誕生した「新しい組織」が，生成，発展し，新たなネットワークを模索し活性化事業の効果を上げていくとするならば，その意図にかかわらず，主成員と母体組織（商店街等）や，ネットワークから得たパートナー等の二者間の関係性の中にさまざまな影響を及ぼす要因がある。この影響力を，動機づけ，経営資源へのアクセスとネットワークの構築という3つの要素に分解した。

　動機づけについては，母体組織（商店街等）と「新しい組織」の関係性，さらに主成員に注視し，成員特性，組織の特徴や，母体組織の役割，関係性の発

展等を実証分析することにより，お互いの関係の中で共有されるコンテクストとして受け継がれる要素とお互いの関係性の中で変化していく要素があるということが分析された。

　重要なインプリケーションは，「新しい組織」の誕生が，主成員たちの自発性に基づいているというだけでなく，その自発性の根拠となる動機づけが，誕生，生成，発展という形成プロセスの展開においては変容していくということである。だからこそ，主成員たちは，活性化事業を継続し効果を上げていくなどの期待を事前にしていなかった。

　経営資源へのアクセスに関しては，主成員が形成するインフォーマルなネットワークに焦点を当ててきた。主成員が持つインフォーマルなネットワークは，「新しい組織」を誕生させる要因となると考えられるからである。「新しい組織」を誕生させるという行為は，人的な経営資源のアクセスが不可欠であるために，インフォーマルなネットワークの発展が欠かせない。新たに構築されたネットワークは，「新しい組織」からすると，発展的な資産となるのである。

　ネットワークが生成，発展するためには，ネットワークの架橋が頻繁に生じることが大切であった。グラノベッターのいう弱連結の優位性とは，既存の制度化された組織（母体組織）ではなく，個店のビジネス上のネットワークだったり，または，日常生活のネットワークだったりすることにおいては包含する。また，単なる紹介者の場合においても同様であるが，多くの場合，危機感や，価値観の共有から頻繁な接触が行われていくので，（地域商業活性化の形成プロセス）その行為は強連結といえる。

第8節　本研究の課題と更なるディスカッションに向けて

　地域商業活性化は，母体組織（商店街等）での全員参加型活動から，主成員による，「新しい組織」の誕生，生成，発展の展開へと移行する必要性がある。

　母体組織（商店街等）については，共通の危機感や問題意識を持ち，解決するために目標や方向性を持った主成員たちが自発的に参加する「新しい組織」のネットワークを発展，展開していくことが肝要である。また，ネットワークの発展，展開時に，母体組織のヒエラルキーの中に価値観を持つ成員たちは，中立的な無関心を保つ必要がある（Soderling（1999））[19]。筆者が2011年から活性化事業を手掛けた，にこにこ星ふちのべ商店街では，主成員が広げたネット

ワークに参加した学生のボランティア行為に，中立的な無関心ではない言動が見られた。結果，地域活性化を学ぶ筆者のゼミ生は，地元商店街の活性化活動ではなく，震災復興支援商品の開発に積極的に活動をすることになった。

2006年に改正された「中心市街地活性化法」に基づく，中心市街地活性化協議会や，2009年に成立した「地域商店街活性化法」の趣旨では，商店街は商業機能を強化するとともに，地域社会のニーズや課題を探り，地域資源を活かしたまちづくりを関係者との協議によって進めていくことが期待されている。

このことは，まさに本研究が論じてきた内容と符合する。多くの母体組織（商店街等）は，内部組織における諸問題のために，資金の限界に直面する等の危機的状況にあるが，主成員たちが誕生させる「新しい組織」とその生成，発展，さらにはネットワークのあり方に直視する時期にきている。何より，母体組織は組織内のメンバーの異質性，後退の意味の多様性を認識し，母体組織と外部組織の二面からネットワークを構築していくことの意義を認識していかなければならない。

また，そのことを既存のメンバーに啓発していく必要がある。特に，主成員との外部組織との連携については，商店街だけでは対応がむずかしい問題等をネットワーク組織の経営資源を活用することを考え，相互依存する考え方が大事になってきている。

参考文献

毒島隆一（2004）小川雅人，福田敦『現代の商店街活性化戦略』創風社。

出家健治（2008）『商店街活性化と環境ネットワーク論』晃洋書房

E. M. ロジャース，R. A. ロジャース（1985）宇野義康，浜田とも子訳『組織コミュニケーション学入門』ブレーン出版。

福田敦（2009）「外部組織との連携に向けた商店街の組織戦略」『経済系』関東学院大学第241集。

福田敦（2010）「外部組織との連携に向けた商店街組織のネットワーク課題——自治体による地域連携型支援事業の検証を中心に——」『中小企業政策の再検討』日本中小企業学会論集29。

平成18年 中小企業庁委託事業『商店街活性化に係る事例調査研究』報告書，全国商店街振興組合連合会。

平成21年 中小企業庁委託調査事業『平成21年度 商店街実態調査報告書』（株）千葉

銀総合研究所。
稲垣京輔（2003）『イタリアの企業化ネットワーク』白桃書房。
石原武政（2006）『小売業の外部性とまちづくり』有斐閣。
石原武政・西村幸夫（2010）『まちづくりをまなぶ』有斐閣ブックス。
石井淳蔵（1996）『商人家族と市場社会もう１つの消費社会論』有斐閣。
加藤司・石原武政（2005）『商業・まちづくりネットワーク』ミネルヴァ書房。
McCall, George J, 1984, "Systematic field observation", *Annual Review of Psychology*, 10: pp. 263-282.
大熊省三（2009a）「組織の伝統と革新——商業・まちづくり組織の役割に関する一考察——」『流通』No. 24 号，日本流通学会，21 〜 35 ページ。
大熊省三（2009b）「地域商業活性化事業における実証分析」——活性化推進事業のための組織形成——『第 60 回 全日本能率大会』全日本能率連盟。
【経済産業省経済産業政策局長賞】受賞
大熊省三（2010）「商業・まちづくり活性化事業組織の役割に関する実証研究——活性化事業の形成プロセスと「新しい組織」——」横浜国立大学 博士論文。
大熊省三（2012a）「市川市地域商業活性化における社会的事業の創造——地域活性化情報誌「ゆうゆう散歩」の発行」『国府台経済研究台 22 巻第 2 号』千葉商科大学経済研究所。
大熊省三（2012b）「商業・まちづくり組織の誕生・生成・発展」『21 世紀中小企業の発展過程』同友館。
大熊省三（2013）『持続性あるまちづくり（小川雅人編著）』第 6 章「商店街のリーダーと組織づくり」創風社。
小川雅人（2004）（毒島隆一，福田敦）『現代の商店街活性化戦略』創風社。
小川雅人（2010）『地域小売り商業の再生とまちづくり』創風社。
Soderling, R. A, 1999, Entrepreneurial Spin-offs, The Paper for the ICSB World Conference, University of Naples 15th June.
鈴木安昭（2001）『日本の商業問題』有斐閣。
角谷嘉則（2009）『株式会社黒壁の起源とまちづくりの精神』創成社。
田中道雄（1983）「小売流通段階における経営者意識の現状と動向——経営的無気力と組織間関係理論からの接近——」『経済経営論集第 18 巻第 2 号』京都産業大学経済経営学会，1983 年。
田中道雄（2006）『まちづくりの構造——商業からの視角——』中央経済社。
横山斉理（2006）「小売商業集積における組織的活動の規定要因についての実証研究」『流通研究』。

注

1）「新しい組織」とは，後述する活性化事業の形成プロセスのファクト6「そのネットワークと他の人は既存の組織ないしは個々の成員から商店街内外に常設の委員会ないし組織を設置する」を指し，広く利害関係を調整し，地域活性化を推進する主成員の集団と捉えたいこれまでの先行研究は，限られた数の地域商業，集積，活性化事例の調査研究。
2）活性化事業を成功させている事例とは，充分に効果があり，継続性がある活性化事例（具体的なデータ等の証明がある事例）をいう。売上の増加，来街者数の増加等，具体的な数字等の裏づけのある事例をさす。
3）本研究の調査方法については，第5，6章に詳しい。
4）「新しい組織」の形成プロセスは，（大熊2009a）に詳しい。
5）2011年5月は，にこにこ星ふちのべ協同組合のK理事長にインタビューを実施した。約6ヵ月ごとにインタビューを実施し，直近のインタビューは2014年6月12日である。表5—2のN＝7（合計7回）のインタビューである。
6）組織のイノベーションについては，E. M. ロジャース，R. A. ロジャース（1985，宇野義康，浜田とも子訳）に詳しい。
7）159事例の基になった調査は，平成19年の商店街調査報告書であり，「繁栄している」の1％は，平成21年度の商店街実態調査報告書による。
8）毒島龍一（2004）（小川雅人，福田敦）『現代の商店街活性化戦略』創風社，35〜ページに，商店街の地域社会ニーズへの対応について詳しい。
9）田中道雄（2006）『まちづくりの構造——商業からの視角——』中央経済社，61〜ページに，商店街組織の意思決定への参加意欲が非常に低下しているという事実について詳しい。
10）鈴木安昭（2001）『日本の商業問題』有斐閣，56〜ページに，小売業の構造変動について詳しい。
11）田中道雄（1983）「小売流通段階における経営者意識の現状と動向——経営的無気力と組織間関係理論からの接近——」『経済経営論集第18巻第2号』京都産業大学経済経営学会に小売経営者の経営意識について，組織関係理論からの分析が詳しい。
12）白石善章（1992）『市場過程における重層的競争』流通科学研究所ワーキングペーパー No.1，流通科学大学に商店街組織の階層性から二重の意思決定について指摘している。
13）「型組織」，「仲間型組織」については，石原（2006）『小売業の外部性とまちづくり』有斐閣，134〜139ページに詳しい。

14) 加藤司・石原武政（2005）『商業・まちづくりネットワーク』ミネルヴァ書房，243〜 ページに，利害対立の調整について詳しい。
15) 出家（2008）『商店街活性化と環境ネットワーク論』に商店街のネットワーク形成について詳しい。
16) 小川（2010）に中心市街地の再生について詳しい。
17) 大熊（2013）『持続性あるまちづくり』第6章「商店街活動のリーダーと組織づくり」に「たわら屋」について詳しい。本稿の先行研究，知見はこの共著に沿って論じられている。
18) 本稿においては，稲垣（2003）の知見を参考にさせてもらった。
19) 母体企業とスピンオフ企業の関係において，相互の想定される関係性について詳しい。

（大熊　省三）

第6章　商店街における小型専門店のあり方

第1節　本章の狙い

　第1章において小川は，商店街が持つべき機能を経済的機能と社会的機能に分け，さらに経済的機能を経営機能・業種機能・組織機能に，社会的機能を地域課題解決機能・地域交流機能街区形成機能に分けて分析している。そして，「経済的機能を強化することは当然として，地域社会の1つの構成主体として地域の課題解決等の社会的機能を強化しなければならない」と述べている。

　筆者は，商店街が経済的機能を充実させ，社会的機能を強化し具現化していく要諦は，すべて人の働きにあり，働く人の質がその成否を決定づけると考える。ならば，働く人の質には何が大きな影響を及ぼすのであろうか。

　本研究では，そのヒントとして，㈱高島屋・伊藤忠商事（株）・丸紅（株）・西川産業（株）など，わが国を代表する企業のルーツとされる近江商人の経営思想と，日本的経営の原点であり，筆者が長年勤務してきた松下電器（現パナソニック）の創業者である松下幸之助の経営思想への理解と実践を重視している。

　世紀を超えて今日に続く㈱高島屋・伊藤忠商事㈱等の近江商人の系譜企業と，大型家電量販店が乱立する環境の中においても，多くの店舗が生き残り，地域社会での役割を果たしている松下電器（現パナソニック）のチェーン専門店（パナソニックショップ）の存在は，商店街と個店が抱える課題を解決する方向性を示していると考える。

　以上のような背景から，本章では下記の4つの仮説を設定した。その中で，商店街・個店の魅力度を高め活性化するためには「経営力の向上」が不可欠であり，そのためには，商店街を率い個店を経営する人たちの思想や理念が極めて重要であることを問うている。

　仮説Ⅰ：「経営力向上」のためには，商人の原点である「近江商人」の思想
　　　や日本的経営の原点である「松下幸之助」の思想・理念への理解と実践が
　　　重要である。

仮説Ⅱ：両思想は，世間・地域社会への貢献（＝「社会的機能」）が，自らの経営力を向上（＝「経営機能」）させる条件と説いている。その考え方は商店街や個店にもあてはまる思想である。

仮説Ⅲ：活性化している商店街や個店には，両思想に則した経営を実践し，率先して牽引する経営者やリーダーが存在している。

仮説Ⅳ：活性化している商店街や個店には，人材を継続的に育成する仕組みや環境が整っている。

上記仮説を，先行研究および実証研究双方の観点から検証し，商店街における小型専門店のあり方を見定めていきたい。

第2節　近江商人の歴史・理念と人材育成

1　近江商人の歴史的意義と種類

（1）　近江商人発祥の歴史的背景

江戸期から明治期にかけて，旧国名を近江という現在の滋賀県に属す地域からは，近江商人とよばれる多くの大商人が次々に出現した。

彼らは近江に本宅を据え，近江国外で行商や出店経営に従事した広域志向の他国稼ぎ商人である。末永は「近江商人は近江の各地からまんべんなく，いきなり出現したのではない」という。

末永（2004）[1]によると，その出身地は湖西の高島，蒲生郡の八幡と日野，神崎郡の五箇荘，愛知郡の愛知川沿いから犬神郡，および機業地の長浜周辺に至る地域に偏在している。さらに，末永は近江商人について出身地ごとに列挙している。

① 高島・八幡商人

琵琶湖の西方を出身地とする高島商人と近江八幡の八幡商人は，江戸初期から登場する近江商人である。江戸初期は徳川氏の全国制覇が実現し，統治の拠点として城下町が各地に建設される空前の建設ラッシュの時期であった。

素早く最大の城下町江戸の一等地，日本通一丁目に開店したのが西川甚五郎・中村久兵衛・伴伝兵衛・伴庄右衛門・世継喜八郎らの八幡商人。また中世から

図表6-1　近江商人関係の滋賀県地図

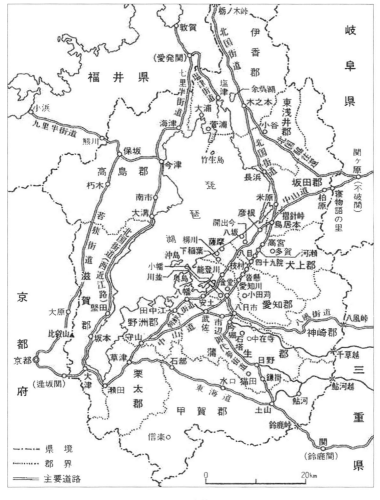

出所：末永國記『近江商人——現代を生き抜くビジネスマンの指針』中公新書。

　琵琶湖を利用して日本海側の小浜や敦賀とつながりのあった高島・八幡の商人は，近世の初期から蝦夷地（現北海道）や奥羽地方へわたり，出来立ての城下

町に出店を設け，その土地の中心的商人に成長した。盛岡に商勢を張った小野・村井は高島商人。松前に出かけたのは，田付新助・岡田弥三右衛門・西川伝右衛門らの八幡商人である。

② 日野商人
次にやや遅れて出てきた商人は日野商人。日野は蒲生氏の城下町として楽市令が布かれ商工業が栄えたが，蒲生氏郷の伊勢松坂転封以後は一時活況を失った。しかしそれは逆に奮起を促し，元禄前後から日野椀・売薬・帷子(かたびら)小間物などの特産品をもって行商することが盛んになった。主に関東から東海道沿い，京阪の間を商圏とし，醸造業と呉服太物などを取り扱いながら，日野の千両店とよばれる小資本による多数の出店を設けた。

③ 湖東商人
江戸中期以後に登場するのは，神崎郡の五個荘や愛知川沿いを中心に犬上郡にまで広がる湖東商人。麻布などの特産物の全国への持下り商いに従事し，とくに京阪や東海道で仕入れた呉服・綿関係品を関東・東北で売却し，関東・東北で仕入れた関東呉服・生糸・紅花類を名古屋・近江京阪・丹後などで販売した。その市場開拓は，既成の大商店の商圏を避け，主街道よりも脇街道や農漁村の万屋(よろずや)商人への委託販売を行ない，取扱品も安価な大衆需要品を目指した。さらに，文化文政期以降の19世紀に入ると麻布類を中国・四国・九州などで行商する西国持下り商いも盛んになった。湖東商人の活動は，藩専売制によって貨幣の浸透した農民需要を掘り起こしながら全国に広まっていった。

このように，一概に近江商人と言っても，発祥時期やその歴史的背景・特産品の内容・得意とした販路など，それぞれの特徴を持っている。また，近江地方に店を構えて商売をしていた訳ではなく，北海道から九州まで，近江地方を遠く離れての行商が近江商人を姿であった。そうした近江商人の商売のあり方が，近江商人の商売人としての質を決定づける大きな要因になっていったのである。

（2）「三方よし」の精神について
このような近江商人が全国津々浦々に行商に出向くにあたり，どのような理

念や価値観に基づいて行動し，世紀を超えた発展につなげていったのであろうか。そこには，商売に携わる人間が備えるべき普遍的な考え方や価値観，あるいは行動様式といったものが存在するのではないかと推察されるのである。

　末永（2004）[2]は，次のように述べている。

　「三方よし」の精神とは，「現在，売り手よし・買い手よし・世間よしという，商取引においては当事者の売り手と買い手だけでなく，その取引が社会全体の幸福につながるものでなければならないという意味での「三方よし」という言葉は，近江商人の到達した普遍的な経営理念をごく簡略に示すためのシンボル的標語として用いられている」という。

　日本全国を市場として，広域に活動した近江商人は，売買当事者だけにとって好都合な取引のみでは満足せず，取引の背後に第三者の眼，すなわち周囲や地域の人々のことも視野に入れ，気配りに徹した経営を行っていた。社会の一員として商売を行ない，取引に従事しているという意識である。そうした社会の一員意識をもたなければ，商人としての立身も，外来商人としての永続的な存続も繁栄もあり得ないことを，長い持下り商いを通じて修得していたからである。

　「三方よし」にある，"売り手よし"は自己の利益（自分の利益＝自利）[3]を意味する。"買い手よし"は買い手の利益（他者の利益＝利他）[4]を意味し，"世間よし"は世間の利益（他者の利益＝利他）を意味している。すなわち，自己の利益（自利）を得るためには，他者の利益（利他）の存在が前提であり，自己の利益（自利）が単独で存在することはあり得ない，ということを示す言葉だと理解しなければならない。

　また，前述の「社会の一員意識」とは，次節で記述する松下幸之助の経営理念にも共通する意識である。幸之助は，「企業は社会の公器」と位置付け，私企業と言えども社会の公器であり，社会に貢献できない企業は存在する意味がないことを強調し，徹底して実践している。すなわちそれは，「三方よし」と同じく松下幸之助も，社会への貢献（＝世間よし＝利他）が企業が存在する前提であると説いているのである。

　では，「三方よし」の理念は，どのような近江商人の営業活動の中から生まれたものなのだろうか。近江商人は，地元の近江を活動の場とするのではなく，近江国外で活躍し，原材料（地方物産）の移入と完成品（上方商品）の移出を手がけ，現在の日本の経済と経営を先取りするような大きなスケールをもった

商人たちであった。

　近江国外での他国行商を本務とした近江商人は，行商先の人々の間に信用という目に見えない財産を築いていかなければならなかった。持下り商いは，1回きりの売り込みではなく，自分が見込んだ国や地域へ毎年出かけ，地縁も血縁もないところに得意先を開拓し，地盤を広げていかなければならなかったのである。

　異境を行商してまわり，異国に開いた出店を発展させようとする近江商人にとっては，もともと何のゆかりもなかった人々から信頼を得ることが肝要であった。その他国商いのための心構えを説いた近江商人の教えが，現代では「三方よし」という言葉に集約して表現されるようになったのである。いわば近江商人の商法そのものに由来する経営理念である。

　以上見てきたように，近江商人にとっては，経済的機能と社会的機能の両者が同列に並立して存在するものではなく，経済的機能を果たす前提条件として社会的機能を捉えているように思われる。換言するならば，経済的機能は"権利"，社会的機能はその前に絶対的に果たさねばならない"義務"のような位置づけであり，異境で商売を始めるための絶対条件であったと思われる。

　「自利」と「利他」の視点から見るならば，経済的機能は「自利」であり，社会的機能は「利他」である。したがって，近江商人は，「自利」を獲得する前に「利他」を実践しなければ「自利」を享受できないという現実を，全国津々浦々に行商に出向く先々で身を持って経験・体験してきたのである。

　筆者が，近江商人の商売形態や行動から強く感じることは，出向く先々で商売の根を張るための卓越した「環境変化適応力」を備えていることである。日々所を変えて商いする近江商人の環境変化は，店を構えて商いする場合に比べ，その激しさは言うに及ばない。近江商人の系譜企業が今に隆々と息づく事実を認識する時，進化論を唱えたチャールズ・ダーウィンの次の至言を想起する。

　　「生き残る種とは，最も強いものではない。最も知的なものでもない。変化に最もよく適応したものである」

　筆者は，「三方よし」が示す「利他の力」と，「行商」が鍛えた「環境変化対応力」こそ，近江商人が世紀を超えて今に息づく大きな要因ではないかと推察するのである。それでは次に，近江商人のそうした価値観や行動様式を育んだ

教育について考察していきたいと思う。

（3） 近江商人の心を育んだ教育

「三方よし」の直接の原典になったのは，宝暦4（1754）年に70歳となった神崎郡石馬寺（現，五個荘町）の麻布商であった中村治兵衛宗岸が15歳の養嗣子に認めた書置のなかの次の一節である。末永（2004）によると，

「たとへ他国へ商内(あきない)に参り候ても，この商内物，この国の人一切の人々皆々心よく着申され候ようにと，自分の事に思はず，皆人よきようにと思ひ，高利望み申さず，とかく天道のめぐみ次第と，ただその行く先の人を大切におもふべく候，それにては心安堵にて，身も息災，仏神のこと常々信心に致され候て，その国々へ入る時に，右の通に心さしを起こし申さるべく候事，第一に候」5)

このように，近江商人の心を育んだ教育の基本は仏教であり，儒教であった。近江商人は行商の道中，懐の中に"道中厨子"を忍ばせ，「御仏の心にかなう商い」を目指し，その究極が「三方よし」という考え方であった。まず行く先々の人々の喜び・利益を優先し，自分の利益は天の御計らいに任せ，日々ひたすら御仏の心にかなう商いをする。

遠い他国までわざわざ行商に出かける以上，誰しもまず儲けることを優先したいものであるが，そうした自己本位の欲望を抑えるために神仏への信心をもつことを説いている。

「利他」を「自利」に優先し，400年以上の歴史の風雪に耐え，今なお光彩を放つ近江商人の思想は，商いの原点として健在である。ほとんどの商店街・個店が勢いを失う中，今こそ進むべき道を商いの原点に求める時期がきていると思うのである。

（4） 近江商人の丁稚教育6)

近江商人の里の子どもたちの多くは，寺子屋で，読み書きそろばんや道徳心，人間学といった基礎知識を習得し，12～13歳くらいから商業見習いとして，近隣の商家へ丁稚奉公に入った。入店してからも，立身出世を成し遂げるためには，読み書きそろばんの能力を高める必要があった。

10代の少年が他家に丁稚奉公に入り，故郷を離れて異境の土地で過ごすこと

を，親たちはもちろん，子どもたちまで無上の誇りとしていた。商家での丁稚奉公は，単なる就労の場ではなく，子どもたちが一人前の商業人に成長する修養の場として期待されていたのである。

このように，近江商人の人材育成は，近江商人の「三方よし」の理念を実践できる人材を，幼少の頃より時間を掛けて鍛え上げていった。"人間学"の土台の上に，商いに必要な"実学"を加え，"人間学"と"実学"を兼ね備えた"商道"を修得した人材を継続的に育成していく仕組みが確立されていったのである。その中から優秀な近江商人が輩出されていくのである。「利他の力」と「環境変化対応力」を備えた近江商人が，世紀を超えて生き抜いてきたことは，商店街の人材育成を考える上においても，注目に値する点ではないだろうか。

第3節　松下電器の経営理念と実践経営の姿

1　松下幸之助の経営理念

「企業は社会の公器」と位置づけ，企業が経済的機能を履行する前に，社会的機能を発揮することに意を用いた経営者に松下幸之助（以後，幸之助）がいる。

幸之助は，1918（大正7）年に妻うめの，義弟井植歳男のわずか3人で松下電気器具製作所を創業する。創業から11年後の1929（昭和4）年，幸之助は会社の存在目的を示す「綱領」と社員の心構えを示した「信条」を以下のように制定した。

また，1933（昭和8）年には，社員の綱紀を引き締めるために「松下電器の遵奉すべき五精神」を制定し，のち（1937（昭和12）年）に，二精神（順応同化の精神・感謝報恩の精神）を追加し，最終的に「松下電器の遵奉すべき七精神」として制定している。

（1）「綱領」[7]について
　「綱領」（1929（昭和4）年制定）
　　営利ト社会正義ノ調和ニ念慮シ国家産業ノ発達ヲ図リ　社会生活ノ改善ト向上ヲ期ス

上記「綱領」は，会社（松下電気器具製作所）の存在目的を示すものであるが，

第6章　商店街における小型専門店のあり方　　175

"社会正義ノ調和"・"国家産業ノ発達"・"社会生活ノ改善"といった表現からも理解できるように,「企業は社会の公器」であること明確に示している。こうした点から,幸之助が企業の社会的機能を経済的機能に優先し,「利他」を「自利」に優先して考えていたことを理解することができる。

その後「綱領」は,1946(昭和21)年に次のように改定されている。

「綱領」(1946年(昭和21)改定)
「産業人タルノ本分ニ徹シ社会生活ノ改善ト向上ヲ図リ　世界文化ノ進展ニ寄与センコトヲ期ス」

上記のように,改定後の「綱領」においても,「企業は社会の公器」としての位置付けに変わりはなく,社員一人一人が"産業人たるの本分"として"人々の生活の改善と向上を図る"こと,すなわち「社会の公器」である企業で働く社員に対しても,社会的機能を経済的機能に優先して求めているのである。それは,「利他」を「自利」に優先した理念であり,こうした点も,近江商人の理念に共通する価値観である。

筆者は前節で,商店街・個店の「経営力向上」のためには,近江商人と松下幸之助思想への回帰が必要であり「社会的機能」の発揮が不可欠であることを述べたが,それなくして商店街・個店の「経営力向上」は成し得ないと確信しているからである。

(2)　「信条」[8]について
「信条」も,「綱領」と同じく1929(昭和4)年に制定された。会社の存在目的を示す「綱領」に対し「信条」は,社員の心構えを示している。「信条」は,下記のように制定・改定され現在に至っている。

「信条」(1929(昭和4)年3月制定)
「向上発展ハ各員ノ和親協力ヲ得ルニアラザレバ難シ　各員自我ヲ捨テ互譲ノ精神ヲ以テ一致協力店務ニ服スルコト」

「信条」(1946(昭和21)年2月改定)
「向上発展ハ各員ノ和親協力ヲ得ルニアラザレバ得難シ　各員至誠ヲ旨トシ一致団結社務ニ服スルコト」

（3）「五精神」について（1933（昭和8）年制定）

「松下電器の遵奉すべき五精神」が制定された1933（昭和8）年当時，1929（昭和4）年の世界恐慌，翌年1930（昭和5）年の日本恐慌の余波が大きく経済界を覆った。

それは電気業界においても例外ではなく，同業他社は事業の相次ぐ縮小や倒産を余儀なくされた。しかし，松下電器はひとり業績を伸ばし，大阪門真地区に次々と本社や工場を建設していった。そうした松下電器の動きに対し，業界からは「放漫経営」等々の評価や風評が幸之助にも寄せられた。幸之助はこうした声を無視することなく，「組織が膨張していく時こそ組織は危ない。松下電器は今，成長と崩壊の分岐点に立っている」と認識し，社員の綱紀を引き締めるために「松下電器の遵奉すべき五精神」を制定（1933（昭和8）年）した。のち（1937（昭和12）年）に，二精神（順応同化の精神・感謝報恩の精神）を追加し，最終的に「松下電器の遵奉すべき七精神」として制定している。

以下に「松下電器の遵奉すべき七精神」を示しておきたい。

　一，産業報国の精神　　一，公明正大の精神　　一，和親一致の精神
　一，力闘向上の精神　　一，礼節謙譲の精神　　一，順応同化の精神
　一，感謝報恩の精神

幸之助は，「信条」「七精神」の位置付けとして，「綱領」を実践するために社員が有するべき"心構え"として制定している。幸之助は，「信条」「七精神」について，"日本精神を分かりやすく表現したもの"と説明している。"日本精神"とは，すなわち神道・仏教・儒教等の教義が習合したものであり，近江商人の精神的支柱が，仏教・儒教等であったことと符合しているのである。

（4）利益について

企業が経営活動を永続的に続けるためには，商品やサービスを需要者に販売し，販売高から利益を生み出していかねばならない。しかし幸之助は，「利益は社会へのお役立ち料」と位置付け，まず社会にお役に立つことを第一義とした。お役に立てれば利益を頂戴でき，お役に立てなければ頂戴できないと考えた。「お客様に無理に売るな，お客様の好むものも売るな，お客様のためになるものを売れ」という幸之助の教えは，端的にそれを表す言葉である。

このように，利益に対する考え方においても，幸之助は経済的機能よりも社会的機能を優先しており，ここにも近江商人の「三方よし」の価値観と相通ずるものがあることを改めて認識せねばならない。すなわちこれも，「利他」を「自利」に優先する考え方を示しているのである。

（5） 人材育成について
幸之助は「経営の三大要諦」として，次の3点を挙げている。

1．絶対条件：経営理念を確立すること。これができれば，経営は50％成功する。
2．必要条件：一人一人の能力を最大限に生かす環境をつくること。これができれば80％成功する。
3．付帯条件：戦略戦術を駆使すること。これを満たせば，100％成功する。

したがって幸之助は，「ものをつくる前に人をつくる」ことに大きな力を傾注したのである。
　幸之助は「ものをつくる前に人をつくる」という熱い信念のもと，1918（大正7）年の創業間もなくから，次々と以下のような具体的施策を講じている。

① 歩一会
　創業3年目の1920（大正9）年の9月3日，従業員の福利増進，融和親睦をはかる機関として，業務の遂行系統とは別に社員全員が参加して組織された。

② 住み込み店員制度
　1922（大正11）年，大開町（現，大阪市福島区大開）の第1次本店・工場の竣工に伴なって本店内での住み込み店員制度が始められた。広くなった社屋を利用して，創業者夫妻は店員と起居を共にし，幸之助が直接店員の指導育成にあたるとともに，むめの夫人が3度の食事はもちろん，夜具・枕に至るまで，身の回りの一切の世話を行なった。

③ 店員養成所
　1934（昭和9）年4月，小学校卒業者を対象に，3年間で旧制中学校5年間

の商業・工業両課程終了と同程度の学力をつけるとともに，人間的修養を加え，卒業と同時に実務ができる店員を育てることを目的として，門真に開設された。幸之助は入所式のあいさつの中で，次のように述べている。

「松下電器は，社会生活の必需品を生産することによって，社会生活の改善向上に寄与することを使命としております。この使命の達成には，この目的を理解した実力ある人が必要であります。本養成所を開設した意義もここにあるのです」

幸之助は，"松下電器は，社会生活の改善向上に寄与することを使命としている"とここでも言明し，それを理解し，達成できる人材の育成を目指しているのである。

ここまで，幸之助の第2次大戦前における人材育成について記述してきたが，戦後は高度経済成長と共に，急速に家庭電化製品が普及し，販売流通網の体制整備が急がれた。

そうした時代背景の中で幸之助は，松下電器製品を扱う専門店「ナショナルショップ店」制度を導入し，ショップ店を経営する人材育成にも着手していった。

「ものをつくる前に人をつくる」ことに注力した戦前，それに加え「ものを売る前に人をつくる」ことにも注力した戦後。幸之助の人材育成に対するこうした妥協なき姿勢を理解せねばならない。

幸之助は，時代と戦った経営者である。それは，時代にいかに「順応同化」するか，という戦いであり，「環境変化適応力」を自らに求める戦いであった。そうした戦いの中で打ち出した制度が，ショップ店制度であった。

ショップ店制度が発足した翌年1958（昭和33）年7月，松下電器本社（大阪）に関東地区ショップ店会の会員を招いた時のあいさつの中で幸之助は，人材育成について次のように言及している。

「"これは安いから，まけておくからうちで買うてください""これはなんぼ"勉強"しますから，うちで買うてください"というようなことで商売しておったら，偉大なる発展というものはありえないと思います。（中略）皆さんは何を考えないといかんかというと，そこには皆さんに1つの信念がなければならない。（中略）その付近の電器屋として，この付近の町は電器を中心としておれが握っているんだと，こういうような非常な信念をもってその顧客に

訴えているかどうか。そういうように皆さんがお考えいただければ，そこに器具を通じてではなく人を通じての偉大な分野がひらけてくる。それに器具が乗る。乗る器具もよく売れましょうし，皆さんの事業は非常に安定化してくると思うのです。(中略)日本の文化生活をより高める，電化生活を高めるそしてじめじめとした暗い生活をこの世の中から除いていくというのが，われわれ生産者また販売者の使命だと思います」[9]

この発言の中で幸之助は，ショップ店が単に商品の値を下げて安売りに堕するといった安易な商売に流されるのではなく，地域一番店としての自負と信頼でお客様との間に太い絆を結び，非常な信念を持ってショップ店の経営ができるか否かの覚悟を問うているのである。

まず，地域一番店としてお客様との間に，揺るぎない"信頼"を構築すること。そのためには，自社の利益を求める前に，地域のお客様に奉仕し，貢献することが前提となる。その姿は，近江商人が全国津々浦々に足を運んだ先々で"売ってよし"（＝自己の利益＝自利）を得る前に，"買ってよし""世間よし"（＝他者の利益＝利他）を求めた考え方と同じである。商売の原点が，近江商人から松下電器の経営理念に連綿と継承され，ショップ店にもその理念の実践を強く求めたのである。

仮説Ⅲで問うた「社会的責任」の発揮こそが，自店の「経営力向上」を図る前提であることを，こうした事実からも改めて理解しなければならないのである。

また，「自主責任経営」の観点から，ショップ店と松下電器の役割を明確に分け，次のように言及している。

「ショップ店につきましても，これをだれが育てるかというと，それは皆さんがお育てになる。皆さんご自身がお育てになる。われわれが育てるのやない。われわれは側面からご助成申し上げることはございましょうけれども，ショップ店をほんとうに強固なものにし，繁栄のかたちにするのは，皆さんご自身の力である」[10]

幸之助は，松下電器とショップ店が互いにもたれ合い，依存する安易な関係に堕することを危惧し戒めている。"商売は真剣勝負である"と説いた幸之助の経営に対する厳しい姿勢が反映された言葉である。

幸之助がショップ店に求めたことは，松下電器に頼ることなく，ショップ店自らの努力で真の「経営力」を身に付けることであった。これは同時に，商店街・個店にも求められるところである。行政や補助金に頼らず，自らの知恵と努力で道を切り開いていく「経営力の向上」こそ，現在の商店街・個店に最も求められる姿勢である。

　幸之助は，ショップ店が自らの努力で経営力を高め，自主独立することを基本とし，側面から支援することを約束している。1970（昭和45）年に全国ナショナルショップ店の後継者を育成する「商学院」を設立し，ショップ店の経営力向上を側面から支援する仕組みを構築したのである（現在は「松下幸之助商学院」として，その使命を果たしている）。

　ここで，「松下幸之助商学院」の建学の理念について紹介したい。

　　建学の理念：
　　"徳育""体育""知育"の三位一体の教育を基本とした1年に及ぶ全寮制の合宿研修である。東洋古典に"人"としてのあり方を求め，日常活動すべてに「凡事徹底」と「継続は力なり」の基本を貫き，豊かな人間性を磨きあげてゆく「人間道場」の場である[11]。

　その厳しさは，自分を知る糧となり，共に耐える仲間の支えは深い友情の絆となり，思いやりや感謝の心を育む教育である。企業経営者として備えておくべき多くの要素を，自らの"志"で掴み取ることを求めている。

　商学院設立時の幸之助の指示は，知識偏重に陥らない「人間教育の徹底」である。その思いは建学の理念にも「人間道場の場」として明記されている。そして，"人"としてのあり方を東洋古典に求めている。近江商人の「三方よし」の理念が仏教・儒教の思想に源を発し，また，幸之助が制定した「信条」「七精神」が"日本精神"に源を発していることと軌を一にするものである。すなわちそれは，自己の利益（自利）よりも，他者の利益（利他）を優先する考え方であり，徹底した「利他」の実践が，最終的には「自利」を生み出すという考え方に他ならないのである。

　全国のパナソニックショップの後継者は，こうした教育を合宿研修で1年間

修得し，ショップ店の経営に携わる。卒業後も，3年・5年・7年・10年・15年・20年のフォローセミナーが用意されており，継続的に経営力を研磨していく仕組みが整えられている。

「寺子屋教育」「丁稚教育」で一人前の商人に鍛え上げて行った近江商人の教育体系。「歩一会」「住み込み店員制度」「店員養成所」での教育を通じ，産業人の使命を遂行できる人材を育成した戦前の松下電器の教育体系。そして上述した「商学院」での教育体系。

当り前のことではあるが，事業を支える人材を担保する仕組みがあるところに事業は栄え，継続性を持つに至るのである。

商店街を支える人材や個店経営者を，持続的に育成するプロセスや仕組みを，官民学の衆知を集めて構築することが，今まさに問われているのである。

2　松下幸之助理念を実践する小型専門店

商学院（現，松下幸之助商学院）での教育，あるいは直接的，間接的に松下幸之助の薫陶を受け，パナソニックショップの経営に携わっている経営者は，どのような思いを抱いて経営に当っているのであろうか。また，松下幸之助の思想・理念を継承した経営者はどのような経営を実践しているのであろうか。筆者は，パナソニックショップである下記2社を訪問し，経営者に直にインタビューすることで自らの疑問を明らかにしていった。

・「でんかのヤマグチ」　山口勉社長（東京都町田市）
・「長谷川氏電機商会」　長谷川昌邦社長（東京都杉並区）

（1）「でんかのヤマグチ」（東京都町田市）

山口氏は，松下通信工業（株）（当時）に入社し，自動車関連事業場で勤務した後，1965年に創業。今年，創業52周年を迎えている。

まず，「でんかのヤマグチ」のプロフィールを紹介したい。従業員数は40名，年商約12億円。粗利率は約40％を誇り，14期連続の黒字を達成している。

経営理念は，「でんかのヤマグチは，当店を利用していただく大切な大切なお客様とお客様のために働く社員のためにある」と掲げている。

活動方針には，以下の3つを掲げている。① お客様のわがままをすべて聞くこと，② お客様のかゆいところに手が届くこと，③ お客様の楽しい買い物を楽

しくお手伝いさせていただくこと。

かつて当店の周辺には，6つの家電量販店が取り巻き，鎬を削っていた。当店もその安売り販売に対抗せんと，一時安売り競争に挑んだ時期があった。しかし山口氏は時を経ずして，「体力が全く違う相手を向こうに回し，安売りで対抗できる訳がない」と，その愚を悟った。そして，量販店が絶対に真似できないサービスを武器に，"高売り"への戦略転換を図る。その戦略転換は，当初社員からも大きな不安と反発を買うことになった。しかし山口氏は，度重なる説明と徹底した対話で徐々に社員の不安と反発を和らげていくことを試み，その思いは社員に共有されていった。

当店のストアコンセプトは，"徹底的に地域に密着"した「街の電気屋さん」である。「困ったことがあったらご連絡ください。でんかのヤマグチはトンデ行きます。料金はいただきません」をモットーに，徹底して地域密着のサービスを実践してきた。山口氏は，このサービスを"裏サービス"と呼んでいる。

"裏サービス"の例をいくつか紹介してみたい。

・お客様が旅行期間中のペットの世話や，花・植物への水遣りサービス
・独居老人宅に住む罹患ペットの動物病院への送り迎え
・別荘にある家電製品の無料点検と修理

これらの"裏サービス"は全て無料のサービスであるが，何故ここまでする必要があるのか，山口氏に伺ってみた。

「損得で考えると，手間暇ばかり掛かってバカらしくて誰もやらない。しかし，お客様との間に"信頼"という得難いものを築くための一番の「近道」だとは誰も気付かない。たとえ気付いても目先の利害に捉われて誰もやろうとしない」

"裏サービス"とは，お客様のお困りごとを即座にトンデ行って解決する「社会的機能」であり，「自己の利益（自利）」よりも，「他者の利益（利他）」を優先する究極のサービスでなのである。しかし，遠回りには見えても，それがお客様との"信頼"を築く一番の「近道」であると，山口氏は言い切っている。正に，これまで見てきた近江商人の理念と幸之助の経営哲学に合致する行動であることを理解しなければならない。

そして当店は，上記のようにお客様一人一人に手厚いサービスを提供するた

めに，お客様と地域（車で片道30分以内）を絞り込み，お客様を9段階に分けて徹底した顧客管理を行っている。この"徹底した顧客管理"にこそ，量販店や他社が追随できない長年のノウハウが蓄積されていると，山口氏は語っている。

当店の立地は，町田街道沿いの普段は賑わいのない場所にある。そうした環境にあってどのようにお客様の足を向かわせるのか，山口氏にその苦労を伺った。

「家電は食料品と違い，毎日買うものではない。したがってお客様が来店する理由を提供する工夫が不可欠になる。そこで当店は，店の敷地に"ミニ商店街"を創ることにした。毎週末（土日）は欠かさずイベントを開催。もう20年以上の実績を積んできた。6月はカツオ祭り，8月はスイカ，9月はサンマ，11月は男爵イモといった具合で，青果市場や産地から直接仕入れる確かなネットワークを築いてきた。当店の生鮮三品は，とにかく安く新鮮なので大好評。また，テレビで認知症にはエゴマ油やココナッツ油がよいと放送されれば，即座に品揃えする。そうするとお年寄りは必ず喜んでくれる。食料品を扱うために，各種免許も取得した。商店街の賑わいを創って，ご来店いただいて喜んでいただく。こうしたサイクルを回していけば，お客様との"信頼"の絆はますます太くなっていく。家電を安売りすれば，安売りの時にしかお客様は来ない。"信頼"という絆が出来れば，その上に商売が乗っかってくる。そうなれば，安売りという呪縛からやっと解放される」

山口氏は，家電量販店を全く気にしていない。かつては当店を家電量販店6店舗が取り巻いていたが，今は3店舗に半減している。山口氏は，それを当然のこととして受け止めている。スケールメリットのみを追求し，満足な社員教育も施さず，安売りだけに活路を求めるビジネスの限界を，山口氏はとうの昔に見抜いていたのである。

山口氏の話を伺っていると，徹頭徹尾，発想がお客様視点である。そこには一切の迷いがない。迷いがないから，話がシンプルで説得力を持つ。今，一時の隆盛を誇ったヤマダ電機が大量の閉店に踏み切らざるを得ない現状を見る時，徹底した"裏サービス"を武器に，「自店の利益（自利）」よりも，「お客様の利益（利他）」を優先してきた当店の凄味を感じずにはいられない。「お客様の利益（利他）」を優先するということは，常にお客様の変化に敏感でなくてはならず，それは「環境変化対応力」を常に磨き高めておかねばならない，というこ

とを意味する。遠回りには見えても，それがお客様との"信頼"を築く一番の「近道」である，と言いきった山口氏の真意を，まざまざと見る思いがするのである。

こうした迷いなく一貫した経営を続けてきた山口氏は，既にマスコミ・出版界での著名人である。また，経済産業省の有力なブレーンでもある。経済産業省は，2012（平成24）年より全国のサービス事業者に経営のヒントとなる取組を紹介するため「おもてなし経営企業選」を実施し，これまで全国各地から100社が選出されている。「おもてなし経営企業」とは，「① 社員の意欲と能力を最大限に引き出し，② 地域社会との関わりを大切にしながら，③ 顧客に対して高付加価値・差別化サービスを提供する経営を長年続けてきた企業」を意味している。

2012（平成24）年秋，経済産業省が主催し全国各地で「おもてなし経営推進フォーラム」が11回開催されている。山口氏は，当フォーラムの講師を4回務めている。この実績は山口氏の経営が，日本のサービス業が目指すべき姿であることを物語り，多くの企業の目標であることを示しているのである。

近江商人が実践した「三方よし」の理念，それを引き継ぐ松下幸之助の経営哲学，その哲学を愚直に実践する山口氏の経営。それは，企業が継続するためには，自己の利益（自利）よりも他者の利益（利他）を優先し，「環境変化適応力」を有することがいかに大切であるかということを，雄弁に物語っている。

そうした経営が今，「おもてなし経営企業」の目指すべき姿として位置づけられている。この事実は，商店街や商店街を構成する個々の店舗が目指さねばならない姿と言えるのである。商店街やその個店が，どこまで本気になって「お客様の利益（利他）」や「環境変化対応力」を信じることができるか，ここに商店街や個店活性化の大きなポイントがあるように思われてならない。

（2）「長谷川電機商会」（東京都杉並区）

「長谷川電機商会」は，筆者が日頃よく知る電器店であり，社長の長谷川氏・妻・子息3名で経営する専門店である。

店舗内は狭く，店内には蛍光灯など照明機材と小物家電製品のみが展示されている。従って売上は，店舗外での売上が主力になっている。

長谷川氏に，改めて当店の活動方針を伺うと，次のような3つの答えが返ってきた。

① お客様との信頼を築くこと。そのために，お客様が困っていることは何で

もやる
② こちらから売り込まない，売ろうとすると売りは逃げて行く
③ 寿通り商店街会長として，防犯・防災等の地域貢献にも力を尽くす

　さらに長谷川氏の話を伺うと，「でんかのヤマグチ」の"裏サービス"を彷彿とさせる内容が披露された。例えば当店は，お得意様である 30 ～ 50 代の複数の奥様から自宅の鍵を預かっているようである。外出した奥様が，火の消し忘れ・窓の閉め忘れ・急な雨天時の洗濯の取り入れ・鍵を無くした時の鍵開け等々，鍵を預かっていることで，奥様のお困りごとを即座に解決するサービスである。また，鍵を預かっていない方からも，鍵を無くした・会社に置いてきた等の理由で無施錠の 2 階の窓を教えられ，その窓から入って中から鍵を開ける，等の要望まで寄せられるのである。
　これは，お客様との間に究極の"信頼"という土台が構築されていなければ起こり得ない話である。お客様との"信頼"を築くために，自店の利益（自利）よりもお客様の利益（利他）を優先してきた結果が，"信頼"という花を咲かせたのである。
　また当店の活動方針の 1 つに，"こちらから売り込まない，売れば売りは逃げていく"ということを謳っている。この方針も，自店の利益（自利）よりもお客様の利益（利他）を優先する姿勢を明示しており，目先の利益を求めることは，お客様を遠ざけると共に，自店の利益をも遠ざけてしまうことを分かり易く表現した言葉になっている。
　長谷川氏は，お客様との接点はほとんどの場合，修理の依頼から始まると話す。どんなに些末な内容であっても，丁寧に対応することを心掛けてきたようである。何故ならば，そうした小まめな対応が口コミや近所の評判となって広がり，"信頼"を築く原点になることを経験してきたからである。
　長谷川氏にも家電量販店に対する思いを伺ってみたが，「でんかのヤマグチ」の山口氏同様に，全く気に掛けていない。むしろ，家電量販店を上手く利用し，自店の販売に結びつけている。それは，自店舗が狭く展示品が置けないために，お客様には家電量販店で現物を確認してもらい，納得していただいてから販売するという量販店との共存を図るスタイルである。また，家電量販店で商品を購入した人からの修理依頼や，家電量販店で商品を購入したものの，使い方が分からないといった問い合わせなどに対しても，丁寧に対応することで，次回

からは自店のお客様になるケースも多いようである。

　また最近では，20〜30代の独身女性のお客様も増えている。その理由は，"怖い"というキーワードであると，長谷川氏は教えてくれた。それは，家電量販店で重たく・大きく・室内設置時間が長い冷蔵庫・洗濯機・エアコンなどを購入した場合，商品購入時に接客してくれた店員とは違う複数の男性が室内に上がり込み，設置のために長時間滞在する。設置が完了するまでの間，独身女性は同じ室内で設置の終了を待たなければならない。この待ち時間が"怖い"のである。ならば，日頃顔見知りの長谷川氏に頼んだ方が"安心"という心理である。

　これも，"信頼"という土台の上に築かれていく商売である。売ろうとしなくても，日頃の"信頼"が築かれてさえいれば，自ずと商売のチャンスは広がっていくという見本である。

　長谷川氏からこうした事例を伺う時，"こちらから売り込まない，売れば売りは逃げていく"という当店の活動方針の意味を深く理解することができる。すなわちそれは，自店の利益（自利）よりもお客様の利益（利他）を優先することで生まれる"信頼"という土壌の上には様々なビジネスチャンスの芽が育つ，ということを鮮明に物語るものである。

　「長谷川氏電機商会」は「寿通り商店街」の中に店を構え，長谷川氏は同商店街の会長でもある。そうした立場に加え，一日中車で街を走り，街の様子を知り尽くす長谷川氏には，行政（警視庁・消防署）からの信頼も厚く，これまでに何度も表彰を受けている。

　当店の活動方針には，"寿通り商店街会長として，防犯・防災等の地域貢献にも力を尽くす"と掲げているが，長谷川氏は自らに「社会的機能」を課し，そうした役割を積極的に引き受けることで地域社会との"信頼"を築き，引いては現在のお客様，将来のお客様との"信頼"を築こうとしている。それは「でんかのヤマグチ」の山口氏が「"裏サービス"は，損得で考えると手間暇掛かってバカらしくて誰もやらない。しかし"信頼"を築くための一番の"近道"だとは誰も気付かない」と言った言葉と符合する。

　こうした姿は，商店街や商店街個店のあり方を強く示唆するものであると共に，実現のためには揺るがぬ信念や志が不可欠であることを物語っているのである。

第4節　小型専門店（パナソニックショップ）と活力ある首都圏商店街の共通性と個店の方向性

1　大規模小売店の限界と地域小規模小売店復権の機会

『日経ビジネス』は，2015年4月27日・5月4日合併号 No. 1789で「挫折の核心イオン ——セブンも怯えるスーパーの終焉——」という特集を組んで上梓した。特集の内容を見ると，地方のスーパーを次々に買収し，地方に根ざしたスーパーの個性より中央集権化による規模拡大とコストダウン・標準化を進めた結果，顧客が離れ業績不振の負のスパイラルに喘ぐ姿であった。

また2016年3月，セブン＆アイ・ホールディングスは，事業構造改革として，収益改善が見込めないイトーヨーカ堂の店舗を，2016年度中に20店，今後5年で計40店を閉鎖すると公表した（2016年2月末182店）。同4月にはイトーヨーカ堂創業の地である東京都の北千住店，7月には神奈川県本牧店，8月21日には東京都戸越店を閉め，8月31日には岡山県倉敷店，10月16日には埼玉県坂戸店を閉鎖した。

日本の小売市場において，イトーヨーカ堂とイオンが2強を競い，規模拡大してきた大規模小売店でさえも，成熟し多様化した国内市場のニーズに応えられない時代を迎えているのである。

さらに家電量販店の中でも，最大の規模を誇ってきたヤマダ電機が，40店舗を超える大規模な店舗閉鎖を余儀なくされている。明らかに，大規模化・標準化・コストダウンというアメリカ型小売マーケティングの限界を露呈しているのである。

一方で，前田（2014）は次のように述べている。

　「小さな企業，小商圏を対象とする地域の小売業，あるいは取り扱う商品がハイエンドであればあるほど，マス・マーケティングに依存しない，小規模ゆえに成り立つビジネスモデルの構築が必要である。（中略）企業と顧客の接触空間である売り場やその空間で瞬時に変化する顧客の心情の変化を察知し，心の奥底に入り込む顧客の商品にまつわる思いまでを対象とする小売マーケティングが必要である」[12]

地域に根ざし，顧客に親しみ，顧客の心の変化を瞬時に嗅ぎ取るようなピン

ポイントのマーケティングが必要とされているのである。

「近江商人」・「松下幸之助」両者の思想や理念は，まさにそれを具現化する価値観である。そして両者は，その思想や理念を時代を超えて継承し実践できる人材を継続的に育成する仕組みや環境を整えていた。そうした点においても，商店街や個店に取って，前節で見てきたパナソニックショップの姿は，大いに参考にしなければならない例であろう。

目先の利益に目を奪われるのではなく，社会に貢献し顧客の利益を優先する理念や価値観を確立してこそ，それは可能になるのである。そのためには，そうした思想・理念を共有できる人材と，そうした人材を継続的に育成する仕組みや環境が不可欠である。

2 首都圏商店街における人材育成

筆者は，前節で確認した思想や理念に通じる人材と，人材を継続的に育成する仕組み・環境を検証するために，比較的活性化しているとされる首都圏商店街に足を運び，各商店街リーダーに対するヒアリングを実施した。

ヒアリングした内容や入手し得た各種情報から，各商店街毎に，1～2頁に示した下記仮説の具現化度と人材育成の仕組み・環境の整備度，また商店街の活性化度について評価し，数値化（5段階評価）することを試みた（図表6—2）。

仮説Ⅰ：「経営力向上」のためには，商人の原点である「近江商人」の思想や日本的経営の原点である「松下幸之助」の思想・理念への理解と実践が重要である。
仮説Ⅱ：両思想は，世間・地域社会への貢献（＝「社会的機能」）が，自らの経営力を向上（＝「経営機能」）させる条件と説いている。その考え方は商店街や個店にもあてはまる思想である。
仮説Ⅲ：活性化している商店街や個店には，両思想に則した経営を実践し，率先して牽引する経営者やリーダーが存在している。
仮説Ⅳ：活性化している商店街や個店には，そうした思想・理念を共有できる人材と，人材を継続的に育成する仕組みや環境が整っている。

図表6—2を見ると，仮説Ⅰ～仮説Ⅲでは各商店街共に，4～5と高い評価を獲得している。仮説Ⅰ～Ⅲに示した内容は，前節で既述したパナソニックシ

図表6—2　商店街ヒアリング評価一覧表

	仮説Ⅰ	仮説Ⅱ	仮説Ⅲ	仮説Ⅳ	計	商店街活性化度
モトスミ・ブレーメン通り商店街	5	5	5	5	20	5
洪福寺松原商店街	5	5	5	5	20	5
金町末広商店会	4	4	4	2	14	3
六角橋商店街連合会	5	5	5	4	19	5
鷺宮商明会	4	4	4	4	16	4
野方商店街振興組合	5	5	5	4	19	5
荒川銀座商和会商店街振興組合	5	5	5	4	19	5
遊座大山商店街振興組合	5	5	5	4	19	5
高円寺パル商店街振興組合	5	5	5	5	20	5
きたまち商店街振興組合	5	5	5	2	17	4

注）ヒアリングした内容や入手し得た各種情報に加え，可能な限り評価の客観性を保つため，経済産業省中小企業庁（2006）『がんばる商店街77選』，経済産業省中小企業庁（2009）『新がんばる商店街77選』等の官公庁データ，また小川（2011）[13]を参考資料に加え，評価を行った。

ョップに特徴的な特質であるが，比較的活性化しているとされる商店街リーダーにも共通して備わっている特質であることを，確認することができる。

各商店街リーダーへのインタビュー内容を，図表6—3のような形に整理してみると，「経済的機能」にも増して「社会的機能」への取組みが充実していることや，以下に示す商店街リーダーの言葉の端々にその特質を確認することができるのである。

「忙しいが，苦しまず・楽しく・商店街のために，お客さんのために力を尽くしていきたいと思っている」（金町末広商店会　大河原会長）
「自分のためというより，商店街のみんなのためという意識の方が強い。また，自分たち6人が街を引っ張っているというプライドもある。これからも，楽しい中にも規律と厳しさを持って活動していきたいと思っている」（鷺宮商明会　田中副会長）
「不自由なく生きてこられた祖父母・両親・私を育ててくれたお客様へのご

図表6―3　商店街ヒアリング内容まとめ（例）

商店街名	ヒアリング日時	ヒアリング対象者
モトスミ・ブレーメン通り商店街	2015年7月22日（水）	伊藤　博　理事長

商店街機能			取組み内容
商店街機能	経済的機能（経営と組織維持のための機能）	経営機能（個店存続のための経営力向上機能）	・1950年（S25）頃から続く商店街 ・店舗数：約180店舗　・会員数：120名 ・商店街加盟率95% ・「ブレーメン・ブランド」づくり：エコバッグ・手づくり陶器・ワイン・日本酒・洋菓子・ポテト・チョコ・ノート・ストラップ・クリアホルダー等 ・リライト式ポイントカード「プレカ」　・駐車場経営　・クレジット事業 ・街角放送CM　　・事業系ゴミ袋販売 ・サマーセール＆ウィンターセール
		業種機能（商店街に必要な店の種類）	・生鮮三品を含む食料品店、飲食店、物販販売店、サービス業等の店舗が全て揃った商店街であり、「ワンストップショッピング」を可能にしている。
		組織機能（組織活動のための共同活動機能）	・理事長：伊藤　博　理事長（10年目・副理事長歴16年） ・役　員：15名 ・青年部：25名（50歳以下）「子どもたちが住んで楽しい、来て面白い、将来自慢できる街」をモットーに活動 ・事務局：専属事務局長1名・女性スタッフ1名 ・財務基盤：会費　12〜15千円（1F）※2Fは1/2
	社会的機能（地域コミュニティ貢献の機能）	課題解決機能（地域の課題解決のための機能）	・一店一安心運動 ・防犯ガーディアンズ（自らの手で自らの街を守る発想から誕生） ・出張商店街「ぶれーめん」（2010年スタート　高齢者施設巡回） ・子ども未来ファンド ・出張健康相談　・労働保険事務手続き代行サービス ・障がい者福祉支援 ・一店一エコ運動 ・省エネ＆未来のエネルギーコンテスト
		地域交流機能（地域コミュニティの交流機能）	・「コミュニティセンター」開設：インフォメーションコーナー・展示スペース・車いす対応多目的トイレ/授乳室・キッズコーナー・お休み処 ・「街の活気づくり＝イベント」：フライマルクト・ハロウィン・クリスマスイベント・街角コンサート・夏休み商業体験 ・ブレーメンバンド（2002年　青年部有志3名で結成しスタート） ・フリーペーパー「ブレス」（2010年創刊） ・国際交流：ドイツ・ブレーメン"ロイドパサージュ"2011年-交流20周年 ・民間交流：福島県"とびっきりふくしま"／十勝中札内ファーム街道
		街区整備機能（商店街としての外部性機能）	・「ブレーメン通り街づくり憲章」策定（2007年） ・「ブレーメン通り景観形成協議会」設立（2008年） ・「ブレーメン通り景観形成方針・基準」策定（2011年） ・「街づくり育成条例」 ・駅前シャッターアート ・1990年モール化（550m）

図表6—4　タイプ別商店街リーダー

	所縁型組織	仲間型組織	カリスマ的リーダー	リーダーグループ	孤軍奮闘型リーダー	人材育成組織
モトスミ・ブレーメン通り商店街		○	○	○		青年部25名，若手中心。
洪福寺松原商店街		○		○		家庭内教育，販促顧客部・青年部，地域環境部等。
金町末広商店会		○			○	特になし。
六角橋商店街連合会		○	○	○		販促促進部会，60代中心。
鷺宮商明会		○		○		青年部16名，特に40代6名中心。
野方商店街振興組合		○		○		地域対策部・福利厚生部・調査研修部等，特に志高い3名。
荒川銀座商和会商店街振興組合		○		○		理事12名，全員青年部出身。
遊座大山商店街振興組合		○	○	○		財務部・総務部，事業部・環境部，厚生部・青年会等。
高円寺パル商店街振興組合		○		○		高円寺4大イベント，実行委員会・商店街，連合会他。
きたまち商店街振興組合		○			○	特になし。

恩返しがしたい。"無欲は大欲につながる"と思っている」（遊座大山商店街振興組合　吉田副理事長）

「商売は，自分を投げ打って一心不乱にやるのが本筋だと思っている。商店街を元気にしていくためには，少々辛くてもオリジナルな取組みをしていきたいし，地域の強みを前面に押し出して魂の入った取組みをしていきたい」（きたまち商店街振興組合　若山理事）

一方，図表6—2の仮説Ⅳ（人材育成の仕組み・環境整備の度合い）の評価においては，評価点にバラツキ（2～5ポイント）が見られるが，その背景を説明しておきたい。

石原（1985）[14]は商店街組織を「所縁型組織」と「仲間型組織」に類型化したが，筆者が足を運んだ10商店街はすべて「仲間型組織」を形成していた。

また石原（1992）[15]は，商店街リーダーを「カリスマ的リーダー」と「リーダー・グループ」に分けて論じているが，訪問した商店街に特徴的であったこ

とは,「リーダー・グループ」を形成している商店街（金町末広商店会・きたまち商店街振興組合を除く）が多く, この「リーダー・グループ」が, 近江商人の丁稚教育や松下幸之助商学院と同様に, 次世代人材を育成する役割を担っていることである。

一方, 金町末広商店会ときたまち商店街振興組合は「孤軍奮闘型リーダー」に支えられ, 現状は活性化しているものの「リーダー・グループ」のような組織が形成されていないが故に, 商店街・個店の永続的な発展に不安要素を抱える状況であった。こうした背景から, 仮説Ⅳの評価点を2と判断することとした。

図表6―4は, 以上のような評価をまとめたものである。

ま と め

本章では, 商店街・個店の魅力度を高め活性化するためには「経営力の向上」が不可欠であり, そのためには, 商店街を率い個店を経営する人たちの思想や理念が極めて重要であると説いてきた。

本研究は, 近江商人と松下幸之助の経営思想や理念を重視し, 第1～2節においては両者の思想と理念を概観し, 両者の思想・理念に立脚して経営を進める小型専門店（パナソニックショップ）の経営の姿を紹介する中で, そこに商店街・個店が目指すべき方向性があることを示唆した。

第3節では, 比較的活性化しているとされる首都圏商店街の人材育成の実態を調査し, 本研究で設定した仮説Ⅰ～Ⅳの具現化度と商店街の活性化度を評価した。その結果, 大半の商店街が高い数値を示すこととなった。すなわちそれは, 商店街リーダーが持つ資質と, パナソニックショップの経営者が持つ資質に共通項が多いことの証であり, 商店街リーダーが意識するしないに関わらず, そこには, 近江商人と松下幸之助の経営思想・理念への深い理解と日々の実践が存在することを示している。

商店街の衰退が叫ばれて久しい。しかし, 本研究で見てきた近江商人の系譜企業や小型専門店（パナソニックショップ）は, 激動する時代を逞しく生き抜き, 将来に向けてさらに一層の飛躍を期そうとしている。そこにある差は何か？その差の中に, 特別な秘策や奇策があるわけではない。あるのは時代の変化を鋭く読み取り対応する「環境変化適応力」と, 自社の利益よりもお客様の利益を優先する「利他の精神の実践」という, 商売の原点を貫き通す気高い志が存

在するだけである。しかしその差は，繁栄と衰退という極めて大きな差を生み出してきたのである。

　大規模化・大量生産・大量消費というアメリカ型マーケティングの限界が露呈する昨今，商店街・個店が目指すべき方向性は，他ならぬ日本で培われてきた商売の原点の中にこそ存在し，温故知新を超え温故創新につながる知恵であることを，今まさに認識しなければならない時代に突入してきたと確信するのである。

注

1）末永國紀（2004）24 〜 28 ページ。
2）末永國紀（2004）10 ページ。
3）「自利」自分の利益，私利。〔仏教用語〕仏道修行によって自分に良い果報をもたらすこと。自分の成仏を目的とすること（大辞林）。
4）「利他」自分を犠牲にしても他人の利益を図ること。〔仏教用語〕自己の善行の功徳によって他者を救済すること（大辞林）。
5）末永國紀（2004）13 ページ。
6）東近江市近江商人博物館（2014）13 〜 14 ページ。
7）「綱領」は，同社「経営理念」の中で「目的理念」と位置付けられ，同社が社会に存在する意義・目的を示している。
8）「信条」は，同社「経営理念」の中で「行動理念」と位置付けられ，同社社員が行動する際の心構えを示している。
9），10）松下幸之助発言集ベストセレクション第 7 巻「お得意先の電器係になろう」より抜粋。
11）松下幸之助商学院学院案内より抜粋。
12）前田進（2014）148 ページ。
13）小川雅人（2011）。
14）石原武政（1985）。
15）石原武政・石井淳蔵（1992）163 〜 170 ページ。

参考文献

石原武政（1985）『中小企業季報「中小小売業の組織化――その意義と形態化――」』大阪経済大学中小企業研究所。

石原武政・石井淳蔵（1992）『街づくりのマーケティング』日本経済新聞社。
小川雅人（2011）『地域における商店街の経済的・社会的機能の見直しと商店街組織の連携のあり方――商店街と地域の再生のための政策検討――』千葉商大大学院博士課程論文。
末永國紀（2004）『近江商人学入門』淡海文庫。
全国商店街振興組合連合会（2007）『商店街活性化に係る事例調査研究』報告書。
中小企業庁（2006）『がんばる商店街77選』。
中小企業庁（2009）『新がんばる商店街77選』。
中小企業庁（2006）『平成18年商店街実態調査報告書』。
中小企業庁（2012）『平成24年商店街実態調査報告書』。
東近江市近江商人博物館（2014）『近江商人を育てた寺子屋』。
前田進（2014）「日欧米の小売マーケティング経営研究の比較分析」『千葉商大論叢』第1巻，千葉商科大学。
松下幸之助商学院『学院案内』。
『松下幸之助発言集ベストセレクション第7巻』PHP研究所。
松下電器産業（株）『社員読本 経営基本方針』。

（古望 高芳）

第7章　クラスター化による地域資源を活用したまちづくり
——千曲川ワインバレーの活動事例から——

第1節　本章のねらい

　「まちづくり」とは，地域に誇りを持ち，住み続けるための住民等の地域活動である[1]。イベントを開催すると人が集まり，賑わいを見せ，知名度が上がり，コミュニケーションの輪が広がる。ハードに頼らずソフトを駆使することは好ましいことであるが，域外から人が集まって一時的な賑わいを演出しているだけである[2]。「まちづくり」を一過性で終わらせないためには，自律的で継続的な地域活動であることが必要であり，自治体が主体となって地域にフィットしたプラットフォーム[3]を造り，住民だけではなく地域の企業や産業が一体となれるネットワークを構築する必要がある。

　商店街機能は「経済的機能」と「社会的機能」に大きく分けられる。小川（2004）は「地域との関わりの重要さが見過ごされている」[4]と指摘し，加藤（2005）は「商業は，地域コミュニティの核また地域文化の担い手として社会的・文化的機能を果たしている」[5]と位置づけている。更に，まちづくりに於いても消費の経済的機能だけではなく，地域へ社会的・文化的に貢献し，地域の活力向上を担う社会的機能が求められている。消費の面が注目される「商店街機能」や「まちづくり」であるが，地域コミュニティへの貢献機能と成り得る「自立」と「継続」が一体となった活動のエンジンである「社会的機能」の重要性が見過ごされがちである。

　本章は，「経済的機能」と「社会的機能」を持つクラスターが形成されることで内発的発展[6]を推進し，まちづくり活動へと進展することを見て行く。その事例として，長野県の信州ワインバレー構想の1つである千曲川ワインバレーの活動を，クラスター化[7]による地域資源の活用事例として取り上げる。

　我が国の産業クラスター政策の課題を基にまちづくり活動のエンジンとなる商店街機能の「経済的活動」と「社会的活動」を考察するものは筆者の知る限り例は無く，その点で重要な研究と考えられる。

第2節　国家主導によるクラスターの形成

「経済的機能」が無ければサステイナブルな事業とすることが不可能に，つまり商店街やまちが消え行くことになる。この経済的機能を満たすのは当然であるが，地域の課題解決等のためには「社会的機能」をも同時に満たす必要がある。戦後の復興政策から高度経済成長により大都市と地方の所得格差が生まれ，これを是正するために工場を地域に分散・再配置したが，このような外発的発展はグローバル化により国内産業が空洞化し，地域経済が大打撃を受けた。本節では戦後の復興から地域格差を解消し，わが国の競争力の向上を目的としてネットワークを形成した産業クラスターを検証する。

1　産業立地政策から産業クラスター政策へ

産業クラスター政策は 2001（平成 13）年に国の産業競争力の向上と共に地域経済の活性化を目的として，全国各地に企業や大学等が産学官連携，産産・異業種連携の広域なネットワークを形成し，知的資源等の相互活用によって地域を中心として新産業・新事業を創出することを目的とした政策である[8]。この産業クラスター政策の基になっているものは，戦後の日本復興を目的とした産業立地政策である。産業立地政策は図表 7 ― 1 に見るとおり，戦後の復興を臨海部における重化学工業の推進を手始めにインフラ，建設，製造，加工に重点を置いた政策であり，四大工業地帯から地方への産業の分散・再配置を実施することで地域経済の活性化を実現しようとした。

戦後の急激な復興以降，大都市と地方の所得格差を是正するために国土の均衡ある発展という大命題の下で経済は活性化したが，反面，減反政策や公害といった第 1 次産業や地域住民への負の影響を及ぼすこととなった。70 年代に入ると当時の通産大臣であった田中角栄元首相は加工組立産業の勃興を助長する政策，更に田中内閣による日本列島改造論を具現化する農村地域工場等導入促進法，工業再配置促進法に依って，地方での広い土地と子女労働力を獲得し，減反政策と農業の工業化によって農家の働き手が労働力となり，労働力が製造・加工産業へと集中化するのを加速化させた。その後，石油ショック，円高の急進により生産拠点が海外に移り生産の空洞化が進んでしまうが，1 次産業から離れてしまった働き手は戻ることが無く農山漁村の老齢化の進行，耕作放棄地

第7章　クラスター化による地域資源を活用したまちづくり　197

図表7-1　産業立地政策の変遷

	終戦〜1950年代	1960年代	1970年代	1980年代	1990年代
時代背景	戦後復興期，高度経済成長。	大都市と地方の所得格差是正，公害，減反政策。	加工組立型産業の台頭，広い土地・女子労働力の獲得，日本列島改造論，オイルショック	石油ショックを契機に産業構造が軽薄短小へと移行，知識集約型の組立型産業と定住圏構想。	85年プラザ合意後の円高急進，バブル崩壊，生産拠点の海外移転（産業の空洞化）。
政策	太平洋ベルト地帯構想。	全国総合開発計画（拠点開発方式への転換）。※2005年廃止	農村地域工業等導入促進法，工業再配置促進法，第3次総合開発計画。	テクノポリス法，電脳立地法，第4次全国総合開発計画。	地域産業集積活性化法，新事業創出促進法，第5次全国総合開発計画。
内容	企業合理化法を根拠に産業界のニーズをインフラ整備に反映し，戦前からの四大工業地帯を中心に港湾・鉄道を再整備。	産業の適正配置。大都市圏からの工場移転，地方への分散による「国土の均衡ある発展」「地域間格差の是正」。	通産省の牽引により加工組立型産業の立地の受け皿として米国インダストリアルパークをモデルとした中核工業団地を内陸に整備。	近隣の都市機能を活用した，ハイテク産業の地方圏における集積形成（産学住一体化したまちづくり）。	部品・金型製造業者，地場産業の活性化，及び新事業の創出。テクノポリス法・電脳立地法は新事業創出促進法の制定とともに廃止。

新井（2007），細谷（2009）を参考に筆者作成。

の拡大等，我が国の骨格を成す1次産業が深刻な局面に瀕することとなった。国力の強化という一点に絞られ，所得格差是正の名の下に国家主導で推し進められた政策は，地域資源を広い土地と水そして労働力に求めていたと言っても過言でない。地域住民が置き去りにされ，地域に対して社会的・文化的に貢献することを忘れ去った政策が引き起こした結果と言える。

　2001（平成13）年の中央省庁の編成で通産省が経済産業省に編組されたのを機に，地域産業の国際競争力を産み出し，地域経済の強化を推進する戦略としての「産業クラスター政策」が計画された。クラスターとは「群れ」「（ぶどうの）房」を意味するが，マイケル・E・ポーターは「特定分野における関連企業，専門性の高い供給業者，サービス提供者，関連業界に属する企業，関連機関（大学，

図表7－2　産業クラスター政策20年計画

	第Ⅰ期	第Ⅱ期	第Ⅲ期
	2001～5年	2006～10年	2011～20年
目標	立ち上げ期	成長期	自律的発展期
方法	クラスターの実態と政策ニーズを踏まえて，国が中心となって進める産業クラスター計画プロジェクトとして20程度立ち上げ，自治体が独自に展開するクラスターと連携しつつ，産業クラスターの基礎となる「顔の見えるネットワーク」を形成する。	引続きネットワークの形成を進めるとともに，具体的な事業を展開していく。また，同時に企業の経営革新，ベンチャーの創出を推進する。なお，必要に応じて，プロジェクトの見直し，新たなプロジェクトの立ち上げを柔軟に行う。	ネットワークの形成，具体的な事業展開を更に推進してゆくとともに，産業クラスター活動の財政面での自立化を図っていき，産業クラスターの自律的な発展を目指す。

出所：経済産業省HPを参考に筆者作成。

規格団体，業界団体など）が地理的に集中し，競争しつつ同時に協力している状態を言う」と定義している[9]。また，本著書の「日本語版への序文」に「クラスターの重要性を認め，経済政策の権限は本質的には中央政府ではなく，地方自治の手に依るべきだ，と考える日本の新しい経済政策を立案する上での思考法を提示している」（日本語版への序文 p. iii）と述べており，日本の産業クラスター政策とポーターのクラスター論は密接な関係にある。

また，2000（平成12）年に地方分権一括法が施行されたことにより，国と地方との関係が上下関係から対等の協力関係となることで，政策のコンセプトが中央主導から地方の独立・内発的成長の「支援」へと移行していくことになった。産業クラスター政策も「自治体が独自に展開するクラスター」との記載はあるが，「国が中心となって進める産業クラスター計画と連携しつつ」となっており，自治体の自立性が保ち難い体制が敷かれた。更に，「各地の自主的な取組の中でも，我が国の国際競争力確保のため，特に伸ばしていくべきとする分野については，資源の集中投下や連携の促進などにより，重点的な支援を行っていく」とされては国の指定する成長分野を無視してプロジェクトを計画出来ない雰囲気を醸し出している。産業クラスター第Ⅱ期計画書[10]（平成18年4月）には，「第Ⅰ期には，様々な地域の産業実態を把握し，産学官のネットワークを構築するというボトムアップ的な展開を行った」との報告があるが，それまでの経緯を総合して捉えると「地域の経済産業局と民間の推進組織が一体となっ

て計画されたことで中央統制的な施策の運営が改められること無く，立ち上げの第Ⅰ期，成長の第Ⅱ期，自律的発展の第Ⅲ期として2020（平成32）年までの目標レンジが決定された」と考える。

この目標レンジは，国が中心となって進める産業クラスター計画と自治体が独自に展開するクラスターと連携しつつ，そして，第Ⅲ期には産業クラスター活動の財政面での自立化を図り産業クラスターの自律的な発展を目指す，というストーリーで作り上げられた。しかし，「各地の自主的な取組の中でも，我が国の国際競争力確保のため，特に伸ばしていくべきとする分野については，資源の集中投下や連携の促進などにより，重点的な支援を行っていく」とする経済産業省のホームページの記載内容[8]を読むと，国は支援という立場を置き去りにして，むしろ主導権は決して離さないという執着にも似た意思が感じられる（図表7－2）。

2 産業クラスター政策の実施状況

第Ⅰ期の「立ち上げ期」では地域ブロックの各地域の経済産業局がイニシアチブを取り，企業や大学を回り地域の産業実態を把握して産官学のネットワークを構築し，IT，バイオ，環境，ものづくりの4分野において産業クラスターの形成を目指したプロジェクトが19プロジェクトほど開始され，第Ⅱ期に移行するにあたっては，再編成を行なったプロジェクトを推進して引き続きネットワークの形成を進めるとともに，新事業・新産業創出機能としてのクラスター活動が各地で展開されるよう環境整備を進めた。しかし，この産業クラスター計画は，2009（平成21）年，民主党による行政刷新会議（事業仕分け）の対象となった。産業クラスター計画自体は不必要とは判断されなかったが，民間が行うべき事業として分類された。その結果，各地域ブロックの経済産業局と各地の民間推進組織が進めていた18プロジェクトは，2010（平成22）年，1年前倒しで第Ⅲ期の「自律的発展期」に移行せざるを得ない状況となった。これにより，国の直接的な支援は2009（平成21）年に終了し，民間・自治体が中心となった地域型産業クラスターとして活動することとなった[11]。

突如として支援者を失ったプロジェクトはサブ・プロジェクトを合わせると24プロジェクトが存在したが，2016年1月末現在で9プロジェクトがその活動を休止している。そして，何らかの形で活動しているものが15プロジェクトであるが，完全に民間事業として活動しているものは4プロジェクトのみであ

る。つまり，第Ⅲ期の自立的発展に辿り着けたプロジェクトは1／6に過ぎず，「経済的機能」が無いままに進められていたプロジェクトが多かったことが明白となった。

3　補助金が終了すると立ち消えとなるプロジェクト

　国が中心となって進める産業クラスター計画と自治体が独自に展開するクラスターの連携とはどのようなものだろうか。国が推進するプロジェクトの対象分野は「IT」「バイオ」「環境」「ものづくり」の4分野である。各自治体が独自にクラスターを展開するに当たって当該4分野に該当しないものは国との連携が出来ないことになるため，地域資源を顧みることなく国が推進する成長分野・注目分野というだけで当該4分野を意識した独自のプロジェクトを計画するのは当然の成り行きであろう。このような意識の下で計画されたプロジェクトが，補助金が絶たれた後に行き着く先は前述のよう惨憺たるものであったが，星（2016）[12]はこれらの特徴を次のように分析している。

① 事業計画
　地域の特徴が生かされておらず，どの自治体の計画も似たり寄ったりの総花的で画一的なものとなった。また，経産局や自治体等の研究会で示された事業の方向性が実際のビジネスと乖離していたとの意見[13]があり，各地域の経済産業局は事業化の実態を十分に理解することなく事業計画を策定したことが窺われる。

② 活動資金・事業資金
　クラスターを形成するだけの，企業やインフラが存在しないにもかかわらずインフラ整備のための補助金導入が目的であったと思われるプロジェクトでは，民間移行後は資金手当てが出来ず産業基盤も整備出来なかった。更に，政府主導であったため，民間からの資金調達のインセンティブに欠け費用対効果の面が二の次であった。

③ ネットワークプロジェクト
　圏域内外のネットワーク，企業のネットワークが希薄であった。地元企業が中心となっていたために，業種の多様性が欠如し，プロジェクトを牽引する企

業が不在であった。

④ プラットフォーム

　自治体が創設した公益法人を含む行政機関の内部組織としてプラットフォームを設立したが，地域の経済産業局や自治体の首長が役員を務めているため行政が最終的な意思決定を担っていた。

　このようにプロジェクトを進行する4つの要素が十分に検討されることなく進められたのである。

　産業クラスター政策の第Ⅰ期の大きな目標は「顔の見えるネットワークの形成」であった。クラスター内での情報の自由な流れやスピルオーバー[14]による知識の移転こそが生産性の向上，イノベーションの創出，新規事業形成への刺激のエンジンとなるのである。ところが，企業や大学が地理的に集積しただけではクラスターの優位性は創出されず[15]，地域産業の振興という名目に域外に目が向かず脆弱なネットワークとなったためにクラスターの優位性が発揮されなかった。

　更に，星（2016）は地方自治体の財政基盤の弱さがあると分析している。地方財政の歳入のうち地方税は3割程度ということで三割自治という言葉がある。地方自治体の権限や財源の脆弱性を象徴した言葉である。このように脆弱な状況で，地域産業の特徴を注視することなく国が成長分野と位置付けて推進する分野を複数組み合わせてプロジェクトを計画することで国の支援（補助金）を導入して地域活性化を図ろうとしたが，補助金が途絶えた途端に「経済的機能」が無いことが浮き彫りになり立ち行かなくなったプロジェクトが多く存在した。

第3節　内発的発展と6次産業化

　補助金が途絶えたために活動が立ち行かなくなったプロジェクトは，地域との関りの重要性や地域コミュニティ・地域文化に貢献することを忘れ去り，足下を固めることなく「外発的発展」を安易に選択したことに原因がある。前節でも触れたが，三割自治と表現されている自治体の3割程度の権限では中央の思惑を受け入れざるを得ない状況であった。しかしながら，地域の課題や地域とのコミュニケーションへの貢献という「社会的機能」を置き去りにし，機械

的とも短絡的とも言える行動を取ったことで「経済的機能」が上手く機能しなかった結果である。

1　外発的発展と内発的発展

「外発的発展」は高度経済成長のエンジンとなったが，一方では公害，環境破壊，地方都市の画一化をもたらした。このような諸問題に対して，地域が自立し（大企業に依存せず住民らの創意工夫で産業を興す），地域内関連産業を生み出し，安定した健全な経営が続く地域開発が「内発型発展」であり[16]，地域の発展や活性化には不可欠な考え方である。外発的発展の場合は成長の原資を域外から導入するため，外部環境の変化等を理由として核となる企業が撤退してしまう可能性がある。円高により生産拠点が海外に移転してしまい，我が国の産業の空洞化が起こり，地方から工場が撤退したことは記憶に新しい。また，地域で生産した1次産品を域外の企業が加工，販売を行うことは利益が域内に還元されなくなる。地域住民（地域企業）が地域資源を加工，販売し高度化[17]することは，内発的発展の大きな要件と言える。

2　一村一品運動から6次産業化へ

2010（平成22）年12月，農林漁業生産と加工・販売の一体化，及び地域資源を活用した新たな産業の創出を促進することを目的とした6次産業化に関する施策として「6次産業化・地産地消法」が公布された。6次産業化は今村（1998）[18]の造語であり，農業が1次産業にとどまることなく，2次産業，3次産業にまで踏み込むことで，農業に新たな価値を呼び込み，お年寄りや女性にも新たな就業の機会を自ら作り出す事業と活動とし，1次産業＋2次産業＋3次産業＝6次産業と命名した。その後，1998（平成10）年に1次産業×2次産業×3次産業＝6次産業と掛算にしたのは，1次産業が衰退してゼロになってしまうと6次産業が成り立たなく（0×2×3＝0）なり，「農業・農村に活気があってこそ6次産業化が成り立つことを忘れてはならない」とした。

今村の提唱は，大分県日田郡大山町（現在は日田市に編入合併）の大山町農協が1961（昭和36）年から取り組んだNPC（New Plum and Chestnut）運動を起源とする「一村一品運動」がその原点である。当時の農政は米の供給と価格の安定化を目的とした減反・価格政策が取られており，水耕に大きな労力を必要とする中山間地域にはメリットは薄かった。そこで，自生が多く見られ，水

図表7―3　6次産業化の取組イメージ

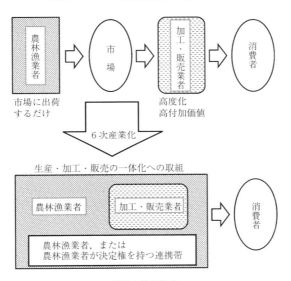

出所：筆者作成。

耕と比べて軽作業で収入が多く，斜面が利用可能で，収穫時期以外には労働力を他に向けられる梅と栗を導入して「サラリーマンのように給料やボーナス，ベースアップ，週休3日を手にしよう」「梅栗植えてハワイに行こう」というスローガンのもとに所得増加を実現した[19]。地域の住民が自律的に地域の課題に目を向け，地域との関わりと地域文化に目を向けて事業を継続した内発的発展であった。

一村一品運動は，地域住民が自律的に発展させた運動ではあるが，地域政策にまで発展しなかった。農林水産省は一村一品運動を地域政策として発展させるべく，流通まで一体化して地域で取り組む6次産業化事業を開始し，2010（平成22）年12月3日に「6次産業化・地産地消法」が公布された。（図表7―3）

6次産業化の特徴は，支援の対象者を農林漁業者，または農林漁業者が決定権を持つ連携帯としていることである。これは，2008（平成20）年に公布された農商工連携では商品・サービスのアイデア，価格決定権を持つ2次，3次業者が優位となり，1次産業者が原料供給者としての地位にとどまり[20]，地域と

の関係が弱くなった[21]。この反省から１次産業者である「農林漁業者が決定権を持つ提携」であることが連携の場合の要件として加えられ，１次産業者が持たない加工の技術や設備，消費者情報の利用が可能となり，更に試験研究や成果も利用可能であり「生産・加工・販売を一体化して資源を提供する地域で取り組む」という構想が特徴である。

3　６次産業化の課題

　６次産業化は，地域住民が自律的に地域資源を活用して販売まで行うことで地域を活性化させる政策であるが，実施率は全国で 20.9％である。一方，法人化率は全国 1.29％であり，６次産業化率が法人化率を大きく上回っている（図表７―４）。この意味するところは，現在取り組まれている６次産業化は「個人によるものが圧倒的に多い」ということを明確にしているということである。

　次に業態を見ると，「消費者直販」が９割以上を占めている（図表７―５）。消費者直販は１次産業×３次産業（これも６次産業である）ということである。加工は行わずに収穫物をそのまま消費者に直接販売するのであるが，新事業に多額の資金投資を必要としない簡便な方法が取られていることが分かる。つまり，資金面において単独での６次産業化は難しく，また農業法人を設立して事業を行うにはノウハウも無く，手間と時間が掛かるので取り組まれておらず，当初の構想に有った地域での取組も薄れてきているということである。このように自分が生産したモノを消費者に直接販売している個別生産者の視点に立つと，集積や地域資源の活用についての視点が抜けやすくなり，地域資源を活用したクラスターやブランド戦略による地域活性化との結びつきが弱くなることが課題である。

　国土交通省のプレス発表[22]では，第 44 回の登録には 20 駅の申請があり 20 駅を登録し，合計で 1,079 駅が登録された（2015 年 11 月５日現在）。道の駅では生産者が直接届ける新鮮な１次産品が並べられるが，加工品も多く陳列されている。消費者は生産者の顔が見える「安心・安全」の農産・水産物を求めているのであり，地域資源の高付加価値化による商品・アイデアが消費者に受け入れられる余地が十分に存在することを示している。よって，地域資源を活用したクラスターやブランド戦略による地域活性化とまちづくりへの可能性が十分に存在していると考える。

図表7―4　6次産業化の実施状況，法人化の取組状況

	経営体合計	6次化実施数	6次化実施率	法人数	法人化率	個人
全　国	1,679,084	351,494	20.93%	21,627	1.29%	1,643,518
						97.88%
都市的地域	368,084	95,719	26.00%	4,127	1.12%	362,040
平地農業地域	596,766	98,602	16.52%	8,240	1.38%	582,063
中間農業地域	516,810	111,802	21.63%	6,615	1.28%	506,463
山間農業地域	197,424	45,371	22.98%	2,645	1.34%	192,952

出所：2010（平成22）年世界農林業センサス・農業地域別累計報告書より筆者作成。

図表7―5　6次産業化の業態比較（業態に重複あり）

単位：％

	加　工	消費者直販	観光農園等	レストラン	輸出，その他
都市	7.27	95.09	4.90	0.20	1.00
平地	9.89	93.20	4.10	0.30	1.30
中間	11.07	92.94	4.10	0.40	0.90
山間	11.21	93.22	3.10	0.50	1.00

出所：同，図表7―4。

第4節　「社会的機能」を形成するネットワーク

1　クラスター内の自由な情報の流れを創るネットワーク

　産業クラスター政策の失敗の原因は，① 事業計画に地域の特徴が生かされていなかった，② 政府主導であったため民間からの資金調達のインセンティブに欠け，費用対効果の面が二の次であった，③ 地元企業中心にこだわり企業ネットワークが希薄であった，④ 行政が最終決定するプラットフォームであった，⑤ 地方自治体の財政基盤が弱かった，ことにある。政府主導で形成された産業クラスターは，経産局や自治体等の研究会で示された事業の方向性が実際のビジネスと乖離していたとの参加企業へのモニタリング調査にあるように，建前で形成されたネットワークは機能せず参加企業が思うように協働できずクラスタ

ーの有効性が全く発揮されなかったことが見て取れる。

　マイケル・E・ポーターは競争戦略Ⅱの中で,「クラスターとは,互いに結びついた企業と機関からなるシステムであり,その全体としての価値が各部分の総和よりも大きくなるもの」(86頁)と定義している。産業クラスター政策では「クラスターとは,ある特定の分野に属し,相互に関連した,企業と機関からなる地理的に接近した集団である」(70頁)という部分に注目し,続く「これらの企業と機関は,共通性や補完性によって結ばれている」というところまで実行出来なかったため参加企業に多様性が無くなった。更に,「人間同士の付き合い,Face to Face のコミュニケーション,個人や団体のネットワークを通じた相互作用に依存している」(87頁)という部分には「顔の見えるネットワークの構築」と銘打ったが,続く「公式・非公式の組織化の仕組みや文化的な規範も一定の役割を果たしている」という部分が抜け落ちために地元企業中心となり,企業ネットワークが希薄な(集まっただけの)クラスターになってしまった。競争戦略Ⅱではクラスターにおけるネットワークの重要性について具体的には語られていないが,産業クラスター政策のプロジェクトを実行する上で Face to Face のコミュニケーションやネットワーク,そして非公式組織の重要性が見落とされてしまったことは「社会的機能」が欠如していたことを意味し,そのためにプロジェクトが機能不全を引き起こして「経済的機能」を持つことが出来なかった。その結果,民間事業として自立できなかったと考える。

　Face to Face のコミュニケーションやネットワーク,非公式組織の重要性については,アナリー・サクセニアン[23]に詳しい。Tシャツ姿でパーティに出席し,ライバルにも気軽に電話して技術面のことを相談し,また尋ねられた方も気軽に答える小さな新興企業が集積しているカリフォルニア・シリコンバレーの繁栄と,スーツ姿でライバルとの交流を拒み,他企業との壁を造り,あらゆることについて自前で用意し,自分のことは自分でやる大企業が集積しているボストン・ルート128(医療機器の産業集積)の凋落を比較すると,自由な情報の流れを実現する Face to Face のコミュニケーションや非公式組織がイノベーションを次々と創造し繁栄と凋落を明確に分けたことが理解できる。

　ネットワークはクラスター化には欠かせない。友人と同じ意味で Philos という言葉を使い,ネットワークという Philos が信頼を生み出し信頼が協力を生み出す,としている[24]。更に,電子的なネットワークだけではネットワークの構築は出来ず,Face to Face の相互作用で創り上げられるとしているネットワーク

論研究もある[25]。また，専門家による知識共同体（Epistemic Community）という概念は，専門家同士が地域や国境を越えて知識・技術を共有して互いの国情を理解した上で自国への助言や進言，提案を行う。そうすることで経済発展の度合いが異なる（環境対応への関心度合いが異なる）国々が同じレベルの意識や技術や法的な強制力で汚染物質の排出を規制することが出来るため，地中海の環境保護に関する条約を推し進めることを可能とした当該活動が現在も継続している事例[26]では，教育機関が存在するだけでは技術や知識，経験，データは当該地域だけのもので止まるが，公式・非公式を問わず会議や相互訪問等でコミュニティ（知識共同体＝ Epistemic Community）を形成し，Face to Faceのコミュニケーションを取ることで個々の知識が何十倍もの価値を持つことが述べられている。

2　6次産業化をクラスター化へと導くために

　域内活動ではあるが，個人での取組が中心となっている6次産業化を地域の取組として，更に，地域政策へと進化させるためにはネットワークの形成無しには成し得ない。同じ価値観を持つ人や多様な価値観を持つ人との非公式組織やFace to Faceのコミュニケーションで信頼を築くことは，地域住民であれば日常的に行われて馴染深い。挨拶，天気のこと，家族の話題，作物の成長具合等々，域内では活発に「顔の見える」コミュニケーションがとられ，技術的な情報さえも自由に流れている。2015（平成27）年に勝沼[27]のワイナリー経営者の方にインタビューした際に，ワイナリー経営者がその年のワインを持ち寄って互いのワインを飲んでいるという話を聞いた。長い歴史を持つワイナリー経営者も，新規に参入してきたワイナリー経営者も三々五々集まって苦労話をしたり，質問したりしているという話しを聞いて，サクセニアンのシリコンバレーの新興企業の技術者や経営者が交流している話と重なった。ワインは1年に1度の醸造であるため，10回ワインを造ったと言っても10年掛かるのである。工業の世界では次々にイノベーションを起こさなければ大企業に飲み込まれてしまい，農業の世界では1年に1回の収穫（基本的には）であることがネットワークを形成する要因となっており，情報が自由に流れるネットワークの形成無しには事業の継続が難しいと言っても過言ではない。

　このようなFace to Faceのコミュニケーションから6次産業化をベースとしたコミュニティが形成され，地域での取組に方向性や特色が出てくることで，個

別の取組が中心となっている6次産業化を地域資源に目を向けた地域の取組として転化させることが可能となる。例えば，観光ブドウ園に醸造用ブドウも栽培することで観光客だけではなく，ワイナリーとの契約農業が可能となり経営が安定する，更にワイナリー経営へと転換することでワイン産地という地域のブランドが形成され，醸造用ブドウを栽培するインセンティブが生まれるのである。その他にも，地域ブランドが形成されることで新規就農や耕作放棄地の利用にも弾みが付くことが考えられる。

我が国の工業を重視した政策のために農村地帯から出て行った若者が戻らず，高齢化した地域では耕作放棄地の増加が大きな問題となっている。2013（平成25）年，内閣総理大臣を本部長とする農林水産業・地域の活力創造本部は農林水産業・地域の活力創造プラン[28]を発表した。当該プランは「強い農林水産業」と「美しく活力ある農山漁村」を実現するために①需要フロンティアの拡大，②生産現場の強化，③多面的機能の維持・発揮，④需要と供給をつなぐバリューチェーンの構築，の4本柱を挙げている。これらの4本柱は各々2つのテーマを支えている。特に，③と④の柱は国土保全，水源の涵養，自然環境保護等，農業・農村の持つ多面的機能を資産と捉え，農業者・農村がこれらの資産を守りつつ1次産品の付加価値を向上することで「美しく活力ある農山漁村」を創り上げるのである。耕作放棄地の問題解決には農村・農業者，つまり1次産業者がその地域で付加価値を向上することが重要であると位置付けている。これは1次産業者個人の取組を意味しているのではなく，Face to Face のコミュニケーションから6次産業化をベースとしたコミュニティが形成され，産業の集積によるブランド化が進むことで耕作放棄地の解消，及び新規就農者の増加のための自治体によるプラットフォーム形成の可能性を示唆しているのである。

第5節　クラスター化とまちづくり

1　まちづくりのための地域内産業連携

小川[29]は「まちづくり活動を推進するためには，地域経済の活力を生み出し・維持することが必要である」とし，「まちづくりを通じて地域社会を持続可能にするには地域内の産業の結びつきが必要である」とネットワーク形成によるまちづくりの重要性を述べている。特徴的なことは地域の農家や小さな工

第7章　クラスター化による地域資源を活用したまちづくり　209

図表7－6　カリフォルニアのワインクラスター

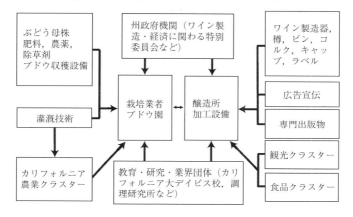

出所：Michael E. Porter 1998『競争戦略Ⅱ』

場，商店，更に観光や旅館などのサービス業との結びつきによる「地域づくりのビジネス」であり，農林水産省の推進する6次産業化政策と同義でないことも同時に述べている。

　個別の取組が中心となっている6次産業化の課題，個別生産者の視点に立つと地域資源の活用や集積のメリットについての視点が抜けやすくなる課題，クラスター化とブランド戦略による地域活性化とのリンクが弱くなる課題，というこれらの課題を解決に向けて活動することがまちづくり活動である。マイケル・E・ポーターがクラスターの定義で地理的近接性を上げている[30]。クラスターの構成要素として企業の垂直的な連鎖構造（バリュー・チェーン）があり，次に水平的な連鎖構造（バリュー・ネットワーク）で補完的な製品やサービスを生み出していることが確認できる。似通った専門的な投資や技術を使っている等の供給側の水平的なつながり，更には専門的なスキルを持つ機関，団体，クラスター参加者に相当の影響を及ぼす政府・監督機関を見ることが出来る。ここで，ポーターの取り上げているカリフォルニアのワイン・クラスターを見てみよう（図表7－6）。

　ブドウの栽培（栽培業者・ブドウ園）とワイン製造（醸造所・加工設備）を中心として各々に対する支援産業が広い範囲（業種）で補完していることが理

解できる。競争戦略Ⅱの記述を借りると「ブドウ栽培の面では，それを包み込むカリフォルニアの農業クラスターとの強い結びつき」「ワイン製造の面では，カリフォルニアのレストラン産業と食品加工産業（補完製品）や，ナパ市内のその他州内のワイン製造地域の観光クラスターとの密接なつながりが活かされている」，更に州政府機関ではカリフォルニア州上院・下院のワイン特別委員会，教育・研究・業界団体ではブドウ栽培と醸造技術で世界的に有名なカリフォルニア大学デイビス校での研究プログラムがあり（71～74頁），ワインというキーワードで多様な産業や機関が密接に繋がり，または補完し合っている創造的なプロセスである。

因みに，「ワインは農産物である」と言われる程にブドウの品質がストレートに現れるために，敷地内の自家農園で高品質なブドウを栽培して醸造までを一貫して行う醸造者はエステートワイナリーと呼ばれ，個性的なワインを生み出し高値で取引されている。醸造用ブドウという資産特殊性[31]のある原料については内製化による垂直統合[32]の方向に向かうが，後述の事例で少し触れたい。

小川[33]は，我が国の6次産業化政策は農林水産業の経営安定化と食糧の安定的供給確保を通じて定住できる社会の構築が出発点，としている。これは，観光業，サービス業等，地域で雇用の吸収力を持つ補完的な産業との結びつきの弱さを鋭く指摘しているものである。つまり，6次産業化政策が農林漁業者，又は農林漁業者が決定権を持つ連携帯でなければ6次産業化の認定を受けることが出来ない（図表7－3）ことにより，連携によるダイナミズム（力強さ）やメリットが弱まっていることを指摘している。図表7－6の関連図では，ワイン産業を中心にみると補足的な産業である「観光」「食品」が関わりを示している。6次産業化・地産地消法は，その成立の2年前に成立した農商工連携促進法では第3節の第2項で述べた通り製品開発や消費者との繋がりも感じられないまま原料提供者の地位にとどまっていた反省による施策ではあるが，小川の上記の指摘，及び6次産業化を「地域を軸としてネットワーク型の結びつきを意味している」[34]との記載は，6次産業化はクラスター化することによってその力を発揮できることを意味していると考える。更に，「全体としての価値が各部分の総和よりも大きくなるもの，とクラスターを定義できるかもしれない」[35]とするマイケル・E・ポーターのクラスターの定義は，「役割認識に基づく補完性原理の政策理念がまちづくりに求められている」という小川（2013）[36]の主張と相通じていると考える。「公助，共助，自助」という認識があってこそ，行

政が主体となって地域にフィットしたプラットフォームの形成が有効，且つ有意義になる。

　地域コミュニティの維持には「経済的機能」「社会的機能」が両立する必要がある。6次産業化により1次生産者の生活が安定する方向に向かい「自前の経済的機能（内発的発展）」が動き出す。更に，原料加工や多様な消費者の嗜好に応えた高次化を行うことへのハードルの高さから6次産業化が個人で個別の取組に終わっていたものを，地域の取組として推進するべく他産業との補完的なネットワークを形成する。これは，大きな工場で原材料を加工するようなことだけではなく，レストラン，食堂，居酒屋，ホテル，民宿，鉄道，バス，タクシー，結婚式場の引き出物，等々で地域資源の活用やブランド化への取組に地域のコミュニティが一丸となって取り組むことが「地域のブランド化」に繋がり，域内住民の消費に留まらず観光客の消費に繋がる。多様な産業が相互的に補完することにより「総和が個々の合計よりも大きくなる」のであり，クラスターと呼ぶに相応しい集積が完成するのである。多様な産業や利害関係者が集まる中で相互補完が上手く進むためには Face to Face のコミュニケーションによる Philos を生み出し，活発な情報の流れ，知識のスピルオーバーによるイノベーションの創出が期待できるネットワークを形成することは必要不可欠である。そして，このような活動が円滑に機能するためには自治体による地域にフィットしたプラットフォームの形成が必要である。

2　日本にフィットするクラスター

　マイケル・E・ポーターのワイン・クラスターは，ワインの醸造に関わる産業が補完的に産業を支えあっている。産業クラスター政策はこのモデルを参考にして自治体と一体になってということであったが，政府主導でプロジェクトが策定された。その上，地理的に近接した集団というポーターの定義と地域の経済産業局の地域意識が合致したためにプロジェクトを推進する中核企業が不在な中でコミュニケーションも無く「稼ぐ力」も無かったため，民間事業として生き残っているプロジェクトは4プロジェクトのみである。クラスター内での自由で活発な情報の流れを生み出すネットワークが無ければスピルオーバーによる知識の移転が起こらず，生産性の向上，イノベーションの創出，新規事業形成への刺激が起こらない。つまり，単に集まっているだけでは，何も起こらないのである。また，経済的機能を発揮するエンジンとして有効と考える6次

図表7—7　6次産業化をベースとした日本のワイン・クラスターイメージ

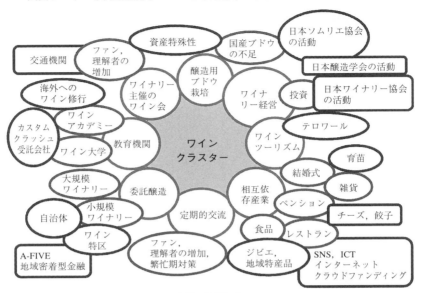

出所：筆者作成。

産業化は1次産業の経営安定化と食糧の安定的供給の確保という目的では有効ではあるが，個人が行う個別の取組となっており地域としての取組，地域政策としての取組が不十分であることをこれまで見てきた。

日本にフィットするクラスターとはどの様なものであろうか。筆者が考えたワイン・クラスターを例に考えてみよう（図表7—7）。

① 地域の資源に着目して高次化する

ワインは，ブドウを潰した（クラッシュ）ブドウジュースの糖分を酵母がアルコールと二酸化炭素（炭酸ガス）に分解して造られる，製造方法が非常に単純なアルコール飲料である。一方で，人の手を加える部分が少ないだけに原料のブドウの品質が問われる。飲料用の水の確保が難しいヨーロッパではワインは生きていくために必要であったが，水の豊富な日本では飲み水には困らず，ハレの日の酔うための飲みのもととして清酒・焼酎があった。そのため，ブドウ

は生食用として捉えられ，ワインは日本の生活に浸透するのは東京オリンピックを待つことになった。村おこし，町おこし事業としてブドウを高付加価値化すること，また地域資源の山ブドウを活用する原料として自治体や農協が直接，又は第3セクターを設立してワイン醸造を開始する動きが活発となった。栽培したブドウは農協を通じて市場に出すか，観光農園として観光客に販売（これも6次化ではあるが）するしかなかったものが，個人では想像も出来なかった醸造所というプラットフォームが出来ることで，地域資源を用いて1次×2次×3次＝6次を自律的に達成することが可能となったのである。当たり前のように栽培していたブドウを地域の力で高付加価値化を実現し，ワイン産地へとブランド化が進んで行く要因にはメルシャン，マンズといった大手酒造メーカーが栽培や醸造に関する自社の研究結果をブドウ栽培農家や小規模醸造業者へ惜しげもなく公開したことが大きく関わっている。日本ワインが短時間で世界のコンクールで受賞する品質となったのも大手酒造メーカーからの知識・技術移転に因るところが大きく，更に2003（平成15）年から開催されている国産ワインコンクール[37]での競争環境も全体の品質向上に寄与している。

② ワイン産業を支える他産業との顔の見えるネットワーク

図表7—7は個人の取組から地域の取組・政策へ成長したワイン産業を，ブドウ生産地からワイン産地へとブランドを高める連携として最内側の○囲い，関連としてその外側に楕円や四角囲いで記載している。例えばワインツーリズムについて，観光客の旅先での体験の質は1つの主目的となる呼び物（メイン・アトラクション）だけではなく，ホテル，レストラン，アウトレット・ショッピングモール，交通機関，等の補完的な事業の質や効率性も重要である[38]。また，観光はスペシャリストの協働で成長する産業である[39]との主張があり，地域内産業が有機的・補完的に連携することは観光客の満足度の向上にはきわめて重要である。ワイン・クラスターは，ブドウ農園とワイナリーだけではなく，宿泊施設，地域資源を使った土産，体験，レストランや居酒屋を含む商業施設を始めとした地域内産業と共存することで観光客を地域ブランドや地域経済と結びつけ，地域内循環経済を通してまちづくりを推進する側面を持ち合わせている。

更に，地域政策としての取組へと醸成させるためには自治体，金融，専門機関，民間とのネットワークの形成が必要である。自治体は新規参入が容易になる特

区の申請を行い，地域の金融機関はファンドを組んで用途が自由な資金を提供し，専門機関は土壌調査や栽培・醸造に関するノウハウを公開し，民間では域内・域外での消費に関わる活動，ジビエや地元食材との組合せの提供，ツアー企画，ファンやヘビーユーザーを獲得するSNSやクラウドファンディング，というネットワークの形成が重要である。

　生産者とSNSで繋がろうとするファンやヘビーユーザーは生産者と共に栽培や収穫に関わることに喜びを感じており，大量の人手が必要な収穫時には手弁当で手伝いに来る（しかも，毎年）ファンも多い。ブドウ樹のオーナー制度は長い歴史を持つが，新しい投資形態のクラウドファンディングであっても投資家はブドウ樹オーナー制度と変わらず，金銭の見返りではなくワイン1本でも良いというワイン産業の応援者としての性格が強いことも特徴である[40]。

第6節　まちづくりのサステイナビリティ（人口減少と高齢化への対応）について

　総人口が減少するなかで高齢者が増加することにより65歳以上の高齢化率は上昇を続け，2013（平成25）年に高齢化率が25.1％で4人に1人となり，2035（平成47）年には33.4％で3人に1人となる。2042（平成54）年以降は高齢者人口が減少に転じても高齢化率は上昇を続け，2060（平成72）年には39.9％に達して，国民の約2.5人に1人が65歳以上の高齢者となる社会が到来すると推計されている[41]（図表7―8）。まちづくりに於いても少子化と高齢化という外部環境を無視することは出来ず，対策を考えておくべきである。

　次に65歳以上の有職率と医療費の関連データを図表7―9に取りまとめた。2008（平成20）年より後期高齢者医療制度が施行されたため，65歳以上の就業者データとの整合性を取るために2007（平成19）年のデータを使用して都道府県別の就業率と1人当たりの年間医療費を散布図にプロットした。図表にあるプロットは左上（職に就いている率が少なく，1人当たり医療費が高い）から右下（職に就いている率が高く，1人当たり医療費が低い）へ向かう右下がりで，有職率が高いと医療費が低いという傾向があることが明確に判断できる。少子高齢化が加速する環境下でのまちづくりには高齢者も気持ちよく働ける環境を生み出すことが必要であり，地域の伝統的な加工方法を利用した食品の企画や観光客に歴史を伝える公式の語り部の創設等，無料奉仕のボランティアでは無

第7章 クラスター化による地域資源を活用したまちづくり 215

図表7－8 高齢化の推移と将来推計

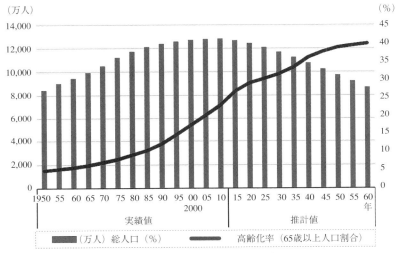

出所：内閣府ホームページより筆者作成。

図表7－9 65歳以上の有職率と1人当たり医療費の都道府県別相関図（平成19年）

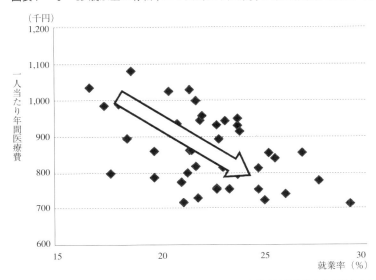

出所：厚生省労働局平成19年度医療マップ，及び総務省統計局就業構造基本調査より筆者作成。

く「経済的機能」を備えた就業の環境を作り出すことが必要である。

ブドウ栽培の場合，生食用ブドウは「見た目」の厳格な規格があり，房全体の形や梗の長さ，各部位の粒の数，大きさ等の規定が厳格に決まっているために何度も手入れをする必要があり，その上「種なし」にするジベレリン処理を開花後と満開後の2回行う必要がある。これらは両腕を上げて行う作業であり，後継者が不在の場合は体力が作業に追いつかなくなるとブドウ栽培を諦めざるを得ないのである。しかし，生食用ブドウを醸造用に仕向けることで房の整形やジベレリン処理が不要になり，労働内容が比較的軽度となる。よって，ある程度の年齢までブドウ造りが可能となる。更に，1人当たりの管理可能範囲を広く出来るため，耕作放棄地の有効活用と有職年齢の伸長が可能となる。

第7節　クラスター化による地域資源の活用（千曲川ワインバレーの事例）

長野県は醸造用ブドウの生産量が日本一であり，ワインコンクールで高評価を得ているワインの原料用ブドウを産出していることでも有名である。「よいワインは，よいブドウから」生まれるものであり，ブドウは自然条件（産地の土壌，地形，日照，気温，雨量，等），及びブドウの品種の影響が考えられないほど大きいと言われており[42]，長野県にはそのポテンシャルがあるとして醸造用ブドウの新規就農者が増加している。

醸造専用ブドウの栽培とワイン生産を次世代産業の1つとして位置付け，東御市のワイナリーオーナーであるエッセイストで画家の玉村豊男氏を会長に，長野県ワイナリー協会理事長の塚原嘉章氏を副会長に，長野県知事・長野県経営者協会会長を顧問とし，ワイナリーが立地する自治体，長野県ワイン協会，飲食・宿泊・観光の関係団体，信州大学が集まり，2013（平成25）年に信州ワインバレー構想推進協議会構想を立ち上げ，① 長野県産の醸造専用ブドウの増産と醸造の推進，② 大量生産・大量消費ではなく，高品質なワインでブランドを向上する，③ 地域内連携による特徴あふれるワインバレーの形成，④ 県内のワイン消費の拡大，大都市圏でのブランド力向上と定着，を目的として同年発足した[43]。

3月の信州ワインバレー構想推進協議会構想の立上げ時には25社のワイナリー[44]が営業していたが，2017（平成29）年2月に都内で開催された長野ワイン

フェスでの阿部知事の挨拶ではワイナリーが33社に増えたとのことであった。醸造も行っているワイナリーが8社増えたということは，将来のワイナリーオーナーを目指してブドウ栽培を始めた新規参入者を含めた農家が更に存在するということである。長野にワイナリーが増えた背景は産学官民が一体となったクラスターを形成したことがその理由であるが，地域資源を活用し自律的な活動で地域産業へと推し進めた内発的発展が大きな推進力を持ったエンジンであると考える。

信州ワインバレーの中でも新規就農者が増えている千曲川ワインバレーの例を見よう。

信州ワインバレー構想推進協議会の会長であり東御市でワイナリーを経営している玉村氏は日本ワイン農業研究所（株）（以下 JW―ARC）を2014（平成26）年3月に設立し，6次産業化ネットワーク活動交付金を受けて2015（平成27）年3月ワイナリー（アルカンヴィーニュ）が完成し，同年5月同施設に民間で初のワイン教育機関として栽培醸造経営講座（千曲川ワインアカデミー）を開講した。JW―ARCの特徴は以下の通りである。

① A―FIVE[45] と地域金融機関による投資とJAの出資を受けて（出資：信州アグリイノベーションファンド，JA信州うえだ，ヴィラデストワイナリー）研究所を設立したこと
② 6次産業化総合計画の認定を受けて醸造所を建設し，民間初の教育講座を開講したこと
③ 小規模栽培者のブドウの醸造を受託すること
④ 民間初の教育講座「千曲川ワインアカデミー」では栽培・醸造に止まらず，起業から経営に至るまでを講義していること
⑤ 具体的に土地の入手や資金計画まで助言していること
⑥ 長野県での就農者だけを対象としていないこと
⑦ 耕作放棄地を用地として醸造所とブドウ畑を整備したこと

が挙げられ，初年度は20名の定員に対して40名の受講申し込みがあった[46]。JW―ARCの醸造設備で醸造を受託することは，醸造免許を持てない小規模農家のブドウを他のブドウと混ぜずに醸造することで自分の目指すワインが確認できるため，ワイナリーオーナーとなる情熱を育てながら経験を積むことが可能

となる。

　ワインは農産物と言われるほどにブドウの品質が反映されるため，同じ品種であっても栽培地の自然環境によって出来上がるワインのキャラクターが全く異なってくる。つまり，同じ地域で造った同じ品種のワインであっても異なるワインとなり，更に別の品種を栽培することで多様なワインが楽しめる産地としてのブランド形成が可能となる。玉村氏がJW―ARCを建設して小規模農家や新規就農者のワイナリーオーナーへの夢を現実化することで多くのワイナリーが集まったクラスターを形成し，それをエンジンとして地域を活性化することを決意された。これは，著書で自身のワイン造りを紹介し，ワイナリーが集まることのメリットを力説されているために多くの方が相談に来られ，更に自社のワインが洞爺湖サミットで提供された[47]ことでブドウ栽培に適した地域であることを確信し，新規就農者の自立の可能性に自信を持たれたことが要因と考える。

　JW―ARCの開業の翌年2015（平成27）年には東御市が2008（平成20）年に認可された特区を返上し，上田市・小諸市・千曲市・東御市・立科市・青木村・長和町・坂城町の8市町村による「広域ワイン特区」として認定された[48]。翌2016（平成28）年2月には千曲川ワインバレー特区協議会が設立し，地場産ワインの生産増のために各地の土地に見合ったブドウ品種の選定を支援するために耕作放棄地の土壌分析を行なった[49]。また，同協議会は観光客の利便性を高めるため2016（平成28）年9月～12月に千曲川ワインバレー循環バスを実験的に運行した[50]。バスは軽井沢，小諸，田中，上田の4駅を結んで1日に8便を運航し，ワイナリーやチーズの工房[51]を千円で1日間巡って楽しめるという手軽さであった。

　JW―ARCが所在する東御市は千曲川ワインバレーの中心となるべく2014（平成26）年より33haの耕作放棄地を整備して28haの醸造用ブドウの生産団地にする計画を進めており[52]，2016（平成28）年11月2日には醸造用ブドウ新規就農セミナーを都内で開催し[53]，新規就農者に門戸を開くと同時にワイン産地としてのブランドを根付かせ，荒廃地を美しい田園にすることで移住希望者へのアピールも行っている。また，信州大学は2016（平成28）年8月にワイン造りに適した収穫時期や気候に関する情報を生産者に提供する目的で，東御市に「千曲川ワインバレー分析センター」を建設した。更に，長野県工業技術総合センターも技術協力し，将来的には土壌や気象データも組み合わせて地域や農場

図表7—10　千曲川ワインバレーのワイン・クラスターイメージ

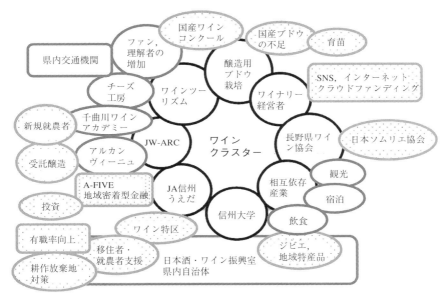

出所：筆者作成。

ごとの特性も検証する方針である[54]。

　図表7—10に見る通り，基幹ワイナリーの位置付けとなるアルカンヴィーニュ，各ワイナリー経営者，ブドウ栽培，ワイナリー協会，相互依存産業，信州大学がクラスターを形成し，2016（平成28）年4月に長野県庁に設置された「ものづくり振興課　日本酒・ワイン振興室」[55]が，県内自治体と一体となって信州ワインバレー構想推進のプラットフォームの役割を担っている。

　JW—ARCは小規模ワイナリー集積のメリットを活かした多様で美味しいワインが楽しめるワイン産地というブランドの構築するために，玉村氏のヴィラデストワイナリー，A—FIVEとJA信州うえだの出資で設立された。その目的は6次産業化ネットワーク活動資金を活用して基幹ワイナリーを建設し醸造免許を持たないブドウ農家に醸造技術を指導し，新規就農希望者のために栽培醸造経営講座を開講することであった。また，JA信州うえだに出資者となってもら

うことでJA加入者が講座に参加できるようになり，更に遊休地や耕作放棄地の借用のハードルが低くなった。玉村氏もよそ者であったため，ワイナリーのオープンや拡大のための用地確保に苦労されたことが理解できる[56]。

　醸造用ブドウの価格は生食用に比べて価格は安いがワインに加工することで高付加価値化が可能となる。但し，「よいワインはよいブドウから造られる」[57]ため，高品質のブドウを入手する必要がある。2015（平成27）年，関東農政局が初めて醸造用ブドウに関する調査を230超のワイナリーに対して実施し，9月4日に197のワイナリーから寄せられたアンケートの中間報告[58]が発表された。ワイナリーによる自社栽培は13.2％，契約栽培48.3％，買取36.8％，委託醸造1.6％という報告であり，ワイナリーは約85％を他社からブドウを購買していることが明らかとなった。醸造用ブドウは資産特殊性を持つため，「当事者の身元が明確で個人的な信頼による特異的な交友関係を持ち，栽培・収穫・苗，及び醸造設備に関するアドバイスや投資を実行し，1回毎の反復的な取引が1つの双方独占に転化される」取引となる[59]。使用原料の48.3％が契約栽培によって入手していることは，ブドウ農家との積極的な関係構築による垂直統合，あるいは内製化[60]を行っていることなる。更に，自社管理畑に関する問いには，197社中88社が増やしたい，11社が新たに取組みたいと回答しており，直接管理のブドウ畑の保有がワインの品質向上に直結することを暗に回答している。自社敷地内のブドウで造ったワインはエステートワインと呼ばれ，高品質の証しでありフラッグシップ・ワインとして高価格で取引されている。自社敷地外ではあるが自社管理畑のブドウは自社敷地内畑同様に品質を担保することが可能であり，高品質ワインの生産が可能である。しかしながら，契約農家とのFace to Faceのコミュニケーションが無ければワイナリーが必要とする品質のブドウを入手することは困難である。

　千曲川ワインバレーではJW―ARCが実践を伴った栽培醸造経営講座を開講し，アルカンヴィーニュが基幹ワイナリーとして醸造技術を広める。そして，特区協議会が遊休農地や耕作放棄地の土壌分析を行い，信州大学が千曲川ワインバレー分析センターを建設して高品質なブドウを生産するために重要かつ必要とされる情報を提供する。更に，長野県工業技術総合センターが技術協力することは高級ワインの生産への方向性を明確にしている。「公助・共助・自助」が整った産学官民一体となったクラスターが「社会的機能」を発揮することで，域外からの就農や移住希望者，旅行者や消費者にとって魅力のある地域ブラン

第7章　クラスター化による地域資源を活用したまちづくり　221

ドが形成され，地域活性化とまちづくりを可能とするのである。

ま　と　め

　本章は産業クラスター政策の課題からまちづくりのエンジンとなる商店街機能の「経済的機能」と「社会的機能」を見てきたが，図表7―11に見る通り，ワイン・クラスターと比較すると全ての項目に於いて違いが明確である。

　「経済的機能」のベースとなる6次産業化は自律と継続による地域コミュニティへの貢献と密接な関係があり，6次産業化を個人の取組で終わらせることなく地域コミュニティへの貢献活動へと発展して行かなければ「社会的機能」が発揮されず，結果として「経済的機能」が不全となるためプロジェクトや地域活性化が失敗に終わるのである。更に，地域コミュニティへの貢献意識が欠落すると域内外のネットワークのコミュニケーションが機能しなくなる。これにより多様な企業との連携が無くなるため，自由で活発な情報の流れが止まりスピルオーバーによる知識の移転が無くなる。また，競争環境が無ければ移転された知識が有効活用されないため生産性の向上やイノベーションが創出されるはずもなく，集積する意味を全く持たなくなる。

図表7―11　クラスター比較

	産業クラスター	ワイン・クラスター
活用資源	外発型	内発型
経済的機能	補助金	・6次産業化 ・地域金融機関の投資 ・クラウドファンディング
社会的機能	中央指導	自立と継続による地域コミュニティへ貢献
ネットワークのコミュニケーション	希薄な企業ネットワーク	自由で活発な情報の流れのネットワーク
補完的ネットワーク	不明	多様な産業との連携
スピルオーバー	無	大手企業の技術公開
競争環境	不明	ワインコンクール

出所：筆者作成。

「経済的機能」に投資やクラウドファンディングを入れている。企業からの投資は外発的発展ではあるが，日本の村興しの事例を見ると地元の経済やインフラがある程度発展した段階での外発的発展は地域の発展に寄与している。内発的発展である程度の規模になり，それが必然的な関係にある場合には域外からの資源の投入は有効である[61]。

第6節で触れたが，人口減少と高齢化は喫緊の課題であり高齢者にも元気で長く働ける環境が無ければまちの存続が難しくなる。ワイン・クラスターを例にとると，日本で長く行われてきた棚仕立て[62]は腕を上げての作業であり高齢者には重労働であるが，醸造用ブドウの栽培に世界中で広く用いられる垣根仕立て[63]では腰の高さにブドウが結実するため作業が比較的楽であり，耕作放棄地に垣根仕立ての醸造用ブドウを栽培することで高齢者が長く元気に働けるまちづくりが可能となるのである。

注

1) 小川雅人（2013）13ページ。
2) 小川雅人（2013）の商店街への集客イベントに詳しい。
3) プラットフォーム：地域資源を活用した地域活性化に参画する多様な主体の相互理解・協働が促され，知識・情報を共有する場，と定義する。
4) 小川雅人・毒島龍一・福田敦（2004）17ページ（小川）。
5) 石原武政・加藤司編著（2005）233〜234ページ（加藤）。
6) 内発的発展：鶴見和子（1976），宮本憲一（1982）が提唱。公害・地域の不均等発展をもたらした「外発型の地域開発」に対して自律的，環境調和的，地域住民主体の地域形成を主張した。
7) クラスター化：マイケル・ポーター（1998）の主張する生産性向上，イノベーション能力の強化，新規事業の形成の3つの経済的優位性を主張した。
8) 産業クラスター政策について：経済産業省ホームページ
www.meti.go.jp/policy/local_economy/tiikiinnovation/index.html（2016. 12. 1）
9) Michael. E. Porter（1998a）67ページ。
10) 経済産業省ホームページ　www.meti.go.jp/policy/local_economy/tiikiinnovation/source/2nd_middle_project.pdf（2017. 2. 1）
11) 経済産業省ホームページ　www.meti.go.jp/policy/local_economy/tiikiinnovation/industrial_cluster.html（2016. 12. 3）
12) 星（2016）9ページ。

13）経済産業省地域経済産業グループ（平成 21 年度）
14）スピルオーバー：特定の企業によって行われた研究開発，技術革新の成果が，そのコストを負担しなかった企業にも波及すること。産業の集積化で，人材や情報の流れが円滑になると加速する。
15）Edward J. Malecki（2012）p. 205.
16）宮本憲一（1982）243 〜 244 ページ，鶴田和子・川田侃（1989）26 ページ。
17）高度化：産業における高付加価値化，生産技術の高度集約化，情報化の活用，経営の多角化等のこと
18）今村奈良臣（1998）2 ページ。
19）山上進，藤本武士（2006）
20）室屋有宏（2013）13 ページ。
21）斎藤修（2013）13 ページ。
22）国土交通省ホームページ
　　www.mlit.go.jp/report/press/road01_hh_000570.html（2015. 12. 5）
23）AnnaLee Saxenian（1994）．
24）David Krackhardt（1992）pp. 218—219.
25）Nitin Nohria and Robert Eccles（1992）．
26）Peter M. Haas（1990）．
27）勝沼：山梨県のワイン産地
28）農林水産省ホームページ　www.maff.go.jp/j/kanbo/saisei/honbu/pdf/plangaiyou.pdf（2015. 5. 10）
29）小川雅人（2013）15 ページ。
30）Michael, E. Porter（1998a）70 ページ。
31）資産特殊性：特定の用途に投資されたもので，慈善的使用をする場合にはその価値が低下する資産。
32）垂直統合：異なった業務を単一の企業（グループ）で全て担うビジネスモデル。
33）小川雅人（2013）15 ページ。
34）同上。
35）Michael, E. Porter（1998a）p.86.
36）小川雅人（2013）16 ページ。
37）2015 年に日本ワインコンクールに名称変更
38）Michael, E. Porter（1998b）p.81.
39）Rolf A.E. Mueller et al（2005）p.14.
40）信濃毎日新聞『けいざい・信濃発』（2017. 1. 29）。
41）内閣府ホームページ

www8.cao.go.jp/kourei/whitepaper/w-2012/zenbun/s1_1_1_02.html（2016. 5. 5）
42）（一社）日本ソムリエ協会教本（2016）4ページ。
43）信州ワインバレー構想 www.nagano-wine.jp/charm/shinshuwinevalley_kousou.pdf
（2014. 5. 5）
44）ワイナリー：ワイン醸造所，自社所有のブドウ畑を持つところもある
45）（株）農林漁業成長産業化支援機構の略称。民間金融機関や支援機関のサブファンドと協力して出資し，農林漁業6次産業化・成長産業化を推進する。
46）日本農業新聞
www.agrinews.co.jp/modules/pico/index.php?content_id=33244（2015. 7. 01）
47）NAGANO WINE ホームページ
www.nagano-wine.jp/winery/chikuma/villadestwinery/（2017. 2. 11）
48）東御市ホームページ
www.city.tomi.nagano.jp/shisei_info/sangyou/nougyou/000702.html（2017. 2. 11）
49）日本経済新聞（2016. 9. 6）電子版
www.nikkei.com/article/DGXLZO06898010V00C16A9L31000/（2017. 2. 11）
50）主催：千曲川ワインバレー特区連絡協議会・千曲観光（株），運行：千曲バス（株）
51）アトリエ・ド・フロマージュ：屈指の国産チーズ工房
52）市報とうみ www.city.tomi.nagano.jp/dbps_data/_material_/localhost/data/kikaku/shiho_tomi/20141201-h.pdf（2017. 2. 11）
53）長野県東御市醸造用ぶどう新規就農セミナー講義資料
54）日本経済新聞（2016. 9. 6）電子版
www.nikkei.com/article/DGXLZO06451650U6A820C1L31000/（2017. 2. 11）
55）長野県プレスリリース
www.pref.nagano.lg.jp/gyokaku/documents/press160208.pdf（2017. 2. 11）
56）玉村豊男（2013）73〜76ページ。
57）（一社）日本ソムリエ協会教本（2016）4ページ。
58）関東農政局ホームページ
www.maff.go.jp/j/kanbo/saisei/jikou_honbu/pdf/siryo_6.pdf（2015. 9. 7）
59）O.E.Williamson（1986）井上薫・中田善啓監訳（1989）133〜134ページ。
60）内製化：外部に委託・発注していたものを自社で行うようにすること
61）宮本憲一（1982）243〜244ページ，鶴見和子・川田侃（1989）26ページ。
62）棚栽培：目の高さに結実させる栽培方法。細かい手入れが可能で生食用ブドウに多く採用されている。
63）垣根仕立て：腰の高さに結実させる栽培方法。世界的に広く採用されている。

参考文献

新井直樹（2007）「地域産業政策の変遷と産業集積における地方自治体の役割に関する一考察——三重県の「クリスタルバレー構想」と液晶産業集積を事例として——」『地域政策研究』（高崎経済大学地域政策学会）第9巻第2・3合併号，2007年2月，175〜193ページ。

石原武政・加藤司（2005）『商業・まちづくりネットワーク』ミネルヴァ書房。

今村奈良臣（1998）『新たな価値を呼ぶ，農業の6次産業化——動き始めた農業の総合産業化戦略——地域リーダー研修テキストシリーズ No. 5』都市農山漁村交流活性化機構。

小川雅人・毒島龍一・福田敦（2004）『現代の商店街活性化戦略』創風社。

小川雅人（2013）『持続性あるまちづくり』創風社。

経済産業省地域経済産業グループ『産業クラスター計画モニタリング等調査：報告書平成21年度』。

斉藤修（2013）「6次産業化・農商工連携ビジネスモデルと地域再生」『都市計画』Vol. 62, No. 4, 10〜13ページ，日本都市計画学会。

信濃毎日新聞『けいざい・信濃発』（2017.1.29）。

玉村豊男（2013）『千曲川ワインバレー・新しい農業への視点』集英社新書。

鶴見和子，川田侃（1989）『内発的発展論』東京大学出版。

星貴子（2016）『地域産業振興策の現状と課題——推進組織からみた地域産業振興の在り方——』JRIレビュー Vol. 7, No. 37.

細谷祐二（2009）「産業立地政策，地域産業政策の歴史的展開——浜松にみるテクノポリスとクラスターの近接性について——」『産業立地』2009年1月号，41〜49ページ，3月号，37〜45ページ。

宮本憲一（1982）『現代の都市と農村：地域経済の再生を求めて』日本放送出版協会。

室屋有宏（2013）「6次産業化の現状と課題——地域全体の活性化につながる〈地域の6次化〉の必要性——」『農林金融』2013年5月。

山神進・藤本武士（2006）『一村一品運動の原点——大山町における地域振興——』「一村一品運動と開発途上国——日本の地域振興はどう伝えられたか——」ジェトロ・アジア経済研究所。

AnnaLee Saxenian（1994）"Regional Advantage Culture and Competition in Silicon Valley and Route 128"（＝山形浩生，等訳（2009）『現代の二都物語——なぜシリコンバレーは復活し，ボストン・ルート128は沈んだのか』日経BP社）．

David Krackhardt（1992）"The Strength of Strong Ties: The Importance of Philos in

Organizations", 'Networks and Organizations', pp. 216—239, *Harvard Business School Press*.

Edward J. Malecki (2012) "On diamonds, clusters, and regional development", 'Competition, Competitive Advantage, and Cluster', p.193-258, *Oxford University Press*, Downtown Center Business Improvement District (Los Angeles) (2007) *the renaissance continues (07 Annual Report)*.

Michael E. Porter (1998a) *"ON COMPETITION"* (＝竹内広高訳 (1999)『競争戦略論Ⅱ』ダイヤモンド社).

Michael E. Porter (1998b) "CLUSTER AND THE NEW ECONOMICS OF COMPETITION", *Harvard Business Review*, Nov.—Dec. 1998, pp. 77—90.

Nitin Nohria and Robert Eccles (1992) "Face—to—Face: Making Network Organizations Work", 'Networks and Organizations', pp. 288—305, *Harvard Business School Press*.

O. E. Williamson (1986) *"ECONOMIC ORGANIZATION"* (＝井上薫・中田善啓監訳 (1989)『エコノミク・オーガニゼーション――取引コストパラダイムの展開――』晃洋書房).

Peter M. Haas (1990) "Saving the Mediterranean", *Columbia University Press*.

Rolf A.E.Mueller, Daniel A.Sumner (2005) "Cluster of Grapes and Wine", Annual Meeting of the American Agricultural Economics Association Jul. 23. 2005.

（青木　靖喜）

第8章　地方都市における産業ネットワークとまちづくり
——松本市の事例を中心として——

第1節　はじめに
——地方都市の実態分析から——

1　本章のねらい

　2015年版中小企業白書では，CRSV[1]の考え方を紹介し，地域にある様々な課題解決に取り組むことで，「社会価値の創造（地域活性化）」と「企業（事業）価値の創造（利益増大）」の実現が可能であると提言している。今後，地域においては，域外の資本に依存せず，域内の資源の再活用などで，内部から事業を創出する取組が一層必要である。地域が主体となる産業振興の方策を模索しなければ，「しごと（事業）」の減少に伴い，雇用機会の減少，人口の流出という社会的な要因も加味して，出生数減少に拍車がかかるなど，地域の衰退は一層進んでいく。

　これまでの地域課題解決の担い手は，「行政（市町村）」が中心であった。しかし，近年は「地域住民」，「個別企業」，「NPO法人」といった民間部門での担い手が，活躍する機会が増えてきている。地域課題の多様化と同時に，地域課題解決の担い手も多様化している。また，地域社会に関わる様々な担い手のネットワーク化も重要になってくる（図表8−1）。

　本章では，長野県松本市におけるまちづくりの事例を中心として，産業ネットワークとまちづくりのあり方を考察する。第1節では，これまでの，自治体を主体とした松本市の「まちづくり」を分析・考察する。第2節では，人口減少局面に入ったこれからの「まちづくり」について，経済的な視点，戦略的な視点で，課題解決の方向性を探索する。第3節では，中長期のビジョンとして「健康寿命延伸都市」を掲げた，松本市の「まちづくり」の取組をみていく。

2　人口減少の実態

　2014（平成26）年12月に内閣府で取りまとめられた「まち・ひと・しごと

228

図表8−1 地域課題解決の担い手

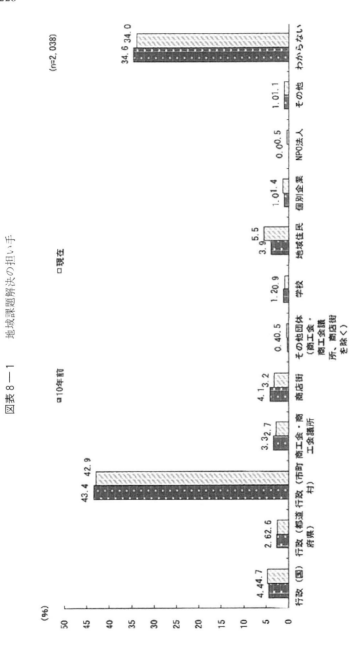

資料：中小企業庁「中小企業白書（2015年版）」。

創生ビジョン」では，少子高齢化の影響により，2008（平成20）年から始まったわが国の人口減少が，年を経て加速していくと警鐘した。一方で，長年にわたり，地方から三大都市圏（東京圏，大阪圏，名古屋圏）への人口移動が発生して「都市圏への一極集中と地方の過疎化」が進み，人口減少の状況は地域によって大きく異なる実態が顕著となった。

国立社会保障・人口問題研究所「日本の地域別将来推計人口（2013年3月推計）」では，人口減少の局面を3段階に分類している。第1段階では，高齢人口が増加し，年少・現役人口が減少。第2段階では高齢人口は維持・微減となり，年少・現役人口は減少。第3段階では高齢人口も減少し，年少・現役人口は減少。年齢層ごとの人口数変化を経て，全体の人口は減少していくと分析している。

都市圏や大都市などは，人口減少局面の「第1段階」であるのに対して，人口5万人以下の市区町村，過疎化地域市町村などは既に「第2，第3段階」となっている。2010～2040年の人口動向に当てはめると，人口減少率は東京都区部では6％，全国の中核市・特例市の多くは15％に対し，全国の地方都市では28％，過疎地域の全国市町村では40％と，急速に人口が減少する試算である。

3　産業の衰退，地域の衰退

筆者は2000（平成12）年に東京から長野県に移住し，約16年間，企業調査の仕事に携わってきた。県内においては会社の創業，成長，倒産など様々な局面，働くひとの動向，まちの情勢に，直に接してきた。その立場から論じると，長らく地方の自治体においては，産業振興策として，都市圏に本社機能を有する大企業の工場誘致や，地元建設業に対する公共工事予算の充当により，「事業（雇用機会）」を創出してきたと言える。しかし，リーマンショック以降，企業のグローバル化・国際分業が加速し，大量生産拠点は海外にシフトしており，多くの雇用を創出する様な工場の誘致は難しくなっている。

地域産業において，製造業は下請として地域外の大手企業に依存してきた部分が大きい。リーマンショック以降は，これまで請けてきた仕事が海外拠点へ流出する傾向は不可避となっている。卸売業，小売業，サービス業は，地域内の商流が中心のため，地域内の製造業，建設業などの業況に左右される面が大きい。また，域外の業界大手の市場参入は度々脅威となる。

近年，地方では後継人材（経営者，従業員）不足の問題を背景として，「隠れ倒産」とも呼ばれる「休廃業」数が増加し，雇用機会を創出すべき事業（会社，

工場，店舗など）の数は減少の一途をたどっている。

　2015年版中小企業白書「地域住民による，地域の発展・衰退を判断する要素」のアンケート調査では，「人口の増減（65.7％）」，「子供の数の増減（53.8％）」，「若者の数の増減（44.9％）」と，「ひと」の項目に関する回答が多い。続いて，「商店街の活性・衰退状況（25.5％）」，「交通インフラの整備状況（19.5％）」，「新規出店する店舗数の増減（飲食店等）（16.7％）」，「地場産業の活性・衰退状況（16.5％）」，「大型商業施設の進出・撤退（16.1％）」，「大企業の進出・撤退（11.4％）」，「地域の企業の求人状況（10.3％）」，「観光客の増減（8.3％）」と「しごと（事業）」の項目に関する回答が続いている。地域人口の減少は，労働力人口の減少や消費市場の縮小を引き起こし，その地域の経済規模を縮小させる。

第2節　松本市のまちづくりの分析・考察

1　商都としての歴史

　長野県のほぼ中央に位置する松本市は，松本盆地（松本平）に位置し，県庁所在地の長野市から南西へ75 km，東京から西北へ240kmの距離にある。戦国時代に小笠原貞慶が支配した時代から，城下町として発達した。江戸時代には信州最大の商業都市とされ，城下町を縦断する善光寺街道の本町通りを中心に繁栄をみせ，「信濃江戸」と唄われた。また，広範な商圏に囲まれ，県下に誇る物資の集散地としても発展した。

　明治時代の廃藩置県後には筑摩県の県庁が置かれたが，その後長野県に統合され，旧信濃国は1つの県となった。統合の影響で一時的に商業は衰退したものの，その後は交通通信網の創設整備，養蚕業を基軸とした農工業の飛躍的発展，金融機関の発達，産業組合の創設などが，商業の近代化を促して商圏を拡大し，再び松本市の商業は発展し商店街が形成されていった。特に1914（大正3）年の日本銀行松本支店の設立は，当時すでに松本が県内経済の中心地であった事を証明している。

　太平洋戦争で戦災を受けなかった松本市は，戦後の復興も速やかで，商店数の急激な増加に併せて，商品販売額は長野市と並び，県下各都市の群を抜くに至った。東京や名古屋からの特急列車が乗入れるなど，首都圏や中京圏との繋がりは盛んとなり，国宝松本城を中心とする旧城下町を中心に商業都市，観光

都市として栄えていった。当時の松本市の賑いについて，石川栄耀[2]は，「盛り場の構造からすると，松本は日本で十指の1つに入るのではないかと思う」と言っている。松本城前のメインストリートとなる，大名町通り先端の千歳橋（ナワテの広場）を中心箇所として，上土・緑町，六九町，本町，伊勢町，中町，と多くの商店街を放射しており，地域としては小面積ながらよくまとまっている点を評価したのである。

　松本らしさという独特の「まち」の風格を保ちながら，商業は古い歴史と伝統文化を引き継ぎ，時代の流れに対応して，近代化・高度化を進めてきた。特に昭和30年代後半から40年代にかけての本町近代化事業をはじめ，各商店街の活性化には目を見張るものがあった。本町近代化事業は，当時としては画期的な都市計画事業だった。当時の商店街は，伝統的な街路網をそのまま残しているところが多く，現在ならば貴重な歴史を残す地域資源として，保存する声が多勢と思われる。しかし，当時の住民が一番に考えたのは，自動車の激増による交通混乱，防災機能の整備という地域課題への対応だった。約380年続いた古い伝統と歴史をもった城下町において，家屋が次々と壊される現実が迫る中，彼らは何十回，何百回と会合を続け，論議した結果，市街地中心部の交通混雑を打開し，商業の脱皮を図るため，都市計画事業の推進に結集した。本町近代化事業は，周辺の六九，伊勢町各商店街の近代化へと連鎖反応を示し，市街中心部の商店街はその様相を一変していった。

　松本市の商圏は，周辺36市町村，約54万人におよび，広域圏の中心商業機能を有している。更に松本城および松本駅を中心に展開する市街地は，市全体の商店数の37％，従業員数の29％，年間商品販売額の34％（2011年，松本市の調査発表）を占めており，その中核を担う。

　松本市には，昭和から続く催事も多い。「松本まつり」は，1958（昭和33）年秋に始まったスポーツイベントが発祥で，1959（同34）年には芸術文化祭が，1967（同42）年には，商工観光祭，農業祭，お城まつりが相次いで始まり，秋を彩る市民祭として定着した。「松本ぼんぼん」は，1975（昭和50）年に創設され，「城の街松本」の夏を，歌と踊りで元気よく盛り上げる市民祭として，真夏の中心商店街を舞台に繰り広げられる。「あめ市フェスティバル」は，1568（永禄12）年の「塩市」が起源。江戸時代の中頃，塩俵の形をした飴を市神様へ奉納したのがきっかけで「あめ市」となった。毎年新春（1月の第2土曜，日曜日）に実施されてきたが，実施から430周年，市制施行90周年，松本商店街連盟

写真8—1　松本の中心市街地（左上が松本城）
出所：松本商店街連盟（1998）「商都まつもとを担って」。

「松本ぼんぼん」，約25,000人の踊り手，20万人以上の見物客で賑わう，夏の風物詩。

「あめ市」，最終日のメインイベント「塩取り合戦の綱引き」。

写真8—2　松本市のイベント

50周年が重なった1998(平成10)年より,記念すべき「フェスティバル」となる。「松本まつり」,「松本ぼんぼん」,「あめ市フェスティバル」,これら松本市の3大イベントは,市の地域文化向上に大いなる貢献をし,現在では市外・県外からの観光客を呼び込む強力なコンテンツとなっている。

昭和50年代以降,イトーヨーカ堂,ジャスコ,ダイエー等の大型小売店や専門量販店の進出が相次ぐ中,平成の時代に入って間もなく起こったバブル経済崩壊,その後の長引く景気低迷は,市の経済に大きな打撃となった。旧来からの古き良き「まちのにぎやかさ」にも陰りが見られるようになったのである。中心市街地の商業は停滞し,人口の流出,高齢化・少子化の進行が著しくなり,後継者不足から店舗閉鎖が見られる状態が続いた。中心市街地の再生,活性化は極めて重要なテーマとなっていくのである。

2　中心市街地活性化法制定以降のまちづくりの変遷

1990(平成2)年以降,日本全国の地方都市で郊外化が進み,中心市街地の衰退や空洞化が目立つようになってきた。中心市街地活性化法[3]はこれらを是正することを目的として制定された法律である。同法では,中心市街地を「人が住み,育ち,学び,働き,交流する生活空間」として重要な存在であると位置付けており,中心市街地に立地する商業集積は,商業機能のみならず「地域コミュニティの場」としての機能を有していることから,中心市街地の商業全体を面的に捉えてその活性化を図ることが重要であると説明している。

1999(平成11)年3月,松本市は中心市街地活性化基本計画を策定し,市の総合計画等との整合を図りながら,区画整理による面整備を始め,美術館・市民芸術館等の拠点整備,まちなみ環境整備事業・松本駅周辺交通結節点改善事業を導入して総合的整備を実施する。市で策定した「松本市総合計画・第6次基本計画」(平成8～17年度)では,「個性豊かな魅力あふれる,活力ある商業拠点都市づくり」を基本に捉え,商業振興策を掲げた。

振興策の体系は,商圏について,① 商業拠点都市としての商圏拡大の推進(活力と魅力ある商業都市基盤の整備,都心性,観光性を備えた商業都市機能の強化)。商業基盤について,① 魅力ある店づくりの推進(新しい商業分野や新業態による営業活動の研究指導,商業後継者の確保と組織化,商業診断等による経営の近代化,金融・助成制度の充実),② 時代の推移に対応した個性のある商店街づくりの推進(立地や特性を生かした個性豊かな商店街の形成,再開発

事業，商店街近代化事業の支援充実，集客力のある核施設の誘致，人が住み，賑わう街の整備と空き店舗対策の促進，商店街組織化と育成指導の充実，特色あるイベントの開催），③ 商業と都市環境が調和した街づくりの推進（商店街共同施設の建設等による街なみ環境整備の促進，買い回り，観光ショッピングルートの整備，駐車場の整備と共同駐車券の活用，ニューメディア・コミュニティ構想等による商店街の情報化，魅力ある企業本社・団体本部機能の誘致），④ 飲食・サービス業の振興（時代の要望を的確に把握した飲食・サービス業の振興，施設整備やイベント開催による集客の促進）。大型店・中型店との共存共栄の推進について，① 大型店と中小小売店との共存共栄の推進（大型店・中型店の秩序ある出店の指導，大型店周辺の都市環境の整備），となっている。中心市街地における大型基盤整備の進行により，松本市の商業構造，地域構造は大きく変わっていく。

　一方で，松本商工会議所は，今後の望ましい将来像を描いた「21世紀ビジョン：まちづくりと商店近代化のルネッサンス」を1998（平成10）年3月に策定し，重点施策として，① 市街中心部の区画整理事業を早期に完了させ，生まれ変わった商店街の形成，② 六九商店街の再生，中町・上土・緑町・縄手商店街の近代化，を掲げた。特に ② については，松本市におけるこれまでの商業振興策と一線を画しているといえる。中町，上土，緑町，縄手商店街は，松本城下の市街地の中でも，明治になってからの新興街であり，松本の一大歓楽地，盛り場として発展・繁栄してきた。その要素として，芝居小屋から映画館（東京浅草に日本最初の映画館が出来たのは1903（明治36）年，松本では1911（明治44）年に出来ている），パチンコ，料亭，食堂，カフェバーなどの飲食店と，特徴のある商業施設が多い事で，魅力のある街を形成していた。昭和30年代後半から40年代にかけての本町近代化事業により，当時現存していた歴史資産ともいえる「街並み」は破壊されている。この地域では，都市計画や区画整理等の事業を行っていない。中町商店街では「蔵のあるまち」，上土商店街では大正時代の建物が幾つか残っていることから「大正ロマンのまち」，緑町商店街は「水と緑と味なまち」，縄手商店街では「庶民的な露店のまち」を標榜して，それぞれの「まちづくり」を展開したのである（写真8−3）。

　2005（平成17）年度から2009（同21）年度にわたって市で実施された，まちづくり交付金事業[4]は，地域の歴史・文化・自然環境等の特性を活かした個性あふれるまちづくりを実施し，全国の都市の再生を効率的に推進することに

第8章 地方都市における産業ネットワークとまちづくり 235

写真8—3 松本市の商店街風景
上段左：縄手通り商店街，右：上土商店街，下段左：中町商店街，右：緑町商店街。
出所：http://www.machi-ga.com/20_nagano/matsumoto-matsumotost.html

より，地域住民の生活の質の向上と地域経済・社会の活性化を図るため，2004（平成16）年度に国で創設された制度である。複雑な都市機能や，中心市街地の過疎化を考えると，商店街を単に商業機能の面からのみ捉えたまちづくりは否定されつつある中で，松本市では住民の立場からまちづくりを考え，「ひと」が住みやすいまちづくりの観点からの商業機能を再形成し，更には商業施設を建設することが重要になってきた事を踏まえ，計画を実施した。

　同計画では，大目標を「中心市街地の活性化」と掲げ，目標テーマを，① 市民の生活拠点としての役割を高め，中心市街地のにぎわいを再生する，② 歴史や文化施設を活かし，観光客を街中に誘導することにより，一層の地域振興を図る，③ 街路等の整備改善により交通アクセス条件，交通安全，歩行者の快適性の向上を図る，と設定した。また目標指標を，① 通りの歩行者数の減少率を

236

図表8－2　松本市の産業別事業所概要

区分（）内は主要産業	事業所						従業者数					
	21年	構成比(%)	28年	構成比(%)	増加数	増加率(%)	21年	構成比(%)	28年	構成比(%)	増加数	増加率(%)
第1次産業	74	0.5	62	0.5	△12	△0.1	1,083	0.8	725	0.6	△358	△33.1
（農業・林業）	74	0.5	62	0.5	△12	16.2	1,083	0.8	725	0.6	△358	△33.1
第2次産業	2,200	15.1	1,943	14.3	△257	△1.8	25,901	19.0	24,045	18.6	△1,856	△7.2
建設業	1,329	9.1	1,145	8.4	△184	13.8	9,193	6.7	8,013	6.2	△1,180	△12.8
製造業	867	6.0	797	5.9	△70	△8.1	16,683	12.2	16,028	12.4	△655	△3.9
第3次産業	12,259	84.4	11,594	85.3	△665	△4.6	109,491	80.2	104,796	80.9	△4,695	△4.3
（卸売業・小売業）	3,814	26.2	3,437	25.3	△377	△9.9	29,432	21.6	26,690	20.6	△2,742	△9.3
（宿泊業・飲食サービス業）	2,027	13.9	1,955	14.4	△72	△3.6	13,424	9.8	13,479	10.4	55	0.4
（不動産業・物品賃貸業）	1,353	9.3	1,211	8.9	△142	△10.5	3,740	2.7	3,413	2.6	△327	△8.7
（生活関連サービス業、娯楽業）	1,164	8.0	1,080	7.9	△84	△7.2	6,046	4.4	5,349	4.1	△697	△11.5
（医療・福祉）	880	6.1	1,027	7.6	147	16.7	14,410	10.6	18,630	14.4	4,220	29.3
（学術研究、専門・技術サービス業）	637	4.4	611	4.5	△26	△4.1	4,308	3.2	4,059	3.1	△249	△5.8
（教育・学習支援業）	541	3.7	529	3.9	△12	△2.2	6,542	4.8	5,253	4.8	△289	△4.4
総数	14,533	100.0	13,599	100.0	△934	△6.4	136,475	100.0	129,566	100.0	△6,909	△5.1

出所：総務省統計局「平成21年経済センサス—基礎調査」「平成26年経済センサス—基礎調査」。

低減（従前 13.8％／5 年 → 目標 7.0％／5 年），② 観光拠点来訪者数の増加（従前 1,782,496 人／年 → 目標 1,871,621 人／年），③ 松本駅西口駅前広場利用者数（従前 6,315 人／日 → 目標 7,578 人／日），歩行環境・回遊の満足度（目標 50％）と細かく設定した。市民や観光客が集える施設を整備するとともに，ソフト事業も取り入れ，それぞれを有機的に繋げることにより中心市街地の再生と活性化を目指した。

まちづくり交付金事業の成果は，現在において松本城などを訪れる観光客が増加している要因にも影響していると考える。外国人観光客の方が，歴史・文化施設だけでなく，街中のインフラ（マンホール，街路灯，駅前広場）を興味深そうに，写真を撮る姿を多く目にする。

3　産業構造，人口推移の分析・検証

松本市は，産業別の事業所割合でみると 80％以上（長野県全体の割合は 60％弱），就業人口割合でみると 70％以上（郊外に多数の雇用を抱える複数の工業団地があるため）が，卸売業，小売業，宿泊業，飲食サービス業，生活関連サービス業などの「第 3 次産業」で占められている。時代が変遷しても，商業が「まち」の核となっており，中心市街地をメインに「商都」と呼ばれる産業ネットワークの特徴がみられる（図表 8 ― 2）。

2010（平成 22）年 10 月時点での，県内市郡別人口・人口増減・面積及び人口密度によると，松本市は自然動態要因（少子高齢化）による人口減少を，社会動態要因（域外からの転入）による人口増加が上回る格好で，相対的には人口増加となっている（図表 8 ― 3）。

長野県内の都市で，人口増加となっているのは松本市と，佐久市，安曇野市である。長野県東部に位置する佐久市は，長野新幹線（開業：1997 年 10 月）の駅建設によって，東京方面への通勤を目的とする移住者が増加した。長野県中部に位置し，松本市と隣接する安曇野市は，当時あった 5 町村が合併して，2005（平成 17）年 10 月に「安曇野市」が誕生した。従前から「安曇野」の名前で親しまれてきたこの地域は，市の名前に採用されたイメージ効果から，移転企業および移住者が増加した。佐久市と安曇野市の人口増加理由は，そういった意味で明確であるといえる。松本市の人口増加現象については，自治体を主体に，商工会などの支援機関，個別企業，地域住民らが，「まちづくり」に精力的に取り組んできた事に対する一定の成果であると評価される。

図表 8 — 3　県内市郡別人口・人口増減・面積及び人口密度

区分	人口 平成22年	人口 平成17年	人口増減 実数	人口増減 率		面積	人口密度 (1km²当たり)
	人	人	人	%		km²	人
長　野　県	2,152,449	2,196,114	△ 43,665	△ 1.99	※	13,562.23	158.7
市　　　計	1,707,312	1,736,058	△ 28,746	△ 1.66	※	6,724.63	253.9
郡　　　計	445,137	460,056	△ 14,919	△ 3.24	※	6,837.60	65.1
松　本　市	243,037	242,541	496	0.20		978.77	248.3
長　野　市	381,511	386,572	△ 5,061	△ 1.31		834.85	457.0
上　田　市	159,597	163,651	△ 4,054	△ 2.48		552.00	289.1
岡　谷　市	52,841	54,699	△ 1,858	△ 3.40	※	85.14	620.6
飯　田　市	105,335	108,624	△ 3,289	△ 3.03		658.73	159.9
諏　訪　市	51,200	53,240	△ 2,040	△ 3.83	※	109.06	469.5
須　坂　市	52,168	53,668	△ 1,500	△ 2.79		149.84	348.2
小　諸　市	43,997	45,499	△ 1,502	△ 3.30		98.66	445.9
伊　那　市	71,093	71,788	△ 695	△ 0.97		667.81	106.5
駒ヶ根市	33,693	34,417	△ 724	△ 2.10	※	165.92	203.1
中　野　市	45,638	46,788	△ 1,150	△ 2.46		112.06	407.3
大　町　市	29,801	32,145	△ 2,344	△ 7.29		564.99	52.7
飯　山　市	23,545	24,960	△ 1,415	△ 5.67	※	202.32	116.4
茅　野　市	56,391	57,099	△ 708	△ 1.24	※	266.40	211.7
塩　尻　市	67,670	68,346	△ 676	△ 0.99	※	290.13	233.2
佐　久　市	100,552	100,462	90	0.09		423.99	237.2
千　曲　市	62,068	64,022	△ 1,954	△ 3.05		119.84	517.9
東　御　市	30,696	31,271	△ 575	△ 1.84		112.30	273.3
安曇野市	96,479	96,266	213	0.22		331.82	290.8
南佐久郡	27,712	28,989	△ 1,277	△ 4.41		767.32	36.1
北佐久郡	41,463	39,505	1,958	4.96		281.65	147.2
小　県　郡	11,389	12,078	△ 689	△ 5.70		241.04	47.2
諏　訪　郡	44,443	45,847	△ 1,404	△ 3.06	※	254.80	174.4
上伊那郡	85,616	86,498	△ 882	△ 1.02	※	514.55	166.4
下伊那郡	64,169	66,899	△ 2,730	△ 4.08		1,270.46	50.5
木　曽　郡	31,042	33,823	△ 2,781	△ 8.22		1,546.26	20.1
東筑摩郡	23,261	24,136	△ 875	△ 3.63		268.42	86.7
北安曇郡	32,848	34,122	△ 1,274	△ 3.73	※	544.54	60.3
埴　科　郡	15,730	16,463	△ 733	△ 4.45		53.64	293.3
上高井郡	18,635	19,131	△ 496	△ 2.59		117.57	158.5
下高井郡	22,470	24,275	△ 1,805	△ 7.44		423.19	53.1
上水内郡	24,144	25,802	△ 1,658	△ 6.43	※	282.65	85.4
下水内郡	2,215	2,488	△ 273	△ 10.97	※	271.51	8.2

出所：総務省統計局「平成22年国勢調査報告」。

第3節　これからのまちづくりの方向性

1　まちのづくりの経済的視点

　中村（2014）[5]は，人口減少社会が進む，これからのまちの在りようについて，「住みたいまち（住環境の整備）」，「働けるまち（雇用機会の創出）」，「訪れたいまち（観光振興・交流人口の増加）」の3つの要素を満たしておくことが大切で，これを「まちづくり三原則」と定義している。これらの要素を満たした「まち」へと構造を変えていくには，まずモノと財貨が地域の内と外にどのように動いているかという経済循環の視点から「まちの経済のつながり」を把握する必要があると論じている。その実証分析の診断ツールとして，2015年版中小企業白書では「地域経済構造分析」が紹介されている（図表8-4）。
　地域経済構造分析は，地域経済の循環による「持続可能な地域経済」を追求

図表8-4　「地域経済構造分析」の具体的な手順度

①地域経済の循環分析
　地域間・地域内におけるヒト、財・サービス、情報、マネーの流れを定量的に把握するための分析。地域の所得がどの程度あって、それがどこで使われ、何が地域の需要に対して不足しているか、また地域の基盤産業は何で、その状況はどのようなものなのかなどを認識しておく。

②地域経済のストック分析
　循環分析はフローについて見るものだが、フローはストックから生まれてくるもので、フローからストックが形成される。人口移動というのはフローだが、その結果として地域の人口というストックが変化する。つまり、流入するフローでストックが形成され、流出するフローでストックが消耗・減少する。
　地域のストックには、私的資本、人的資本、社会資本、自然資本などの地域に賦存している資産量の調査が必要である。例えば、自然資本の1つ、「森林資源のストック量」を把握しておくことは、二酸化炭素の潜在吸収量の把握になる。また、人的資本には、優れた人材を発掘し育成すること、優れた伝統技術やノウハウを蓄積し活用することなどが関係する。こういったストック調査は、都市や地域の比較優位性の発見にもつながる。

③地域経済のポートフォリオ分析
　地域経済が安定的であるかどうかを判断する。企業城下町に代表される大規模経済による都市の多くは、多様性のない産業構造であるがために景気変動の影響を受けやすいというリスクの高い構造となっている。1980年代の構造不況によって、鉄鋼や造船を唯一の基盤産業とする地域が苦境にたたされたことがあった。株式など資産選択で用いられるポートフォリオ理論の観点から、地域経済成長の安定性と産業構成について検証するユニークなアプローチである。

出所：中村良平（2014）「まちづくり構造改革」。

するアプローチである。地域経済が持続可能であるためには，地域が自ら生活の糧を稼ぎ出せることが必要である。どこから稼ぎ出すかというと，1つは域外からの資金の獲得であり，もう1つは域内で所得（付加価値）を生み出すことである。前者は域内に資金を呼び込む力（移出力）であり，「外貨」を稼ぐ産業が必要となる。後者は域内の資金をいかに域内で循環させるかであり，循環している間はその各段階で誰かの所得を生み出すことになる。

地域が，地域にある比較優位な資源を見出して，それを有効に活用した財やサービスを生み出し，域外に移出することで域外から資金を獲得し，その資金を域内で循環させることによって域内での新たな需要と富の再配分が生まれる。これが地域経済の循環システムである。ここでの比較優位とは，他の地域と比べての優位性（絶対的優位性）と，自分の地域の中にある様々な資源を比較してその中での優位性（相対的優位性）の2つがあるが，地域経済について考える際には，「相対的優位性」にある資源に着目する方が重要である。地域としては，地域で充足できるものや余っているものまでは移入しないで，移出できる競争力を堅持するとの方針の下，よいものをいかに域外に売り出し，不得意なものや地域で供給できないものは移入するといった機能分担が重要になる。

地域が，自分たちの比較優位を活かした財やサービスを創出し，移出力や循環力を維持・高めていくには，地域が自らの経済力を知り，何が充足して何が不足しているか，どこに循環の漏れがあるかを見いだすことが必要である。

そのためのツールが「地域経済構造分析」である。地域の経済政策立案時に役立つのみならず，政策評価にも活用できるツールとなり得る。地域経済構造分析は，地域経済についての，循環分析，ストック分析，ポートフォリオ分析の3つから構成される。

地域経済構造分析を行うに当たっては，事前に3点の準備が必要となる[6]。それは，対象地域（圏域）の設定，人口や所得の状況（人口，労働市場，所得・税収）の把握，地域を支える産業（基盤産業，基幹産業，雇用吸収産業）の識別の3点である。

対象地域（圏域）の設定は，通勤圏域や商圏など地域就業（経済）圏域とするのが望ましい。市町村が分析する場合も，自分たちの地域とあわせて2層で分析することで，地域の特徴がより明らかとなる。

人口や所得の状況の把握は，地域経済の基礎を掴むことである。a. 人口の長期的な推移（増減），b. 労働人口，就業者数，失業率など地域労働市場の推移，

図表8－5　地域を支える産業の識別

a. 域外から資金を獲得する基盤産業
域外市場産業(移出産業)といわれ、地域の所得の源泉となることから基盤産業と定義される。通常は農林水産業や鉱工業など、域外にモノを移出する産業であることが多いが、観光のように域外の人が地域を訪れることによってサービスが移出されるケースもある。 　デザインというサービスが洋服というモノに具現化される場合、モノ(洋服)の移出に伴ってサービスも移出される。インターネットを経由すると、小売でも域外の消費者に販売することができ(流通業による移出)、音楽や映像、ゲームなどのコンテンツも移出できる。さらにはクラウドソーシングのように労働サービスそのものを移出することも可能となった。情報化時代は、農林水産業や鉱工業以外にも様々なものが移出産業となり得るといえよう。国際的に見ると、日本の飲食サービスや保守管理をはじめとする高度な技術サービスなども外貨を稼ぐ移出(輸出)産業となる。基盤産業は、地域の産業連関表から識別できるが、産業連関表が作成されていない市町村においては、特化係数(地域におけるある産業の収入金額の割合を全国平均のそれと比較したもの)を活用することも可能である。
b. 地域で最も付加価値を生み出している基幹産業
地域の収入の糧となっている産業である。ここでの付加価値とは、収入額(販売額・出荷額)から中間投入額を差し引いたものである。近年、経済センサス活動調査により、市町村でも付加価値の統計が利用できる。
c. 雇用吸収産業
地域で多くの雇用を吸収している産業である。ほとんどの地方都市では、製造業のほか、飲食業、小売業、サービス業などが該当し、域内の所得を循環させることに貢献している。雇用吸収産業は、国勢調査と経済センサス基礎調査により確認することが出来るようになった。

出所：中小企業庁「中小企業白書（2015年版）」。

c. 地域の人の所得（地域の消費を規定）や所得の派生である税収（地域の財政的自立度を反映）を把握するものである。地域を支える産業の識別においては、a. 域外から資金を獲得する基盤産業、b. 地域で最も付加価値を生み出している基幹産業、c. 雇用吸収産業の3つを識別する（図表8－5）。

これら3つの産業を識別できたら、その動向や成長性も見ておく必要がある。それぞれの産業の売上高（移出額）、付加価値額、雇用者数の推移などを見る。また、この3つの産業のつながり、相互関係を把握することは地域経済循環分析の重要な部分でもある。域外から資金を獲得する基盤産業だけでは、地域の所得（付加価値）を創出するには十分ではないことがある。また、地域の雇用を創出するにも十分でないことがある。こうした場合、基盤産業と基幹産業、雇用吸収産業との間をいかに連関させるかが課題となる。

以上の準備を踏まえ、循環分析、ストック分析、ポートフォリオ分析に入ることになるが、ここからは分析の蓄積が進んでいる、「地域経済の循環分析」に絞って、長野県松本市の地域経済循環図を取り上げる（図表8－6）。

図表 8 ― 6　長野県松本市の地域経済循環図（2010年）[7]

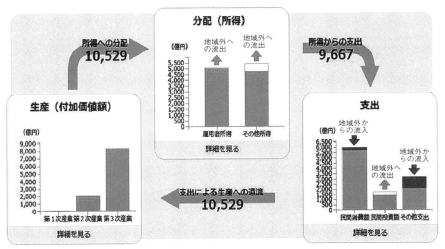

出所：地域経済分析システム「RESAS」（内閣府）[8]

　地域経済の循環は，生産・分配・支出の三面から見ることができる。生産面から見ると，域外への移出により域外から資金を獲得すると同時に，原材料や中間財を域外から調達することで域外に資金が流出している。分配面から見ると，生み出された付加価値は，域外の雇用者への給与や投資家への配当として域外に流出することになる。支出面から見ると，所得になった資金は，消費に回るか貯蓄されるかのいずれかである。消費の対象が域外のものであれば，資金は域外に流出することになる。貯蓄に回った資金も域内の資金需要が十分でなければ，域外の資金需要を満たすため資金は流出する。

　中村（2014）[9]は，「持続可能な地域経済」とは，「自立できる経済システムが継続していること」と定義づけている。「自立できる経済システム」とは，「地域が自ら生活の糧を稼ぎ出せること」である。ここでの「システム」とは，「機能する」という意味である。「どこから稼ぎ出すのか？」という観点で考えると，1つは「自らが域外マネーを獲得すること」，もう1つは域内で所得（付加価値）を生み出すことである。前者は，域内に資金を呼び込む力（移出力）で，地域経済の移出力・輸出力の存在となる。これには，外貨を稼ぐ移出産業としての

基盤産業（工業，商業，観光業）の存在が必要になってくる。後者は，域内にきた資金を循環させ流出を防ぐ力（循環性）である。言い換えれば，「域外から獲得した資金と域内にある資金をいかに地域内で循環させ，各段階で誰かの所得になっているか？」という事である。

地域経済循環図において，生産（付加価値額）を分配（所得）で除した値は，「地域経済循環率」と呼ばれ，地域経済の自立度を示している。値が低いほど他地域から流入する所得に対する依存度が高い。松本市の値は，108.9％である。長野県全体の値が92.9％である事から，松本市は県内において自立できる経済システム（域内での所得依存が可能なだけの生産を生み出している）を継続している地域といえるだろう。地域経済の循環分析の結果を踏まえ，どのような地域内外の産業連関構造が地域経済の成長と持続可能性を高めるかを見極め，それに向けての具体的な施策を導き実施していくことが必要である。

中村（2014）は，自立できる経済システムの継続を可能にするためには，「地域資源の有効活用（比較優位性の発揮）は不可欠である」と述べている。人材の発掘や育成，自然環境や伝統文化の維持・継承など幅広い地域資源の発掘と研磨が，地域産業の優位性（移出力）を保つことにつながる。また，比較優位性を活かして地域の移出を高めていくのは地域自立の基本的概念だが，新たな競争地域の出現や需要地域の嗜好の変化などの理由から，時代（時間）とともに地域の比較優位性というものは変化する。したがって，地域経済は絶えず比較優位なるものを作り出していく必要に迫られている。

「地域間の競争」という観点でみると，グローバル化する地域経済環境において，地域の比較優位性や競争優位性の維持・発展は，まちづくりの重要な課題である。そのためには，自然環境や伝統文化などの地域資源を活かし，事業を再生・創出して，地域産業の優位性を保っていく必要がある。更に言えば，モノやコトだけでなく，地域にかかわる様々なヒトや情報，財源といった支援を獲得しながら，最適なミックスもしくは再配分を検討し続ける，「まち」としての戦略性が求められる。

2　まちづくりの戦略的視点

（1）　産業ネットワークの多様性

本章の冒頭で紹介した，2015年版中小企業白書「地域住民による，地域の発展・衰退を判断する要素」のアンケート調査の回答では，「ひと」に関する項目

244

図表8-7 地域の発展・衰退を判断する要素

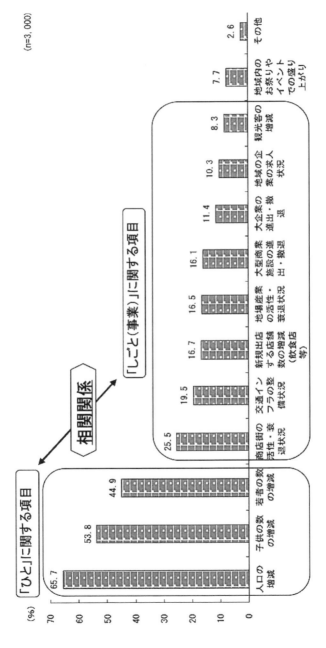

(n=3,000)

出所:中小企業庁「中小企業白書(2015年版)」より筆者加工。

が多く、「しごと（事業）」に関する項目は少ない。但し、これらは相関関係にあるといえよう。確かにまちの発展や衰退を一番感じる要素は、目に見えやすい（そこに居住する）人口数の増減であろう。しかし「ひと」が居住できるのは、働いて所得（生活の糧）を得る「しごと（事業）」があるからである。このことが、地域の発展・衰退に影響する（図表8―7）。

人口動態の変化（人口減少、高齢化）、事業者の減少など、外部環境を考慮した際、小川（2010）[10]は、まちづくりを、「生活の基盤を高齢者、主婦、学生など様々に住民が参加できる参入が容易な地域助け合い（コミュニティビジネス）だけでなく、地域の企業や、商店、農業者、民宿、土産店などの小規模な事業者や主婦、学生、リタイヤしたシニアなど様々な人々が参加し、連携していくことが重要」と論じている。そして、単独では小さい、地域での様々な活動について、地域社会を基盤として「連携」することでより広範に展開する地域内循環経済を「交流ビジネス」と定義づけている。ここで「ビジネス」と呼ぶのは様々な産業分野の横断的な取り組みを考えているからである。農林水産省と経済産業省が中心に推進している「農商工連携」、「六次産業化」といった産業ネットワークは、様々な局面における「交流ビジネス」の呼称ともいえる。
交流ビジネスでは、ヒト、モノ、カネ、情報といった資源が、それぞれ機能して、新たな付加価値を創造する。「機能」とは、「システム」という言葉に置き換えることが出来る。「食の安心・安全確保のシステム」、「高齢者の生き甲斐のシステム」、「生活に結びついた観光のシステム」といった交流ビジネスは、地域活性化、まちづくりのための社会システムであり、消費者、高齢者、観光客などに対して、満足（価値）を提供する。

交流ビジネスの推進、しいては地域産業の優位性を保っていくために、地域課題の解決と事業を両立していく必要がある。両立に必要な要素を充足していくためには、「まち」として戦略性が求められており、経済的な観点だけではなく、社会的な観点から、観光業、商業、工業等の産業のネットワーク化が促進される事が望ましい。

（2）商店街機能の再考

商店街は「まち」の顔として、「経済的な効果」だけでなく、「社会的な効果」を生み出しており、地域コミュニティを支える存在である。ここでは第1章で示された商店街機能体系図を、まちづくりの戦略的な視点から、再考してみる。

図表8—8　社会的機能と経済的機能の関係性

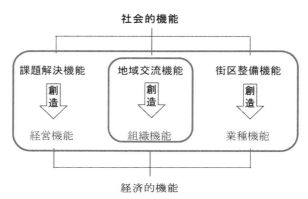

出所：第1章「商店街機能体系図」より筆者加工。

　商店街機能を「商店街」という狭義にとらわれず，商店街的な「まちづくりの機能」という広義で捉えてみる。まちづくりにおいては，社会的機能（課題解決機能：地域に必要な事業の創出，主体者の意識改革，地域交流機能：触媒者，参加者の地域流入の促進，街区整備機能：地域コミュニティの演出）が，まず考慮されるべきもので，経済的機能（経営機能：個店（広義では，地域の事業者）の存続，組織機能：組織活動（広義では，産業ネットワーク），業種機能：店（広義では，地域で再構築した価値））は，社会的な観点で「創造」していくプロセスが必要であると考える（図表8—8）。

　地方における「まちづくり」においては，「地域交流機能」が中核となる。地域における様々な産業のネットワーク化を促進し，主体者や触媒者，参加者という「ひと」が流入するコミュニティ（つながる場）の形成を果たす役割が求められ，地域としての組織機能の再形成など，他の機能にも多大な影響を及ぼすものと考える。

（3）　地域コミュニティ形成のサイクル

　地域における最大の枯渇資源は，「ヒト（人材）」およびマネジメント機能といえる。既述した地域交流機能において，コミュニティの形成は，地域への「ひと＝ヒト（人材）」の流入を促進できる大きな可能性を持っている（図表8—9）。

図表8—9　地域コミュニティ形成のサイクル

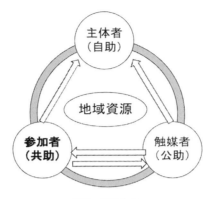

出所：筆者作成。

　図表8—9は，地域コミュニティ形成に必要となる「ヒト（人材）」を，主体者（地域住民・事業者等，地域コミュニティの自助機能），触媒者（支援者，地域コミュニティの公助機能），参加者（顧客，地域コミュニティの共助機能），と3つに分けて示している。（図中央の）地域資源は，顕在化・潜在化している両方のモノ・財源・情報・を含む。3つの円の大きさを同一としているのは，量的なバランスがとれている事を（理想として）示している。

　自助機能たる主体者は，コミュニティ内のモチベーションをいかに高めていくかが重要となる。例えば，商店街の活気（賑わい）は，個店の魅力，街の雰囲気などで形成され，決して店舗の参加割合や空き店舗の状況だけで判断されるものではない。以前，東日本大震災の被害から商店街の復興に取り組む，被災県職員の話を聞いた事がある。「様々な事情があって，復興意欲をもって前向きに取り組んでいる人は，全体の1割程度とわずかな割合」としながらも，「取り組んでいる人に意欲があれば，やがて周囲の人達にも伝わっていく」と話していた。地域コミュニティ形成においては，主体者こそが最大の推進力である。しかし，地方においては，少子化や，都市圏への流出などによる若年層の減少等から，自助機能の低下は否めない。自助機能が著しく低下してしまうと，地域コミュニティ自体の存続が困難となる（図表8—10）。

　公助機能たる触媒者（支援者）は，都道府県や市町村，商工会・商工会議所，

図表8―10　地域コミュニティ形成のサイクル（地方の場合）

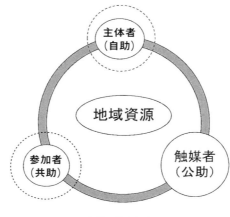

衰退している地域は，自助機能（主体者），共助（参加者）機能が低い（相対的に円グラフは小さくなる）

出所：筆者作成。

金融機関，士業・コンサルタント，地域の中核企業，NPO法人など，各地域にはある意味「平等」に存在する。

　コーエン＆プルサック（2003）は，社会的なネットワークを支える人々について，「調整役やつなぎ役」（外交的・友好的で，社会的ネットワークの参加者同士のつながりを生み出すことに時間と労力を費やす役割），「橋渡し役」（誰が何を知っているかという情報を社会的ネットワーク外部のグループに広めるのが好きな性格の人），「達人」（社会的ネットワークの任務や運営に関する特定の専門能力を磨き，他者からもそういう存在として認められている），「伝道師」（社会的ネットワーク内の新たなアイデアや人材，プロセスに関する「よいニュース」を宣伝し，他者の間に情熱を呼び起こす），「門番」（社会的ネットワークと外界との間で半透膜の役割を果たし，ネットワークに出入りする情報の流れを制御する）と，役割を提起している。ネットワークにどのような影響を与えるのかを明確化している。

　これまで，地方における公助機能のあり方については，都道府県や市町村，商工会・商工会議所，金融機関といった支援者が中心となって，補助金・助成

金支援，イベント実行支援などが実施されてきた。しかし，財源の獲得が優先事項となり，本来の事業目的は後回しとなっている取組が散見されてきた。今後，公助機能に求められるのは，社会的なネットワークを内外から支える様々な役割を果たし，地域を活性化する（まちのにぎわいを生む）方法・アイデアの具現化推進に，地域と一体となってビジョンを描ける人材（近年「ファシリテーター」，「コーディネーター」等と呼ばれる方々）である。

共助機能たる参加者は，本来は顧客として，地域へ来訪する方々であるが，中長期的には移住などによる流入によって，自助機能たる主体者，公助機能たる触媒者（支援者）となり得る可能性がある。松本市の「松本ぼんぼん」には約25,000人の踊り手が300以上の連（団体，30～200人で構成）を作って参加しているが，地元住民だけでなく，地域交流によって参加している域外の人，支援団体の人，移住した人などのつながりで形成されているイベントで，年々参加規模は拡大し，コミュニティ形成（連は1つ1つがコミュニティ）に貢献している。地域にとっては新たな「ヒト（人材）」を獲得できる機会となる。地域のイベント，商店・地域企業との交流などを通して，地域への来訪者を継続的に多く巻き込める「コミュニティ形成」，「つながり作り」を醸成していく事が重要である。

第4節 「健康寿命延伸都市・松本」のまちづくり

1 地域経済循環の悪化と人口減少局面への突入

2008（平成20）年秋のリーマンショック以降，相次ぐ工場閉鎖や円高に伴う海外への工場移転によって，松本市の産業集積力は著しく低下した。製造業における工業出荷額が下落傾向を示す中で，従業員の現金給与支給額は，リーマンショック以前と比べると，平均して30％以上の減少幅を示している。所得環境が悪化すれば，地域の購買力も低下する。地域内の需要に依存する，卸売業，小売業，サービス業は低迷し，地域全体の景況感を引き下げてきた（図表8―11）。

事業所数および従業員数は減少の一途をたどる。自然動態要因（高齢化，少子化）はあるものの，地域経済構造分析の3つの識別産業（基盤産業，基幹産業，雇用吸収産業）は，いずれも厳しい経営推移を示し，成長性（雇用者数など付

図表8―11　経営組織別，事業所数及び従業者数

① 事業所数

区　　分	事業所数			
	21年	26年	増加数	増加率（％）
総　　　　数	14,533	13,599	△ 934	△ 6.4
民　　　　営	14,128	13,194	△ 934	△ 6.6
う ち 個 人	5,653	4,952	△ 701	△ 12.4
う ち 法 人	8,383	8,166	△ 217	△ 2.6
う ち 会 社	7,501	7,212	△ 289	△ 3.9
国，地方公共団体	405	405	―	0.0

② 従業員数

区　　分	従業者数（人）			
	21年	26年	増加数	増加率（％）
総　　　　数	136,475	129,566	△ 6,909	△ 5.1
民　　　　営	127,656	120,049	△ 7,607	△ 6.0
う ち 個 人	14,551	12,874	△ 1,677	△ 11.5
う ち 法 人	112,747	106,843	△ 5,904	△ 5.2
う ち 会 社	94,937	87,640	△ 7,297	△ 7.7
国，地方公共団体	8,819	9,517	698	7.9

出所：総務省統計局　「平成21年経済センサス―基礎調査」「平成26年経済センサス―基礎調査」。

加価値の向上）の芽が乏しい状況が顕著となっている。設備投資の減少も懸念されている中，地域内の資金循環は先細り，地域経済循環の悪化は避けられない情勢で，新たな産業の創出が課題である。

　また，松本市ではこれまで住宅や店舗などの郊外立地が進み，市街地が拡散しており，今後想定される人口減少に伴って低密度な市街地が形成されると考えられる。そうすると，拡散した市街地における社会基盤の維持管理費が増加し，生産年齢人口の減少による歳入減少が見込まれ，財政収支が悪化することが懸念されている。地域としての「効率性」を考えたまちづくりが課題である（図表8―12）。

図表8-12 人口集中地区面積と人口の推移

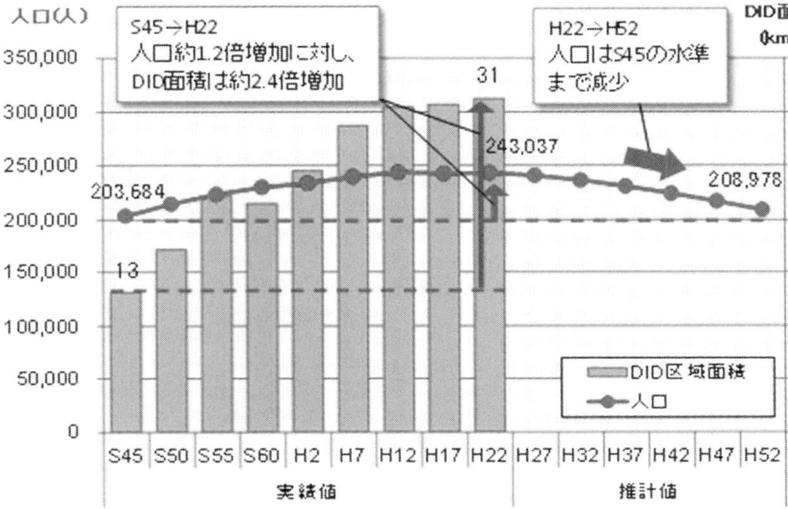

出所:松本市ホームページ。

2 松本ヘルスバレー構想

松本市では,超少子高齢型人口減少社会におけるまちづくりとして,「健康寿命延伸都市の創造」の理念を掲げている。健康」を20年・30年後を見据えた「活力ある超高齢化社会の源」と捉え,「健康な地域の具体的な姿」を,① 要介護・寝たきりの人が少ない（予防医療,生活習慣病の改善）,② 孤立した市民が少ない（社会的な絆の充実）,③ 活動的な生活を送る人の割合が高い（アクティブシニアの活躍）と想定し,「基本方向」として健康期から終末時期まで,継続的なケアが担保され,安心して暮らし続けることのできるまちづくりを設定した。その上で社会的な地域課題を,運動・食・生活習慣による健康増進,検診・バイタルデータのチェックによる疾病予防,医療機械のICT化・軽量化・小型化・新素材活用による医療費の削減,孤立化の防止・コミュニケーションツールの開発による生活の質の向上,ソーシャルキャピタルの形成（社会的な絆,地域社会との絆）と捉えている。そして,健康な市民が暮らし,その人々に磨

図表 8—13　松本ヘルス・ラボのイメージ

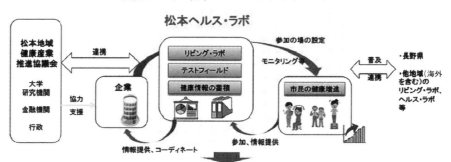

出所：松本市ホームページ。

かれた産業が定着，健康に関する情報，投資，人が集まる健全な地域循環を「共通の価値」として創造する，「松本ヘルスバレー構想」を打ち出している。

構想の実現について，2010（平成22）年に，健康，医療，介護などの機器開発及び関連サービスに関心のある企業，大学，自治体，医療機関，各種団体などを募って「松本地域健康産業推進協議会」を設立した。ここでは，「課題を解決する場」として，「新しい産業創出のプラットフォーム」となるネットワークを目指している，健康・医療・介護に関する現場のニーズを抽出し，これに答えるべき方策を会員同士のネットワークを活用しながら創り出す場を提供している。

協議会では，健康産業フォーラムを開催し，先端的な健康・医療情報の共有化を図るとともに，ビジネス化の可能性を検討，現場（病院，介護施設，高齢者関連施設）のニーズ調査の実施と会員への提供，実用化検証の実施（試作段階の製品・サービスを協議会の助成で検証を行う），相談業務の実施（認証，薬事関係情報，販路等），「健康経営」に関する普及と実践活動。「世界健康首都会議」の開催，など6項目の活動を進めている。

また地元市民と企業等のネットワークとして，「松本ヘルスラボ」を構築している。これは，市民の健康づくりと市民ニーズの視点から，新製品・サービスの提案や実用化検証に，多くの市民が参加する事により，健康への意識醸成と

ヘルスケアビジネスの振興を同時に実現する事を目指すものである。ここでは，ヘルスケアビジネスの創出基盤として，リビング・ラボ機能，テストフィールド機能，市民の健康増進・社会参加，の3つの機能を有する（図表8―13）。

3 コンパクトシティ・プラス・ネットワーク

超高齢化人口社会に対応した持続可能な都市づくりに向けて，「都市再生特別措置法」及び「社会公共交通活性化再生法」の一部が改正され，立地適正化計画及び地域公共交通網形成計画を策定することが可能となっている（図表8―14）。

松本市では，市街地が郊外へ無秩序に拡大，中心市街地は人口減少と少子高齢化が急速に進展，中心市街地は職住近接の商店街が衰退しスプロール化，学生など多世代間の交流の場が少ない，などの都市再構築の課題を抱える。

2015（平成27）年には，生活サービス施設や住宅等がまとまって立地し，公

図表8―14 集約都市構造のイメージ

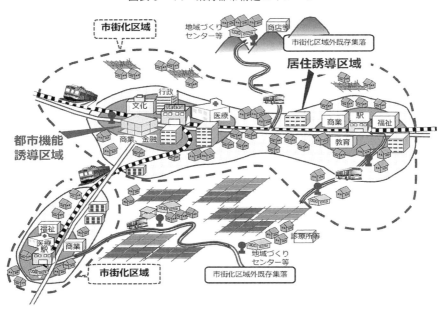

出所：松本市ホームページ。

図表8—15 松本市の都市集約および公共交通網形成のイメージ

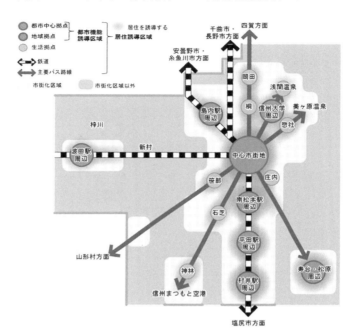

出所：松本市ホームページ。

共交通により容易にアクセスできる「コンパクトシティ・プラス・ネットワーク」のまちづくりを掲げた。これは中心市街地や鉄道駅周辺などの利便性の高いエリアへの人口誘導を図り、集約型都市構造の実現を図っていくものである。

また、中心市街地のにぎわい創出の柱として、松本城を中心としたまちづくりを掲げている。「城の町」として失った、生活、商店・飲食店、仕事、娯楽、人の往来などを復元し、コミュニティを再形成する。「観光客も市民も歩いてみたくなるまち」として、『人が集る流れ、にぎわい』ができれば、まちの「価値」が提供され、人が集まる循環は持続していく。

交通インフラ・街区の整備として、次世代交通政策の推進（社会実験など）、城下町湧水郡整備（井戸で憩いのポイントづくり）など、都市空間の再計画も進めている。

更には，松本最大の魅力である「自然・文化」をアピールし，『三ガク都』と呼ばれるイメージ戦略を打ち出している。「学都」は，重要文化財「開智校」，「旧制松本高等学校」などの歴史資源，「岳都」は上高地・美ヶ原・乗鞍などの自然資源，「楽都」はサイトウ・キネンフェスティバル[11]に代表される文化資源である。また，Jリーグ内でもサポーターが熱狂的な，松本山雅FC（プロサッカーチーム）を活用した事業[12]を展開している。こうした取組を通して，域内外の交流（情報・人財）拠点都市の形成を推進している。

ま と め

これからのまちづくりは，地域経済の持続性と密接なかかわりをもたなければならない。地域の実情に合わせて均衡の取れた経済成長を実現していくためには，製造業を中心とした域外（広域）需要の視点と，サービス業を中心とした域内需要の視点が必要である。

松本市の事例では，松本ヘルスバレー構想（製造業を中心とした域外（広域）需要の視点）と，松本城を中心とした中心市街地の活性化策（サービス業を中心とした域内需要の視点）を取り上げた。しかし，地域の課題は，多様化，複雑化している。松本市の場合も，中山間地や市街地の高齢者対策，企業における後継人材対策など，残された課題は多い。

それぞれの地域が実情に応じた成長への取り組みを実現していく事で，均衡の取れた経済成長，地域経済の持続性が実現可能となる。そのためには，地域がそれぞれの実情（地域課題）をきめ細かく把握し，適切な方策（戦略）を取る事が重要である。最近では，地域課題の具体的な方策として，「ソーシャルビジネス」，「マイクロビジネス」という言葉をよく聞く。これらのビジネスは，一定の利益を確保しながら継続している点については評価されるものの，地域経済成長への影響という点では1つ1つが小規模であり，ビジネスプロセスとしてのステップアップが課題と考える。これについて小川（2010）が定義する「交流ビジネス」は，様々な「連携」が広範に展開する事で，地域経済の成長を図っていくものとしている。

ここ数年，長野県内の各地域においては，「コアワークスペース」，「ワークショップ」といった様な，新しい形のコミュニティ（プラットフォーム）が次々出現している。そこでは，「インキュベーション施設」や「公民館」といった従

図表8—16　地域の経済成長のために必要な視点（左枠内が松本市のケース）

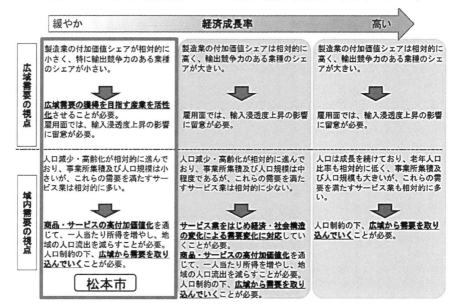

出所：中小企業庁「中小企業白書（2015年版）」。

来の施設機能も果たしている。2016（平成28）年の県調査では，人口の社会増となっている市町村が増加[13]している。こうしたコミュニティ形成の成果が表れていると推察される。

　交流ビジネス推進のために，今後も地域においては，行政主体の取組だけではなく，これまで以上に課題解決の担い手となりうる，「地域住民（学生，主婦，高齢者，サラリーマン，事業主）」，「個別企業」，「任意団体・NPO法人」等といった様々な民間部門の出現，更にはネットワーク，コミュニティの形成が活性化していく姿が望まれる。

　ネットワーク，コミュニティ形成の活性化は，地域課題，地域資源の抽出発見につながり，新たな価値（交流ビジネス）を創出していく。交流ビジネス（しごと）を創出しつづける地域としての持続性は，更なるコミュニティの形成（ひとの流入）を促進し，必ずやまちづくりの活性化にもつながっていくと考える。

第 8 章　地方都市における産業ネットワークとまちづくり　257

注

1) Creating and Realizing Shared Value：事業を通じて地域課題を解決することにより，その地域が元気になり，その恩恵を，事業主体となる中小企業・小規模事業者が享受する事。
2) 石川栄耀（いしかわ ひであき，1893（明治 26）年 9 月 7 日――1955（昭和 30）年 9 月 25 日）は日本の都市計画家。都市における盛り場研究の第一人者で新宿歌舞伎町の生みの親および命名者である。
3) 1998 年（平成 10 年）制定時の法律名は，「中心市街地における市街地の整備改善及び商業等の活性化の一体的推進に関する法律（中心市街地法）」，2006 年（平成 18 年）の改正時に「中心市街地の活性化に関する法律」に改められた。
4) 2014（平成 16）年創設，市町村が作成した都市再生整備計画に基づいて実施される事業に対して交付金を交付する制度。平成 22 年度より社会資本整備総合交付金に統合され，同交付金の基幹事業である「都市再生整備計画事業」として位置づけられている。
5) 中村良平（2014）5 ページ。
6) 中小企業庁（2015）556～559 ページ。
7) 「雇用者所得」：主に労働者が労働の対価として得る賃金や給料等。「その他所得」：財産所得，企業所得，交付税，社会保障給付，補助金等，雇用者所得以外の所得。「その他支出」：政府支出，地域内産業の移輸出入収支額等。
8) 2015（平成 27）年 4 月 21 日より，内閣官房（まち・ひと・しごと創生本部事務局）及び経済産業省が，提供を開始した，産業構造や人口動態，人の流れなどに関する "ビッグデータ" を集約し，可視化するシステム。地方公共団体向け総合戦略の策定支援が目的であるが，本システムで提供するデータは，企業間取引に関するデータを除いて，一般の方でも Web 上で見る事が可能である。
9) 中村良平（2014）6～7 ページ。
10) 小川雅人（2010）171 ページ。
11) 1992（平成 4）年から毎年　8 月，9 月に長野県松本市で行われる音楽祭。小沢征爾氏が総監督を務める。2015（平成 27）年より，対外的には『セイジ・オザワ 松本フェスティバル』に名称変更された。2016（平成 28）年 2 月，小沢征爾氏がサイトウ・キネン・オーケストラを指揮したまつもと市民芸術館（ライブ）歌劇「こどもと魔法」（ラヴェル作曲）を収めるアルバムがアメリカのグラミー賞最優秀オペラ録音賞を受賞して大きな話題となった。
12) 2017（平成 29）年 2 月，松本城近くの街中に，「喫茶山雅」をオープン。クラブの

ルーツで，かつて松本駅前にあった喫茶店「純喫茶山雅」のメニューを取り入れ，昭和のレトロな雰囲気を再現。これまで松本山雅サッカークラブと接点がなかった人も訪れるようなコミュニティスペースを目指している。
13) 長野県外からの転入と長野県外への転出の差を示す「社会増減」について，県の人口移動調査によると，2016（平成28）年の1年間で，転入が転出を上回る「社会増」の市町村は，2015（平成27）年の21から，28年に増えた。

参考文献

石川欣一・中川治雄（2001）『松本市縄手繁昌記』書肆秋櫻社。
小川雅人（2010）『地域小売業の再生とまちづくり』創風社。
国際貿易投資研究所『世界経済評論』（2014年3月4日号）。
中小企業庁『中小企業白書（2015年版）』。
内閣府（2014）『まち・ひと・しごと創生長期ビジョン・総合戦略』。
中村良平（2014）「まちづくり構造改革」日本加除出版。
松本本町近代化推進連盟（1966）『本町近代化の歩み』。
松本商店街連盟（1998）『商都まつもとを担って』。
Cohen, D. and Prusak, L.（2001）沢崎冬日訳（2003）『人と人の「つながり」に投資する企業——ソーシャル・キャピタルが信頼を育む』ダイヤモンド社。

（柳澤　智生）

第9章　商店街活性化における自治体の役割
―― 神奈川県の事例に基づく ――

は じ め に

　郊外を中心とした大型商業施設の乱立，モータリゼーションの進展，消費者の生活スタイルの変化，さらには，インターネット販売といった新たなビジネスモデルの出現といった様々な社会的背景により，かつては町の中心の顔であり，まちづくりにおける重要な役割（プレーヤー）を担ってきた商店街が今厳しい環境に直面している。事実，平成27年度「商店街実態調査報告書」（中小企業庁委託調査）によると，全国で「繁栄している」商店街の割合は，調査を開始した昭和45年の38.7％から2.2％までに落ち込んでおり，全国の商店街の多くが衰退の危機に面していることが伺える。その一方で，こうした厳しい環境の中でも，歴史や文化，食，街並みなどの商店街「固有の資源」や，「話題性のある活動」（小川，2011, p.1）を通じて，地域住民，消費者，観光客等から継続的かつ積極的に支持されることで，地域商業（商店街）のにぎわいにつなげているところもある。

　そこで，本章では，先行研究や事例を踏まえて，①商店街と近隣住民，NPO，大学，行政等の多様な外部組織との連携（外部資源の積極的な活用），②商店街の役員と事業部・青年部（又は女性部）等内部組織の円滑な連携（内部経営資源の円滑な機能），③商店街の社会的機能と経済的機能（小川，2011）の総合的・融合的な発揮の3つの要因と商店街活性化の関係について明らかにするため，神奈川県内の6つの商店街の代表理事（又は会長）にヒアリングを行った。また，その結果を踏まえて，商店街活性化における自治体の役割について述べる。

　本章は以下の構成である。
　第1節では商店街の厳しい実態について述べる。全国の「繁栄している」商店街は2.2％しかなく，神奈川県においても「活性化している」商店街は2.6％と，非常に厳しい環境にあることを述べる。第2節では商店街の役割と先行研究を

レビューする。多種多様な店舗で構成される商店街がこうした厳しい環境の中で組織一体として行動することの難しさについて述べる。第3節では，前節の先行研究を踏まえるとともに，神奈川県内の商店街の代表理事（又は会長）へのヒアリングを通じて，先述の3つの要因と商店街活性化の関係について考察する。続く第4節では，商店街活性化における自治体の役割について述べる。具体的には，① 個店の経営力向上，② 商店街（地域）リーダーの育成，③ 商業者同士のネットワークづくりとノウハウの共有，の3つの役割について述べる。最後の第5節では，今回の結果に基づき商店街活性化の一般化モデルを提示するとともに，残された課題について述べる。

第1節　全国及び神奈川県の商店街の現状について

郊外を中心としたショッピングセンター（以下 SC）等の大型商業施設の乱立，少子高齢化の進展による人口及び商圏の縮小，インターネット販売等の新たなビジネスモデルの登場による消費行動の変化といった環境変化により，今全国の多くの商店街が衰退の危機に直面している。昭和55年の後半をピークに，郊外を中心とした大型商業施設の拡大とともに全国各地の中心市街地は衰退し，都市としての「顔」や歴史の中で培われてきた「ストック」が消失していく状況にある（石原，2009）。商店街もまた，商店主の高齢化と後継者の不在等とともに，商店街を担う人材不足とそれに伴う商店街活動の低迷の結果，衰退の危機に直面している。

全国の商店街数[1]は，平成19年商業統計表[2]によると約1万2千程（12,568）あり，平成27年度商店街実態調査報告書[3]（有効回答数：3,240）では，「活性化している」と回答のあった商店街は2.2％であるのに対し，「衰退している」と回答のあった商店街が43.2％を占めている。本調査が始まった昭和45年では，39.5％が「繁栄している」と回答を占めていることから，多くの商店街が自らの成長に限界を感じている状況にあることが伺える。

小売商店数もまた，昭和45年代まで増加し，その後昭和57年の約172万店をピークに減少に転じており[4]，平成9年では約145万店となっている。その内，大型商業施設等の大規模小売店舗の割合が増加する一方で，それ以外の小売店舗の割合が減少していることから，中小規模小売店は非常に厳しい環境にあることが伺える。

図表9—1　全国の商店街の景況感

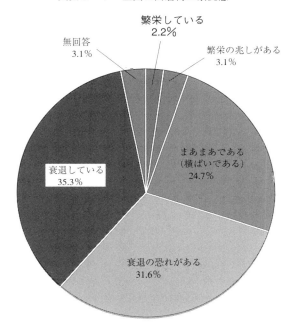

出所：平成27年度全国商店街実態調査報告書（中小企業庁委託調査）

　神奈川県内の商店街（有効回答数：352）を対象とした平成25年度商店街実態調査報告書[5]においても，「活性化している」と回答のあった商店街は全体の2.6％に対し，「衰退している」と回答のあった商店街は35.3％を占めている。また，神奈川県内の商店街数は，平成25年には1,088あり，平成20年の1,204から，5年間で100団体以上減少している[6]。商店会への個店の加入割合は，平成25年は76.2％と，平成20年の81.5％から約5％減少していることから[7]，全国の商店街の状況と同様に厳しい環境にあることが伺える（図表9—1，9—2）。

　自然発生的に商店が集積し形成された商店街（石原，2006）が，このような厳しい環境の中で，今後，持続的な成長と発展が望めるのだろうか。これまで商店街が成長及び発展してきたのは，商店街が「横の百貨店（デパート）」と例えられてきたように，購買頻度の高い生活必需品を中心に1ヵ所で買うことが

図表9−2　神奈川県内の商店街の景況感

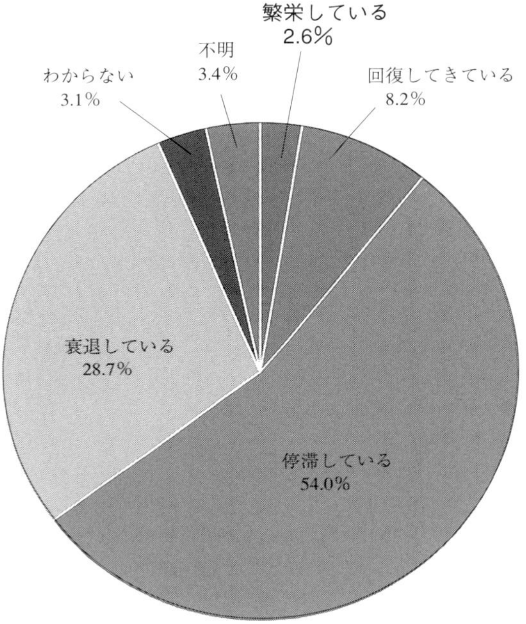

- 繁栄している 2.6%
- 回復してきている 8.2%
- 停滞している 54.0%
- 衰退している 28.7%
- わからない 3.1%
- 不明 3.4%

出所：平成24年度神奈川県商店街実態調査報告書（公益社団法人商連かながわ）

できる，いわゆる，「ワンストップショッピング」として存在することで，地域住民を中心に根強い支持を受けてきたからといえる。こういった買物をする目的以外にも，地域住民らが集い会話する場や，夏祭りや盆踊り等季節ごとの催事を祝い賑わう場であり，いわゆる地域住民等生活者の多様な受け皿の場として，これまで商店街は大きな役割を果たしてきた。こういった人々が消費の多様化・個性化といったライフスタイルの変化等により，時代のニーズに合った多様なものを1ヵ所で買うことのできるSC等の大型商業施設を徐々に選ぶようになり，商店街には行かなくなってしまった。それに伴い，買物の場としての機能が低下し，人々がともに集い賑わう場といった地域コミュニティとしての機能を提供する機能までも一緒に低下させてしまった。こうした地域商業の衰退は，現在2つの社会問題として顕在化されつつある。1つは，商店街が衰

退することによって，買物弱者（買物難民）を生み出しているといったことと，もう1つは，地域商業の衰退が地域の賑わいや地域らしさ，いわゆる地域固有の「顔」を失わせるといったことである。前者は，コンビニエンスストア，スーパーマーケット，さらにはインターネット販売といった新たなビジネスモデルが登場することで，機能の一部が代替又は補完されつつあるものの，後者は，その商店街が持つ固有の資源（例えば，歴史や文化，食，建築や街並み等）[8]に大きく依存した取組が多く，それが他の商店街でも広く適応・応用可能な解決策として至っていないのが実情である（水越・藤田，2013，pp. 48～49）。

第2節　商店街の役割と先行研究のレビュー

　SC等の大型商業施設は，その運営主体であるデベロッパーの基本方針の下，景気変動等により短期的に収益が低迷すれば撤退するため，地域住民らの生活基盤を長期的に支える基盤（インフラ）とはなりにくい。その一方で，少子高齢化が進展する日本社会において，今後も地域住民にとって身近な商店街が地域活性化における役割は，不可欠である。

　中小小売商業における組織の形態の先行研究では，石原（1986）は，その形態を組織化のタイプが補完型か累積型か，また，組織の構成員を「所縁型（ゆかり）」か「仲間型」かに類型化している。「所縁型（ゆかり）」組織とは，その発生において組織メンバーを自ら選ぶことができず，組織運営においてもそのメンバーを自らコントロールすることができない特性を持っている。その結果，内部に大きな異質性と多様性を内包することになり，組織一体としての行動が難しくなる。その一方で「仲間型」組織とは，組織の発生・運営において組織メンバーを自らコントロールすることのできる特性を持っている。すなわち，組織メンバー間のモチベーションや意思を合わせることで，組織内の異質性と多様性を抑えることができる。SC等の大型商業施設はデベロッパーが明確な目的意識を設定することができるため，この「仲間型」組織（関係）の特性を有しているが，個店が自然発生的に集積した商店街の多くは「所縁型」組織の特性を有していることから，（商店街）組織一体として積極的に行動することが難しくなる。すなわち，商店街内部の個店が抱えているそれぞれの課題やモチベーション等の異質性により，組織全体としてまとまって行動できないのである（山中，1958）。

　商店街が地域社会のプラットフォームになることで新たな役割を果たす必要

性を指摘している先行研究では，毒島（2004）は，商店街が地域社会で存在意義を確立するためには幾つかのキーコンセプトが必要であることを指摘するとともに，そのキーコンセプトについて東京都の「21世紀商店街づくり振興プラン」（2001年3月）を引用し，① 地域の生活基盤（ライフライン），② 地域の"顔"（個性），③ 地域文化の伝承・創造の場，④ 街並み・景観等のハード的魅力の決定要因，⑤ 地域の急速・憩いの場，⑥ 人や物資の集積・交流と情報発信の場の6つのコンセプトを提示している。加藤（2005）は商店街の機能を「買い物機能（経済的システム）」と「コミュニティ機能（社会的システム）」の二側面として捉え，それを「コインの両面」として指摘しているが，毒島は，後者をより重視しているものと考える。

　商店街が多様な機能を担うことで地域住民にとって重要な役割を果たしていることを指摘している先行研究では，小川（2011）が挙げられる。小川（2011）は商店街の機能を「経済的機能（経営と組織維持のための機能）」と「社会的機能（地域コミュニティ貢献の機能）」に分けるとともに，前者を「経営機能（個店存続のための経営力向上の機能）」「業種機能（商店街にとって必要な店の種類）」「組織機能（組織活動のための共同活動機能）」に，後者を「課題解決機能（地域の課題解決のための機能）」「地域交流機能（地域コミュニティの交流機能），「街区整備機能（商店街としての外部性の機能）」の3つにそれぞれ整理し，その両機能が商店街にとって重要であることを指摘している。すなわち，商店街は，商店街全体の売上げ（経済的機能）の向上だけでなく，地域コミュニティや地域らしさの維持存続，あるいは地域活性化を通じた賑わいの創出（社会的機能）も重要なのである（序章，6頁参照）。

　商店街と外部組織の連携の重要性を指摘している先行研究では，福田（2009），小川（2011），前田（2013），古川（2011）が挙げられる。福田（2009）は，横浜市内のいくつかの商店街を基に，商店街内部だけでは対応が難しい課題を，外部のネットワーク組織の資源を活用する方がより効果的な事業になる場合において，組織間ネットワークの中で資源を相互依存するとともに，これからの商店街は地域社会の課題やニーズを探り，地域資源を活かしたまちづくりを関係者とともに協働していくことの重要性を指摘している。小川（2011）は，349の「話題性のある活動」を実施している全国の商店街の事例を通じて，うち168の連携事例を確認するとともに，商店街の機能が他の組織と連携することでより広範囲な機能を発揮できることを指摘している。商店街はいくつかの商

店街機能を組み合わせて活動することだけでなく，地域コミュニティの他の組織と連携することでより効果的な広範な機能を発揮できることを指摘している。また，その主な連携の内容として，商店街有志と既成商店街組織の連携，複数の商店街による連携，商店街と地域団体との連携に整理している[9]。長野県の岩村田本町商店街や神奈川県の茅ケ崎商店街連合会の事例を通じて，地域の様々な団体との連携の対象として広がりを持った活動になっていることを指摘するとともに，商店街活性化の射程を拡張する可能性があること[10]も指摘している。前田（2013）は，商店街は，地域の歴史的，文化的，人的資源あるいは自然的資源などの経営資源を活用し，顧客の求める「経験価値の共創（co-creation）」による競争力の向上と，地域コミュニティや利害関係者と資源ネットワークを構築し，共有の利益と目標を定め，それらの経営資源を戦略的にコア・コンピタンスとして活用することで，価値を再構（re-creation）していくことの重要性を指摘している。古川（2011）は，地域活性化のためのプロセスとして，コトづくりを通じて「渦」をつくり，集団の力と個々人の可能性を最大限引き出すことが必要であり，そのためには，「目標」を掲げ，その目標をどのようにすれば共感し，共鳴し合うかを考え，自律的に協働を引き起こす状況を作る。時間をかけて対話することで知識が創造され，新たな課題に対する挑戦が始まるというプロセスの中で，より多くの人が関与してくる。様々な人が出合い，対話し，コトがレベルアップしていくことで，地域活性化の良循環につながることを指摘している。中小企業庁中小企業政策審議会商業部会においても，商店街は，地域住民の憩い・交流・娯楽の場，地域に関わる情報の宝庫，地域の対外的な顔であり，商品売買の場としての存在を超えた社会的・文化的な中心，地域の雰囲気を醸成する空間であることから，同じ地域に根ざしたNPOや大学，運送事業者，農業者等のほか，需要者である地域住民を協働の担い手として巻き込んでいくことも重要であると指摘している。

　このことから，少子高齢化の進展やそれに伴う人口及び商圏の縮小等の影響により今後ますます商店街内部の経営資源が厳しくなる中で，商店街は大学やNPO法人，地域住民及び自治会，行政機関といった外部組織と連携協力しながら，商店街の今後のあり方を見つめなおし，生き残りをかけていくことが重要である。

第3節　事例分析

　本節では，前節の先行研究を踏まえ，先述の３つの要因と商店街活性化の関係を明らかにするため，神奈川県内で積極的に商店街活性化に取り組んでいる６つの商店街の代表理事（又は会長）にヒアリングを行った。

1　外部連携と積極的な商店街

（１）　六角橋商店街連合会（ヒアリング日：2015年5月）
所在地：横浜市神奈川区
商店街の店舗数：約250店舗
主たる客層：主婦，高齢者，家族連れ
主なイベント：商店街プロレス，チャリティ野宿，ドッキリヤミ市場
独立事務局・スタッフ数：有，1名
外部組織：大学，まちづくりコーディネーター，商店街支援団体，行政，信用金庫

①　地域・商店街の概要
　横浜市神奈川区にあり，最寄駅は東急東横線「白楽駅」に位置する商店街である。旧綱島街道沿いの大通りと，昭和レトロな雰囲気の仲見世通りとで構成されおり，近隣住民や地元神奈川大学の学生らで賑わいのある商店街である。当商店街は，戦後に商店が自然発生的に集積し，今でも昭和20年代のお店が残る一方で，若い店主の雑貨屋やカフェなどの新しいお店もでき，新旧店舗が混在するレトロ感が特徴である。

②　主な活動
　本商店街は，「人と人とのふれあいのまち」「安心安全なまち」「次世代へと受け継がれるまち」を目標に，レトロなまちなみを維持するため，地元神奈川大学や横浜市や神奈川県等と連携している。通りや建築物等に関する基準や，防災や商業環境の取組等についての共通のまちづくりルールを策定・運用している。
　また，当商店街発祥の無料の「商店街プロレス」は，毎年夏の風物詩になっ

ている。その他，長年続く夜のフリーマーケット「ドッキリヤミ市場」，商店街の路地で寝る「チャリティ野宿」等，当商店街ならではの個性的なイベントを開催することで近隣住民や若者，地元の学生らを中心に集客し，商店街の活性化に取り組んでいる。

③　外部組織との連携
　会長と役員の主導の下，地元神奈川大学と連携し，街並み調査やワーキング等による検討を踏まえながら，「六角橋商店街レトロモデル作法集」の作成や，「ドッキリヤミ市場」等の商店街イベントの企画・運営を行っている。定期的に開催しているまちづくり検討会議には，神奈川大学の他，まちづくりコーディネーター，商店街支援団体，行政等も参加・連携している。この他，地元信用金庫では「六角橋商店街応援ローン」による活性化支援が行われており，この取組は他地域へと広がりを見せつつある。また，イベントの運営には，地元神奈川大学の学生によるサポートも大きい。これらの取組が評価され，「ドッキリヤミ市場」は平成25年に横浜市から「横浜・人・まち・デザイン賞」の地域まちづくり部門を受賞，平成26年に経済産業省が地域貢献や地域経済の活性化などに積極的に取り組む商店街を表彰する「がんばる商店街30選」の1つに選ばれている。
　会長は「『よそにはない商店街』として地域から愛されるためには，商店街（内部）だけではマンパワーに限界があり，地元大学生や近隣住民等を巻き込んで取り組んでいくことが大切である。それは顧客の新たなニーズに応えられる商店街にもつながっている」と述べている。

（2）　天王町商店街協同組合（ヒアリング日：2015年7月）
所在地：横浜市保土ヶ谷区
会員数：132名
商店街の店舗数：約140店舗
主たる客層：主婦，高齢者，家族連れ
主なイベント：絆バザール，フリーマーケット・骨董市，子ども歌舞伎，商
　　店街プロレス，ちょい呑みフェスティバル
独立事務局・スタッフ数：有，1名
外部組織：小・中学校・大学，町内会・自治会，行政

① 地域・商店街の概要

横浜市保土ヶ谷区にあり，最寄駅は相模鉄道「天王町駅」に位置する商店街である。

当商店街には，鎌倉時代に建立され，地域の歴史的遺産である橘樹神社がある。旧東海道を擁し，宿場町としても歴史と伝統を誇る地域柄を活かして，骨董市や神社境内での歌舞伎等のイベントを定期的に開催している。その他，空き店舗を活用し，有料で出店希望者に店内の"棚"を貸し出し，地域の出店者らが提供する手作り手芸品等の商品を販売しているユニークなお店「棚^2（たなたな）」がある。

② 主な活動

橘樹神社の境内にある神楽殿では近隣の子どもたちによる「子ども歌舞伎」を毎年4回実施しており，地域の人たちから大変好評である。十数年前に広い歩道の整備と電柱を地中化したことで，歩行者も歩きやすく整備されている。

また，フリーマーケット，商店街プロレス，ちょい呑みフェスティバル，各店オリジナルの生姜料理を中心とした天王町神社バル（街バル）[11]，絆バザール等豊富なイベントを実施しており，地域住民を絶えず飽きさせない様々なイベントを実施している。

③ 外部組織との連携

本商店街は，前代表理事から最近変わった50代の代表理事の積極的なリーダーシップと役員同士の固い結束力の下，前述の様々なイベントを実施している。

地元横浜国立大学経営学部の山岡ゼミと連携している。代表理事が商店街の課題である「組織率の向上」と「商店街の新たなあり方」をテーマとして提示し，組織マネジメントとマーケティング専攻のそれぞれの学生がチームに別れてフィールドリサーチし，課題解決のための提案を行っている。そして，現在その提案に基づいて学生と商店街が共に連携して事業を行っている。

2 内部組織が円滑に機能している商店街

（1）横浜市弘明寺商店街協同組合（ヒアリング日：2015年6月）
所在地：横浜市南区
商店街の店舗数：約110店舗

主たる客層：主婦，高齢者，家族連れ
主なイベント：縁日・さくらまつり，節分豆まき
独立事務局・スタッフ数：有，3 名
組織：理事長，副理事長（3 名），幹事（2 名），販売促進委員会，IT 推進委員会，財政委員会，駐車場委員会，総務委員会，かんのん通り委員会（資源回収の会，環境美化委員会），自衛消防隊

① 地域・商店街の概要

　横浜市南区にあり，最寄駅は京浜急行と横浜市営地下鉄「弘明寺駅」に位置する商店街である。その地名にもなっている弘明寺は，市内最古の高野山真言宗の寺であり，坂東十四番霊場弘明寺観音の門前に開けた寺院である。また，大岡川を間に挟み，川を挟んで掛けられた長いアーケードは，県内でも珍しく，多くの来街者で賑わっており，テレビ番組やテレビ CM の撮影場所としても度々取り上げられている。

② 主な活動

　毎年 5 月 23 日～ 9 月 8 日までの期間は，3 と 8 のつく日が縁日となっている。これは地元の弘明寺観音様が由来であり，アーケードがあるため天候に関係なく実施され，多くの来街者で賑わう。また，春の桜のシーズンは，大岡川沿いで「さくら祭り」を開催し，冬のシーズンでも，大岡川沿いの桜の木に冬に咲く桜をイメージしたイルミネーションの装飾を施すことで，多くの地域住民を魅了している。最近では，桜と川，寺をイメージしたオリジナルキャラクター「オグジ」と「サグジ」を作成している。その他，神奈川県や旅行会社と連携し，弘明寺や商店街の会員店舗を巡りながら，老舗店での和菓子作り体験や出来立ての豆腐の試食といった「商店街観光ツアー」を実施している。

③ 内部組織の円滑な機能

　イベント事業は，各委員会の若手商業者を中心に企画し，それを代表理事や役員等と会議で議論し，その後実施に移す体制でやっている。この様な体制でこれまで事業を進めてきたことで，マスコミからの取材も多く，空き店舗もほとんどない。また，この活動を通じて，次期役員候補となる若手の人材育成にもつながっている。

代表理事は,「縁日やさくら祭りなど従来からの定例のイベントだけでは飽きられてしまう。役員と各委員会の若手らが密に連携しながら新たな事業も取り入れていくことで,より多くの地域住民にこの商店街を利用してもらえるよう今後も積極的に取り組んでいきたい」と述べている。

(2) 横浜西口五番街商店会協同組合(ヒアリング日:2015年5月)
所在地:横浜市西区
商店街の店舗数:約60店舗
主たる客層:若者,高齢者,家族連れ
主なイベント:五番街・横浜FCカップ(フットサル大会),ごちそうフェスティバル
独立事務局・スタッフ数:有,1名
組織:代表理事,副代表理事(2名),役員(4名)

① 地域・商店街の概要

横浜市西区にあり,最寄駅「横浜駅」に位置する商店街である。各種鉄道のターミナル駅に位置していることから,主に大手チェーン店や飲食店で構成され,昼夜ともに老若男女の多くの人が行きかう繁華街の商店街である。本商店街の名前の由来は,「横浜市西区南幸1丁目の五番地」に位置していることや,「ニューヨーク五番街」のような元気のある商店街にしたいとの思いが込められていることが由来である。最近では,サッカーJ2横浜FCのサポートを前面に出し,「横浜FCサポートタウン事業」として,地元J2サッカークラブ横浜FCとの連携による新たな賑わいづくりに積極的に努めている。

② 主な活動

「横浜FCサポートタウン事業」として,横浜FC奥寺康彦会長の日本サッカー殿堂入りを記念し,横浜FCのチームカラーである青を基調としたアーチへの改修や,街路灯カバーをサッカーボール型に変え,サッカーをイメージさせる街づくりに取り組んでいる。横浜FCと連携しホームゲーム開催日に合わせて,サポーターが試合を観戦した後に入場チケットの半券を持参した際に,会員店舗で割引が受けられる「ごちそうフェスティバル」を実施し,新たな顧客層の獲得にも取り組んでいる。また,平成26年度から横浜FCとの共催で「五番街・

横浜FCカップ」と題したフットサル大会を開催し，子どもから大人まで様々な年代層の横浜FCファンの育成と商店街の知名度や集客率の向上等にもつなげている。

③　内部組織の円滑な機能

これら様々な事業は，代表理事及び役員，組合員の他，中小企業診断士，行政，横浜FCスタッフ等とも連携・企画し，その後役員会での承認を得て実施している。

代表理事は「役員と組合員とが常に蜜に連携することで，各店舗の状況を把握できるとともに，実効性のある事業を企画できる。そこに専門家，行政，横浜FC等の外部の関係者も加わることで，多様な視点から事業を企画・実施できる。また，『不易流行』，世の中には変えてはならないことと，絶えず変わりゆくことの2種類があり，守らなければならないことはしっかり守りながらも，世の中の変化を見つめながら，常に対応していかなければならない」と述べている。

3　社会的機能と経済的機能が円滑に機能している商店街

(1) モトスミ・ブレーメン通り商店街振興組合（ヒアリング日：2015年5月）
所在地：川崎市中原区
商店街の店舗数：153店舗
主たる客層：主婦，高齢者，家族連れ
主なイベント：フライマルクト，ハロウイン，街角コンサート
独立事務局・スタッフ数：有，1名
社会的機能・経済的機能：社会的機能：一店一エコ運動，被災地支援，出張販売
経済的機能：ポイントカード事業，オリジナル商品の販売

①　地域・商店街の概要

川崎市中原区にあり，最寄駅は東急東横線「元住駅」に位置し，全長約550メートルの商店街である。「中世ヨーロッパのロマンと語らい」をコンセプトに，きれいな街並みと買いやすい，メルヘンチックな楽しい街づくりを進めた。平成2年に「元住吉西口商店街」から現在の名称に改名し，現在まで20年以上に

わたってドイツ・ブレーメン市ロイド・パッサージュと交流を続けている。平成10年にはブレーメン市と同市商店街のロイド・パサージュから「ブレーメンの音楽隊」像が寄贈され，現在コミュニティセンター前に設置している。

② 主な活動

商店街の有志25名が中心となってビッグバンドを結成し，年3回の商店街イベントや定期演奏会で地域住民の方々を楽しませている。平成23年には東日本大震災の募金活動をかねてブレーメン市ロイド・パサージュで演奏会を開催したこともある。平成19年，まちづくりの基本理念や方向性をまとめた「ブレーメン通りまちづくり憲章」を策定し，翌年には「川崎市都市景観条例」に基づき「都市景観形成地区」に指定されている。20年，30年後のすっきりした街並み，ブレーメンらしいメルヘンチックな楽しい街を目指して，建物の外壁には風合いを感じされる素材を用いることが推奨され，広告物の色や色数が指定されており，商店街内の15店舗のシャッターにはブレーメンの歴史的建造物等が描かれている。

③ 社会的機能と経済的機能

「社会的機能」として，環境先進国のドイツに見倣い，環境への取組として，平成14年に川崎市の「頑張れモデル商店街」として認定され，「一店一エコ運動」に取り組んでいる。それが評価され，平成18年には「地域温暖化防止活動環境大臣賞」を受賞している。現在では参加店舗は，100店も超えており，布製のエコバックを販売している。社会貢献として，エコバッグ持参で浮いた費用や商店街各店から寄贈された品物をイベントで販売し，その収益を「神奈川こども未来ファンド」に寄付したり，平塚の知的障害施設にブレーメンの音楽隊をモチーフにした絵皿の作成を依頼し，販売している。地元障害者施設には月1度コミュニティセンターを無償で開放し，施設で作ったクッキーやケーキ等も販売している。その他，東日本大震災の被災地支援として長年交流のある福島県と合同の物産展の開催や，商店街有志による高齢者福祉施設への出張販売も行っている。

「経済的機能」として，商店街オリジナルのエコバックや絵皿，木製の置物，クリアファイル等の文房具や，ドイツから仕入れたブレーメンワイン，飲食各店オリジナルのメニューも提供している。最近では，ドイツのビール純粋令に

基づき醸成された「ブレーメンビアー」も販売し、消費者から好評を得ている。「ブレカカード」は、全国に例のない独自のシステムで多くのナショナルチェーンも参加するほどの画期的かつ独創的なポイント事業である。平成27年秋には、さらにそれを一歩進め、非接触型の端末「ICブレカカード」を導入している。その他、ボランティアによるフリーペーパー「ブレス」の年4回（各5000部）の発行や、子どもたちの夏休み職業体験「ぶれっ子」、近隣商店街と連携し、スタンプラリー、フライマルクト、ハロウィンなど各種イベントを共同で実施している。

代表理事は、「商店街にとって大切なことは、『さしすせそ』、すなわち、『お金（さいふ）』『事務局（じむきょく）』『まちづくり』『先見性（せんけんせい）』『組織作り（そしきづくり）』である。"売るだけ"の商店街だけでなく、青年部の積極的な活動を役員が支援することで、商店街独自の各種イベントや事業を実施し、地域の様々な人からも"親しまれる"商店街をこれからも目指していきたい。これからの商店街は、特徴のある品揃え・味・技術を持った店舗がなければ、生き残っていけない。そのためにも、2代目、3代目の若手経営者らを組織化し、経営力向上のための若手会を設けることで次の商店街を担う人材を育成している」と述べている。

（2）ドブ板通り商店街振興組合（ヒアリング日：2015年7月）
所在地：横須賀市本町地区
商店街の店舗数：約100店舗
主たる客層：観光客
主なイベント：ドル旅、ドブ板バザール、アームレスリング
独立事務局・スタッフ数：有、1名
社会的機能・経済的機能：
　社会的機能＝無料英会話教室、どぶ板新聞の発行
　経済的機能＝海軍カレー缶詰（DOUITAミリメシ）の販売、ドル旅、ちょい呑みフェスティバル（街バル）

① 地域・商店街の概要
横須賀市本町にあり、京浜急行「汐入駅」から米海軍ベースにかけての一帯の商店街である。名称の由来は、明治時代以降、帝国海軍の軍港街として栄え

ていた時代に，本町一帯の通りには道の中央にドブ川が流れており，そのドブ川が人の往来やクルマの通行に邪魔なので，海軍工廠より厚い鉄板を提供してもらい，ドブ川に蓋をしたことから，「どぶ板通り」と呼ばれるようになった。また，昔ながらの肖像画店，ミリタリーショップ，スーベニアショップ，外人バーやレストランなどもあり，さながらな「リトルアメリカン」の雰囲気の商店街である。その他にも，王貞治，宇崎竜童，阿木耀子，雪村いづみ等当地と縁やゆかりのある有名人の手形レリーフがどぶ板通りのモールに埋め込まれている。

② 主な活動

米軍基地が近隣にある地域性を活かして，コンセプトを「アメリカに最も近い商店街」としている。また，合言葉は「継続は力なり」とし，アメリカンなフリマや出店でにぎわう「どぶ板バザール」は30年，120回以上継続して実施している。常に，時代と地元に合った商店街活動に努めており，2009年からはアンテナショップ兼観光案内所「ヨコスカドブイタ ステーション」とにぎわい広場を開設している。

③ 社会的機能と経済的機能

「経済的機能」として，主としてどぶ板の海軍カレー缶詰「DOUITAミリメシ」の開発及び販売や，ドルでお買い物が楽しめる「ドル旅」や「日米アームレスリング大会」等があげられる。その他近隣商店街と連携した「ちょい呑みフェスティバル」（街バル）の開催や，観光客向けにネイビーバーガーや海軍カレーマップ，一店逸品マップなどの発行も行っている。アメリカを身近に感じられる各種イベントを通じて，商店街の賑わいづくりに貢献している。

「社会的機能」としては，米軍に属する家族の協力により，地元住民との交流も兼ねた無料英会話教室の開催や，地元住民やどぶ板ファンへアピールするための『どぶ板新聞』を発行しており，地域の情報発信にも努めている。

会長は「『毎日がアメリカンなストリート』をテーマに掲げて，観光客がリピーターになってくれる商店街を目指したい。その為にも，我々役員とやる気と意欲のある若手を中心に，一過性のイベントや，街路灯や防犯カメラ等ハード整備だけでなく，この商店街ならではの各種オリジナル商品の開発等ソフト事業にも積極的に力を入れ，地域の人たちや観光客等の多くの人を楽しませられ

る商店街でなければならない」と述べている。

　これら6つの商店街のヒアリング結果から，① 商店街と近隣住民，NPO，大学，行政等多様な外部組織との連携（外部資源の積極的な活用），② 商店街役員と事業部・青年部（女性部）等内部組織の円滑な連携・協力（内部経営資源の円滑な機能），③ 商店街の社会的機能と経済的機能の総合的・融合的な発揮の3つが，商店街活性化において重要な要因であるのではないかと考える。それを踏まえて，次節では商店街活性化における自治体の役割について述べる。

第4節　商店街活性化における自治体の役割について

　これまでの自治体における商店街支援は，季節毎の定例のイベントの他，街路灯，アーケード，防犯カメラといったハード整備への補助金交付を主としており，商店街の「商業機能の強化」を目的に行われてきた。しかしながら，街路灯やアーケード等を整備後も維持管理に多額の費用がかかるため，金（税金）のばら撒きや金（補助金）の切れ目が事業の切れ目といったように一部の人たちからは揶揄されるとともに，結果として商店街の持続的な活性化には結びついているとは言いがたい。多くの自治体では財政難の理由から商業振興策への補助金が年々削減されていることからもそれが裏付けられていると考える。しかしながら，最近ではテレビの街歩き番組やバラエティ番組等でも商店街が度々取り上げられ，また，まちづくりや地域の賑わいを担ってきた商店街を自治体が支援することに期待している，地域の商店街が無くなることは寂しいといった自治体の調査結果もある。

　それら結果等を踏まえて自治体が今後行うべき支援は，① 個店の経営力向上，② 商店街（地域）リーダーの育成，③ 商業者同士のネットワークづくりとノウハウの共有，である。つまり，今後の自治体による支援は，これまでの多額の税金を投じた，街路灯，アーケード，防犯カメラといったいわゆるハード整備中心の支援ではなく，やる気と意欲のある商店街（商業者）に対してネットワークの形成やノウハウの提供と共有による支援であり，商店街（商業者）が自立し，持続的な活性化を目指していくようにしていく必要がある（図表9—3）。

　商店街，住民，自治体の3者が共に利する（Win-Win-Win）関係の構築，すなわち，住民の心豊かに安心できる生活環境の享受，商店街は地域の様々な課

図表9—3　今後の商店街支援のあり方（その1）

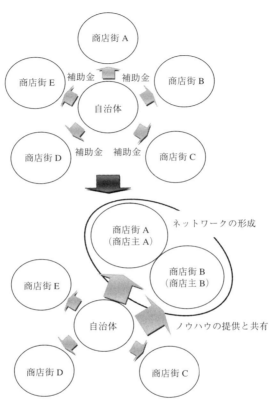

出所：公益財団法人東京市町村自治調査会（2013）「地域商店街の公共的役割と自治体の支援に関する調査研究報告書」59頁に筆者が加筆修正。

題やお困りごとの解決，そして，自治体は地域の課題解決のために限られた資源（財源及び人材）を有効に活用（選択と集中）するために，意欲にあふれた商店街（商業者）を積極的に支援することが不可欠である（図表9—4）。なお，現在中小企業庁は，小規模事業者が商工会議所や商工会と一体となって，新たな販路開拓（例えば，店舗改装・店舗レイアウトの変更や新商品の開発等）を支援するため，現在「小規模事業者持続化補助金」（費用の2／3を補助）を実

第9章　商店街活性化における自治体の役割　277

図表9—4　今後の商店街支援のあり方（その2）

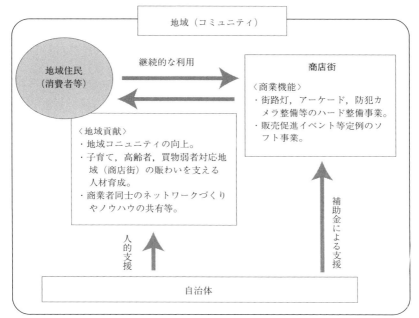

出典：公益財団法人東京市町村自治調査会（2013）「地域商店街の公共的役割と自治体の支援に関する調査研究報告書」58頁に筆者が加筆修正。

施している。

そこで，① 個店の経営力向上，② 商店街（地域）リーダーの育成，③ 商業者同士のネットワークづくりとノウハウの共有，の3つについて以下に述べる。

① 個店の経営力向上とは，自店の商品やサービス力を磨き，個店の魅力の向上を図ることである。すなわち，個店の魅力が向上することで，必然的に個店が集積した商店街の魅力の向上につながるということである。例えば，株式会社全国商店街支援センターでは，商店街の未来を支える次世代リーダーを育成する「商人塾支援事業」，「まちゼミ」のノウハウを学ぶ「まちゼミ研修事業」，個店の集客力・販売力を高め，魅力ある店（繁盛店）づくりを促進し，個店の繁盛が商店街全体の活性化に繋がるような支援を行う「繁盛店づくり支援事業」

等を実施している。公益財団法人東京都中小企業振興公社では,「愛される商人」になることを目指して,都内に店舗や事業所を持つ小売店や飲食店,サービス業等の経営者,後継者,従業員を対象に,「商人大学校」を開催している。「飲食店コース」「小売／サービス業」(昼・夜)の２つのコースがあり,それぞれのコースの一流の経営者,経営コンサルタントや中小企業診断士等の専門家から直接指導を受け,接客・サービス,ITの活用,POP実技等,現場で即役立つ実践的な講義を行っている。受講後に希望者には,実際に専門家を派遣してお店の経営改善を支援している。また神奈川県では,「商店街パワーアップ支援事業」として,１年以上の事業実績があり,環境問題,少子高齢化,食の安全安心等社会的ニーズの変化に対応したお店の魅力アップを考えている商業者や,商店街のビジョンづくり,商店街の施設整備の計画づくり及びフォローアップ,イベント事業の計画づくり,環境や福祉関連事業の計画づくり,商業活性化を基礎としたまちづくり等に悩んでいる商店街や商業者等に対して,中小企業診断士等の専門家を派遣している。やる気と意欲のある商業者が専門家のノウハウを借り,自店の商品やサービス力に磨きをかけることで,自店の魅力を向上させることが重要である。

② 商店街(地域)リーダーの育成とは,将来の商店街を担う人材の育成や高齢化による後継者不足等の課題を解決するため,若手や後継者等の人材を商店街の新たな担い手として発掘し,育成することである。若手や後継者の育成により,やる気と意欲がありかつ過去の成功体験に囚われない柔軟な発想を持った人材を活かすことにもつながるとともに,その時代の変化やニーズに合った商店街に生まれ変わることにつながる。例えば,神奈川県横浜市港南区にある丸山台いちょう坂商店会では,平成25年に60～70代の会長と役員４名が一同に引退し,当時の青年部がその役員を引き継いだことで30～40歳も若返った。それまでほとんど目立った商店街活動を行っていなかったが,歩行者天国(ホコテン)を初めて実施し,多くの集客につなげたことで,新聞等メディアに取り上げられるほどの大きな成功を収めている。公益財団法人東京都中小企業振興公社では,「商店街リーダー塾」を通じて,商店街の会長や事業部長,青年部長,女性部長などの役員や商店街の組織や活動を活性化させたいと思っている方等を対象に,講義と少人数によるグループワーク,商店街視察,専門家スタッフによる現地支援等を通じて,将来の商店街を担う人材を育成している。また,自治体の事例として,埼玉県では,各地域から推薦された商店街等で指導

的な役割を果たしている方々を対象に，まちづくり，資金調達やマーケティング等の知識，折衝力，調整力など地域のトップリーダーに必要な能力を磨くとともに，各分野で活躍する関係者との交流の機会を通じた人的ネットワーク構築を図る，「商業振興トップリーダー育成講座」を実施している。千葉県では，商店街の若手経営者や後継者，商業を通じて地域の活性化に取り組む意欲のある方を対象に，全国各地で活躍している商店街やまちづくりのリーダー等を講師として迎え，実践的リーダー論やイベント手法等について学ぶとともに，県内外の先進商店街への視察や討論会等を通じて具体的なマネジメント技法を習得する「ふさの国商い未来塾」を実施している。

　③ 商業者のネットワークづくりとノウハウの共有とは，自治体（職員）が地域や商店街の枠を超えて，意欲とやる気のある様々な商業者同士を結び付けることである。商店街内のしがらみや年齢・性別等の既存の枠を超えてお互いの知識や経験を共有し，協力し合うことで，地域の賑わいや活性化につなげることである。例えば，神奈川県では，中小企業診断士の資格を有する職員が仲介役となり地域や商店街の枠を超えて商業者同士のネットワークを結び付け，日頃抱いている思いやアイデアを共有する「出張出前講座」や，そのネットワークを更に活かし商店街の隠れたグルメを広くPRするため「商店街グルメコンテスト」等も実施している。また，前述の「ちょい呑みフェスティバル」（街バル）では，神奈川県内の各地域の飲食店主らがSNSを通じてノウハウを共有し合い，開催告知等のPRや開催当日の運営を協力し合っている。商店主の高齢化と後継者の不在等により人やお金といった商店街内部の経営資源が徐々に枯渇していく中で，このように地域や商店街の枠を超えて商業者同士がネットワークをつくり，お互いのノウハウや経験を共有し，協力し合うことが今後益々重要になってくる。

第5節　まとめと今後の展望と課題

　本章をまとめると，① 商店街と近隣住民，NPO，大学，行政等多様な外部組織との連携（外部資源の積極的な活用），② 商店街役員と事業部・青年部（女性部）等内部組織の円滑な連携協力（内部経営資源の円滑な機能），③ 商店街の社会的機能と経済的機能の総合的・融合的な発揮により，地域住民や消費者に継続的かつ積極的に支持され，商店街の持続的な活性化につながることが分かっ

図表9−5　商店街活性化の一般化モデル

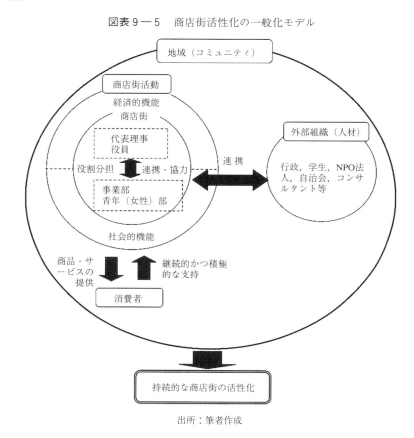

出所：筆者作成

た。それを一般化したモデルとして図表9−5に示す。

　本章では，商店街活性化において重要と思われる3つの要因についてヒアリングを通じて検証するとともに，その結果を踏まえて自治体の役割について述べた。しかしながら，1つの限界がある。今回のヒアリングでは，横浜や川崎といった大都市の商店街を取りあげている。都内に見られるように大都市の商店街は定住人口も多く，それらに支えられて維持存続できている商店街も多い。地方都市の商店街を対象とした場合において，今回の結果がどこまで一般化できるか今後更なる調査研究を蓄積していくことが必要と考える。

謝　辞

　お忙しいところ取材を受けていただいた神奈川県内の各商店街の代表理事（又は会長）にはこの場を借りて感謝を申し上げる。なお，本章におけるありうべき誤謬は全て筆者に帰するものである。

注

1）経済産業省経済産業政策局調査統計部による商業統計調査では，「小売り店，飲食店及びサービス業を営む事業所が近接して30店舗以上あるもの」と定義している。
2）経済産業省経済産業政策局調査統計部調査による。
3）平成27年度中小企業庁委託調査による。
4）商業統計は，昭和27年に調査が開始された卸・小売業を対象とした政府統計であり，平成19年まで2年または3年おきに調査が実施されてきた。
5）平成25年度公益社団法人商連かながわ調査による。
6）神奈川県産業労働局産業部商業流通課調査による。
7）公益社団法人商連かながわ調査による。
8）川越一番街商店街の蔵造りや，滋賀県長浜市の黒壁スクエアの街並み等。
9）小川（2011）p.6。
10）小川（2011）p.135。
11）「街バル（Machibar）」とは，地域活性化と飲食店の集客支援を目的に，飲食店街自慢の料理一品とワンドリンクをセットにしてお客に提供し，客はハシゴして飲み食べ歩くイベント。

参考文献

石原武政（1986）「中小小売商の組織化──その意義と形態──」『中小企業季報』（大阪経済大学中小企業研究所）第2号（通巻4号）。
石原武政（2006）『小売業の外部性とまちづくり』有斐閣。
小川雅人・毒島龍一・福田敦（2004）『現代の商店街活性化戦略』創風社。
小川雅人（2011）『地域における商店街の経済的・社会的機能の見直しと商店街の連携のあり方』千葉商科大学大学院政策研究科博士論文。
加藤司・石原武政（2009）『シリーズ流通体系〈4〉地域商業の競争構造』中央経済社。
公益財団法人東京市町村自治調査会（2013）『地域商店街の公共的役割と自治体の支援

に関する調査研究報告書』
福田敦（2009）『外部組織との連携に向けた商店街の組織戦略』関東学院大学「経済系」第 241 集。
古川一郎（2011）『地域活性化のマーケティング』有斐閣。
前田進（2013）『商店街の価値共創（Co-creation）と再構（Re-creation）に関する一考察 A Consideration on Value Co-creation and Re-creation of a Shopping District』日本経営診断学会論集 13, pp. 31 ～ 36。
水越康介・藤田健（2013）『新しい公共・非営利のマーケティング——関係性にもとづくマネジメント』碩学社。
山中篤太郎（1958）『中小企業の合理化・組織化』有斐閣。

（三浦　達）

第 10 章　商店街活動におけるリーダーシップとマネジメント

は じ め に

　今日，日本において地方創生や地域活性化というまちづくりに関わる問題が政策として大きく掲げられ，取り組み，解決していくべき大きな課題となっている。この課題は地方都市だけが取り組むべき課題ではなく，東京や大阪・名古屋といった大都市圏においても中長期的に取り組まなくてはならない課題である。これは，超高齢社会となった日本が人口減少する局面に対応した持続可能な地域社会をどう作っていくかという日本全体の課題であり，日本の在り方が問われる課題であるからである。

　従来，このような地域活性化やまちづくりといった課題への対応は，行政によって実施されてきた。それは，従来のまちづくりにおける課題は主に企業誘致やインフラ整備といった内容が中心的な課題であったためである。そのような事業には，国からの交付金や自治体の予算を補助金という形で交付する，あるいは固定資産税等の優遇という形で実施されてきた。このような行政によるまちづくりの進め方に対して原田（2003）[1]は，都市間競争激化の問題 公平・公正と効率の問題があることを指摘しており，近視眼的な合理性しかないとしている。高度経済成長期のように日本の経済が右肩上がりで拡大していく時期にはこうした国や自治体が持つ再分配の仕組みを通じて住民へのサービスを高めていく方法や大企業を誘致するという方法は一定の合理性を有していたと言えよう。しかし，バブル経済崩壊後の日本全体の経済が縮小していく状況の中では，原田が指摘するような問題点の悪影響が大きくなり，地域社会の持続可能性を損なうこととなったのである。商業分野でも，企業誘致に成功し，郊外型の大型ショッピングセンターが建設され，その大きな集客力によって地域商業の空洞化を招いた後，採算性が合わないといった理由から撤退してしまい，地域に買い物難民を産み出すといった事例がある。

　このような行政によるまちづくりに対する反省から，地域活性化やまちづくりを実施する主体を行政ではなく，別の主体へ求めることとなり，改めて地域

商業が果たす役割が注目されている。地域商業に期待されている役割は，地域内の流通・経済機能のみならず，安心・安全や伝統・文化を承継することによって個々の地域らしさを保ち,持続可能な地域社会を形成することである。また，従来のまちづくり事業は行政が推進してきたが，これからのまちづくりは地域の住民が主体的にリーダーシップを発揮して取り組んでいくことが重要である。このまちづくりのリーダーとしての役割を果たすことも地域商業には期待されている。

今日のまちづくりを進める上での課題の1つに，地域のまちづくりの中心を担うリーダーを地域の中で見出し，育成する必要があるという課題がある。ここで求められるリーダー像は視点の違いによりいくつかの議論がみられるが，ややもすればカリスマ的リーダーを求めがちである。大きな変革が必要な時代において，苦境に陥った日産自動車を救ったカルロス・ゴーンCEOのようなカリスマ的リーダーが有用であることは否定しない。しかし，まちづくりや地域活性化という事業は，中長期的に多様な人たちと関わりながら地域の中で取り組まなくてはならない課題である。それぞれの地域にこのようなカリスマ的リーダーを見出すことに期待するのは難しく，そうしたリーダーの出現を待っていては，まちづくりや地域活性化事業が進まないという問題意識から本章での考察している。

本章では，「リーダーシップ」の機能と「マネジメント」の機能を明確に区分するジョン・P・コッター（2012）[2]のリーダーシップ理論の視点から，地域活性化事業やまちづくり事業を進める中で求められるリーダーシップの先行研究のレビューを行い，仮説的にリーダーの要件を導出し，東京都墨田区向島橘銀座商店街の事例を通じて仮説の検証を行う。

第1節　まちづくりと商業活性化

1　商業者参加によるまちづくりの是非

商業者によるまちづくり事業を進めるためのリーダーシップについて考察する前に，商業者がまちづくりに関わることの是非について触れておきたい。まちづくりの視点から，まちづくりに地域商業者が関わることについて，批判的な意見もある。前記したように，原田等は地域商業者の利害にまちづくりの

行方が直接的に関わることから，商業者たちは自らの利益を優先して近視眼的なまちづくりを行うのではないか，という懸念が主な理由としてあげられる。

こうした懸念に対して小川（2010）[3]は課題なしとはしない，としながらも「（地域商業者は）利を追求するにしても顧客から支持されなければ経営が成り立たないことを誰よりも知っている」として，地域商業者がまちづくりに関与することに賛成の立場をとっている。

筆者も小川の意見に同感であり，地域商業者がまちづくりに関わることに対して賛成の立場を取る。その理由として小川の意見に2点加えたい。第1点は，地域商業者は近視眼的なまちづくりを行うことに対して抑制が働くという点があげられる。地域商業者はその地域の住民であることが多く，地域住民としての顔を合わせ持っている。そのため，近視眼的なまちづくりを行うことは住民としての自身の利益を損なうことにつながるため，商業者としての自身の利益のみに資する近視眼的なまちづくりを行うことに対しては抑制が働く。

第2点として，地域商業は地域内に多様なネットワークを有していることがあげられる。地域商業者は職住近接していることが多く，商店街での商業者同士のネットワークの他に，自治会や教育委員会等に参加してネットワークを築いていることが多い。多様な主体との合意形成が必要になるまちづくり事業を進める上では，こうした多様なネットワークを有している者が重要であると考えられる。以上の2点からも地域商業事業者が積極的に参加することが望ましい。

2　商業振興の視点から見たまちづくり

まちづくりの立場から，商業者がまちづくりに参加することの意義について確認を行った。次は，商業振興の立場からみたまちづくりに関する議論について整理を行う。

辻井（2013）[4]は，商店街がまちづくりを志向し，公益を優先させれば，商業機能の低下につながると共に，まちづくりの負担を商店街の商店に求めることにより，商売に対して意識の高い経営者に商店街からの離脱を意識させる。商業の活性化は魅力的な商品やサービスを扱い，集客力の高い店舗を作ることがもっとも重要であると主張し，地域商業がまちづくりに参加しても商業振興にはつながらないとした。このような主張に対して，福田（2014）[5]は，経営者の意識と経営成果の関連や地域商業活動への参加意識と経営成果の関連に関する

科学的根拠が示されていないなど，辻井の主張の問題点を指摘している。辻井の主張の中で，魅力的な商品やサービスを扱うなど，経営力の強化が商業振興に必要であるという点には同意できる。まちづくり事業を推進することによって地域が活性化しても必ずしも個店の売上にはつながる訳ではなく，個店が売上を獲得できるかどうかは，その個店の経営力にかかっている。しかしそれは，商業者がまちづくり事業に参加することの意義を否定するものではない。地域商業を取り巻く環境が変化したため，自店の経営力強化とまちづくりの両方に取り組む必要がある時代になったのである。福田（2008）[6]は「地域社会とのかかわり方を後ろ向きに捉える限り逆風下にある多くの商店街に光明が射すことは考えにくい」と指摘している。

　地域商業振興は，まちづくりや地域活性化に関わらなければ進まないことを裏付ける客観的なデータとして，平成27年の商店街実体調査報告書[7]を見ていく。商店街の最近の景況感について商店街全体の調査結果は，「繁栄している」と答えた割合は前回調査から1.2ポイント増加し2.2％，「繁栄の兆しがある」は0.8ポイント増加し3.1％となっている。また，「衰退している」と答えた割合は前回調査から7.9ポイント減少し35.3％，「衰退の恐れがある」と答えた割合は1.4ポイント減少し31.6％という結果となった。全体としては「衰退している」・「衰退の恐れがある」の割合が減少する一方で，「繁栄している」・「繁栄の兆しがある」の割合が増加しており，商店街の景況感は改善傾向を示した。

　しかし，商店街が立地する地域の人口規模別の景況感については，政令指定都市・特別区に立地する商店街の56.8％が「衰退している」・「衰退の恐れがある」と答えたのに対し，人口5〜10万人未満の都市に立地する商店街の77.4％が「衰退している」・「衰退の恐れがある」，と答えており，人口規模が小さい地域に立地する商店街ほど「衰退している」・「衰退の兆しがある」と答える割合が高いという傾向がある。

　このような結果をみると，地域の人口は商店街の繁栄の度合いに大きく影響を与えることがわかる。人口規模が小さい地域というのは，若い住民が大都市圏へ移動して，地域の住民が高齢化していく人口流出地帯であると考えられる。人口流出を止めるためには，若い世代がこの地域で生活したい，と考える魅力ある地域にしていかなくてはならない。人口流出や地域人口の減少を食い止めるという課題は，商業の活性化や自店の経営力強化だけを考えて解決するような課題ではない。暮らしていけるだけの収入を得られる産業育成であったり，

図表10—1　人口規模別　商店街の最近の景況感

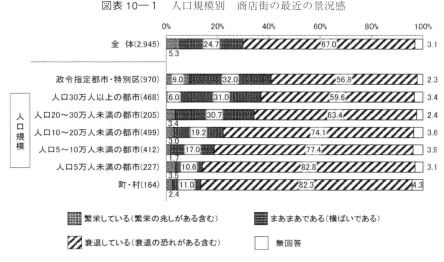

出所：平成27年「商店街実態調査報告書」。

子育てしやすい環境の整備であったり地域によって取り組むべき課題は異なるとしても、やはり持続可能なまちづくりを行って地域社会の中で人々が継続して暮らしていける環境にしていかなくてはならない。持続可能な地域社会に変えていかなければ、商業の活性化は果たせないのである。

日本全体の人口が減っていく時代においては、大都市圏もこの課題からは逃れられず、既に大都市の中にも人口流出地域が現れている。地域における商業活性化は、地域の中で住民が継続して暮らしていけるまちづくりを行う視点に立って商業活性化を考えなければならない。このような点を踏まえれば、商業活性化は地域活性化やまちづくりの問題に包含されているのである。

加藤（2005）[8]は「商業振興がその目的を実現しようとすればするほど、まちづくりの視点を前面に打ち出さざるを得ない」と指摘するように、商業振興は地域社会全体の活性化を通して行われるものである。

以上のことから、本章では商業者はまちづくりや地域活性化に積極的に関わるべきであり、商業活性化はまちづくりや地域活性化という視点を前提として捉える。

第2節　商店街におけるリーダーシップの要件

1　商店街に対する期待とのギャップ

　商業活性化は地域活性化やまちづくりといった視点に立って進めていかなくてはならないことを前節で述べた。また，商店街に求められる役割は流通機能の提供だけではなく，地域の安心・安全の確保や，歴史・文化の保全，産業全体の活性化などに取り組むことで地域に貢献を果たし，地域に受け入れられ，地域を盛上げることである。

　こうした役割を商店街が果たすことができているかという点については，全体としてまだ取組が進んでいない状況である。平成27年商店街実態調査報告書において，商業者が感じる商店街に「期待されていると思うもの」と「期待に応えられていると思うもの」を調査している項目（図表10－2）がある。

　このセルフチェックとも言える項目を参照してみると，商業者自身も「期待されているもの」に対して，その役割を果たせているのかについて取組は充分でないと考えていると言える。

　「地域の住民への身近な購買機会の提供」という基本的な役割にたいして「期待に応えられている」と考えている商店街は半数程度である。すなわち商店街が果たすべき基本的な流通機能についても商店街自身が充分に果たせていないと感じているのである。また，治安や防犯への寄与や自治会活動など地域活動の担い手としての期待については，期待に応えられているとしている割合が高いが，「まちの中心となる顔としての役割」や「地域情報発信の担い手」，などは半数が期待に応えられていると考えていない。さらに「一人暮らし高齢者への宅配サービス/子育て支援などのサービス」といった項目も十分に期待に応えられていると商業者自身も考えていない。

2　商店街におけるリーダーシップ

　しかし，こうした状況にあっても積極的に活動を行い，成果を上げる商店街がある。そうした地域には，商店街活動を積極的に推進するリーダーが存在している。変革を求められる時代にあって，地域の活性化を積極的に推進するリーダーシップとはどのようなリーダーシップなのであろうか。

第 10 章　商店街活動におけるリーダーシップとマネジメント　289

図表 10—2　商店街の役割

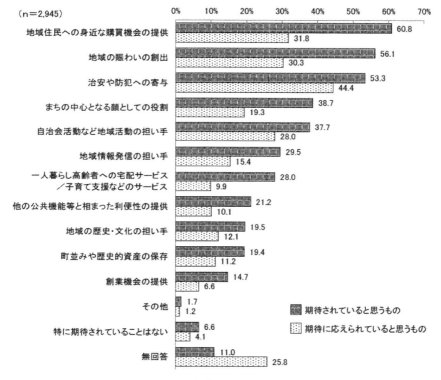

出所：平成 27 年「商店街実態調査報告書」。

　リーダーたちの人物像について，公明正大，地域愛を持っていること，実務能力が高い，など様々な要求があるが，地域の中でリーダーシップを発揮しているリーダーたちの行動やキャラクターはそれぞれである。地域リーダーの定義には様々な議論があるが，地域商業の高度化等を支援する中小企業基盤整備機構が平成 25 年に策定した地域リーダーの要件に関する調査報告書[9]におけるリーダーの定義は「地域の自主的な地域振興に向けた取り組みをビジョンとして描き，地域振興事業のメンバー及び地域内外の専門家人材や支援機関，民間

図表10—3　地域リーダーに必要な要件

① 自らの地域をこよなく愛し，地域づくりに情熱を持っている人材。
② 地域の特性を把握して個性を活かすと共に，地域資源を活用しながら他地域との差別化を図り得る，卓越した想像力豊かなアイディアを持っている人材
③ 旺盛な行動力と実践力に秀でた人材
④ ビジネス感覚とマネジメント能力に秀でた人材
⑤ 信頼性が厚くコーディネート能力に秀でた人材
⑥ ネットワークが広い人材
⑦ 協調性があり，忍耐力が強く，私利私欲に依ることがない人材

出所：『地域リーダーにみる「戦略性」と「信頼性」——地域振興とリーダーの役割に関する調査研究』より筆者作成。

企業等の人々を結集して，そのビジョンを実現するために中心となって活動することのできる人材」としている。

また，地域振興事業で成功を収めている地域リーダーに必要な要件を図表10—3のようにあげている。

この調査報告書にある要件は，商業者だけを対象とした調査ではない。調査対象の中には工業組合の理事なども含まれ，多様な地域活性化の事例を取り上げて調査を行っている。その中には商業者も含まれる。調査結果から得られた要件であるため，ある程度の一般性はあると言え，その結果得られたリーダー像は傑出した人物像でありカリスマ的リーダーが求められていると言える。しかし，現実的な視点からこれらの要件を考えた場合には，こうした要件をすべて兼ね備える人材というのは，日本全国を探してもごく僅かしかいないであろう。こうした要件を備えたリーダーを探し求めていては，リーダー待望論に陥りかねず，地域活性化・商業活性化は進まないと言える。

図表 10—4　リーダーシップとマネジメントの違い

リーダーシップ	マネジメント
方向性の設定	計画と予算の設定
人心の統合	組織編制と人員配置
動機づけ	統制と問題解決

出所：ジョン・P・コッター著「第2版リーダーシップ論」より作成。

3　リーダーシップ理論の視点からみた商店街におけるリーダーシップ

（1）　コッターのリーダーシップ理論

　リーダー待望論に陥らずに，地域活性化事業を推進していくためには，リーダーシップを万能なものと捉えず，事業を推進していくための一つの機能であると捉える必要がある。変革期におけるリーダーシップの研究としては，ジョン・P・コッターの変革型リーダーシップ理論がある。

　コッターのリーダーシップ理論の特徴は，「リーダーシップ」と「マネジメント」は全く別物である，としている点にある。さらに，リーダーシップとマネジメントは相異なるも補完しあう行動体系である，としている。コッターによるリーダーシップとマネジメントの違いをまとめると図表10—4のようになる。

　また，変革を成し遂げるリーダーシップについてコッターは「1人か2人の人物から始まる。しかしごく小規模な組織を除いて，リーダーの数を増大させていくことが必要」としている。また，変革を成功に導くリーダーシップは多くの人を魅了する1人の英雄的なリーダーではない，と主張している[11]。社会や組織構造が複雑となった現在においては一人の英雄的リーダーが発揮するリーダーシップだけでは，変革を成功に導くことはできない。変革を成功に導くリーダーシップは一人の人物が発揮するものではなく，多数のリーダーによって発揮されるのである。

　こうしたコッターのリーダーシップ論の視点から，地域活性化事業に必要な地域リーダーの要件（図表10—3）について考察を加えることで，地域活性化事業に必要なリーダーシップの再定義を行う。

（2）　コッターのリーダーシップ理論の援用可能性

　コッターのリーダーシップ理論は，一般企業に対する研究結果からなる理論

であるが，この理論が商店街のリーダーシップ理論に援用することが可能である点をここで確認する。

　コッターのリーダーシップ理論を援用することが可能である第一の理由は，商店街組織が一般企業と同じく営利追求型の組織であるという点にある。商店街活動は集積効果を高め，より多くの集客を図り，自店の売上に貢献させるために行うものである。第1節で整理した，商店街活動は，まちづくりという公益的な役割を果たす必要性があるという議論と一見すると矛盾するようにみえる。しかし，まちづくりに商業者が積極的に参加すべき理由は，地域全体が活性化しなければ，自店の中長期的な経営が成り立たなくなるからであった点を踏まえれば，商店街活動が営利を目的とした活動であり，一般的な株式会社と目的を同じくする。こうした点から，商店街組織と企業は営利を目的とした組織であるという点で共通点を持つため，企業組織を対象とした研究であっても援用することが可能である。

　第2の理由として，商店街の課題に関する先行研究は，商店街組織のリーダーシップに関する課題と商店街及び個店のマネジメントに関する課題について分けて考察を加えているという点である。小川（2010）[10]は，商店街の存続条件は商店街の組織課題，商店街の集積課題，商店街の経営課題の3点が充実していることだとしている。

　商店街の組織課題とは，商店街の共同化意識の強さでみることができ，共同化意識が高い商店街には，リーダーシップを発揮するリーダーが存在していると指摘している。ここでいう共同化意識とは，商店街組織が単なる個店の集合ではなく，一定の規範に基づいてメンバー間の信頼関係や価値・情報・目的意識の共有の程度であり，いわば商店街の自己組織化論を前提とした指摘である。また，こうした商店街の自己組織化を推進するリーダーの具体的事例として砂町銀座商店街の元理事長の事例をあげている。商店街組織が一定の規範を持って，信頼関係の醸成や価値・情報・目的意識の共有を促進できている商店街ではリーダーがリーダーシップを発揮している，と指摘している。この指摘は，リーダーが方向性を商店街メンバーに示し，それに共感することによって人心が統合され，商店街活動への貢献が動機付けられる，というコッターのリーダーシップで理解できる。商店街の集積課題とは，商店街の品揃えや消費者の購買の幅の広がりに関する課題である。これは，商店街のテナントミックスの充実や利便性の向上をどのように図るかというマネジメントに関する指摘である

と言える。商店街の経営課題とは，個店の魅力・経営力に関する課題であり，各個店のマネジメントの課題である。

また，商店街の組織の課題に着目した先行研究においても，リーダーシップとマネジメントは別のものとして捉えていることを確認できる。

商店街とは，ショッピングセンターとは異なり自然発生的に地域に集積した商店の経営者たちが，相互交流・相互扶助共や共同事業を実施することを目的として成立してきた。商店街組織に参加するのは，それぞれが独立した経営を行う経営者たちであり，業種や経営手法，事業に対する考え方は異なり，多様性に富んだ組織である。商店街は，そうした多様性の高さを所与の条件として共同事業を実施する必要がある。石原（2006）[11]は「商店街は商店街という形状と成り立ちをそのままに維持しながら，自然発生的な単なる集合状態から脱して，全体として意思をもって運営する道を探ってきた。」として先述の小川が指摘したように共同化の意識を醸成する途や合意形成を図る方法を探ってきたとしている。しかし，商店街全体といった多様な主体を含む単位で合意形成を図ることは困難であった。

福田（2005）[12]は商店街全体で合意形成を図ることは難しいため，目的や意識を共有した小集団を既存の商店街に埋め込み，共同事業を行うことが有効であると主張した。ただし，こうした小集団が商店街全体にとって好ましくない行動をとる可能性もあるため，リーダーによる調整は必要であるとしている。この場合の調整とは，商店街組織の進むべき方向性に沿った活動になるよう合意形成を図ることと言える。また，カリスマ的リーダーがいない商店街組織での事業推進に関する考察で「カリスマ的リーダーが存在する場合には，そのリーダーの手腕に期待することが当然であるが，そのようなリーダーが存在しない場合には，若者にできる限り権限を委譲してその力を活用し，幹部役員は調整・支援役に徹することによって活路を見出すこともできる」と指摘している。幹部役員による調整はこの場合でも必要であるとしており，組織内での合意形成といったリーダーシップの役割はリーダーにある。ではこの場合，委譲された権限とはいったい何を指すのかと言えば，事業を適切に推進するために必要なマネジメント権限のことであると考えられる。マネジメント権限とは，ヒト・モノ・カネ・情報を配置・活用して事業を推進する権限である。このように福田の指摘は，リーダーシップの機能とマネジメントの機能を分けて捉えていると言える。

4　商店街におけるリーダーシップの要件

　前項で，コッターのリーダーシップ理論とそれを商店街におけるリーダーシップの理論として援用可能であることについて確認した。ここで，リーダーシップとマネジメントの違いに着目しながら，前述の中小企業基盤整備機構の調査報告書にあげられた，地域振興事業を成功に導く地域リーダーに必要な7つの要件（図表10—3）について検討を加えながら，リーダーシップの要件を再定義する。

　① 自らの地域をこよなく愛し，地域づくりに情熱を持っている人材
　この要件は，まちづくりや地域活性化に携わるメンバーが共通して有するべき基本的な価値観であり，リーダーシップ（方向性の設定・人心の統合・動機付け）を発揮するためには欠かせない要件である。
　こうした地域に対する愛着・愛情といった想いが無ければ，そもそもまちづくりに積極的に参加しようと考えることはなく，まちづくりに継続的に参加する者の基本的な要件の1つである。

　② 地域の特性を把握して個性を活かすと共に，地域資源を活用しながら他地域との差別化を図り得る，卓越した想像力や豊かなアイディアを持って企画できる人材
　この要件には，リーダーシップ機能とマネジメント機能が併存して語られている。地域の個性を活かして他地域との差別化を図るためには，その地域の特性や個性を把握し地域活性化事業の根幹を成すコンセプトを打ち出す必要がある。これは，将来のビジョンを示しその地域活性化事業の全体の方向性を決定する重要なリーダーシップ機能である。
　一方，他地域との差別化を図るために，ビジョンを具体的な個別の施策に落とし込み，活性化事業を推進することが求められる。こうした個別の施策を企画・実行していく過程で求められる機能は，マネジメント機能である。

　③ 旺盛な行動力と実践力に秀でた人材
　この要件は，換言すれば"率先垂範"する人材の姿であり，リーダーシップを発揮するためには不可欠な要件である。こうしたリーダーの姿を見せること

により，人心が統合され，動機づけられていくのである。

④ ビジネス感覚とマネジメント能力に秀でた人材
　この要件は，まさにマネジメント機能である。先述した通り，マネジメントの機能とは，ヒト・モノ・カネ・情報を適切に管理して事業を推進していくことである。こうした機能は，地域活性化事業には必須不可欠な機能であり，リーダーによって委譲された権限を遂行する者に強く求められる機能である。

⑤ 信頼性が厚くコーディネート能力に秀でた人材
　この要件は，リーダーシップ機能とマネジメント機能が併記されている。"信頼性の厚さ"はリーダーシップ機能，組織の編成や人員配置などの"秀でたコーディネート能力"はマネジメント機能である。
　まちづくりには多様な人間が携わる。様々な関係者の合意形成を得て，直接的・間接的な協力を得なければ地域活性化事業を推進していくことは困難であるため，リーダーには強い信頼性が求められる。また，合意形成を得るために重要なことは，掲げた将来ビジョンを共有し共感を得ることである。共感を得た事業でなければ，地域活性化にはつながらない。強い信頼性があるからこそ，強い共感が生まれるのである。当初，華々しく事業がスタートしても，数年のうちに沈滞化してしまう数多くの事例が見受けられる。これは，マネジメント機能に含まれる事業推進力や遂行能力は高かったものの，地域の理解と納得，そして共感が得られていないが故に頓挫してしまうのである。地域を活性化するためにはバランスの取れたリーダーシップ機能とマネジメント機能の発揮が求められるのである。

⑥ ネットワークが広い人材
　この要件は，まさしくリーダーシップの要件である。人々の共感と協力を得ながら地域活性化事業を推進するためには，公式・非公式に関わらず様々なネットワークが必要である。すなわち，同一地域内の商業者と地域外の商業者・行政・教育機関・NPO・町会等市民団体・商工会など，様々な関係者とのネットワークを構築し，協力を得て事業を推進していく仕組みづくりである。様々な組織に対して，ネットワークを構築することにより，新しい情報やアイディアをタイムリーに収集することが可能になるのである。また，目指すべきビジ

図表 10—5　地域商業活性化に必要なリーダーシップとマネジメントの区分

	コッターの定義	中小企業整備基盤機構が掲げる地域リーダーに必要な要件
リーダーシップ	方向性の設定 人心の統合 動機づけ	①自らの地域をこよなく愛し，地域づくりに情熱を持っている人材 ②地域の特性を把握して個性を活かすと共に，地域資源を活用しながら他地域との差別化を図る得る人材 ③旺盛な行動力と実践力に秀でた人材 ⑤厚い信頼性を有する人材 ⑥ネットワークが広い人材 ⑦協調性があり，忍耐力が強く，私利私欲に依ることがない人材
マネジメント	計画と予算の設定 組織編制と人員配置 統制と問題解決	②卓越した想像力や豊かなアイディアを持って企画できる人材 ④ビジネス感覚とマネジメント能力に秀でた人材 ⑤コーディネート能力に秀でた人材

出所：(独) 中小企業基盤整備機構（2013）及び Jhon P. Kotter（2012）より筆者作成。

ョンは多様な視点や意見を採り入れることによって偏った考え方を排し，地域にとって有益且つ有効なビジョンへと洗練されていくのである。

⑦ 協調性があり，忍耐力が強く，私利私欲に依ることがない人材

　この要件は，リーダーシップ機能（方向性の設定・人心の統合・動機づけ）を発揮するために，最も重要な要件である。

　第6章では，商店街や個店の魅力度を高め活性化するためには，近江商人と松下幸之助の思想・理念に着目することの重要性が述べられている。両者の思想・理念を一言で言えば，「三方よし」・「利他の精神」である。すなわち，私利私欲（自利）を排し，社会・お客様の利益（利他）を優先することにより，売り手よし・買い手よし・世間よしの三位一体の発展が期待できると述べているのである。私利私欲に依らない人材の元にこそ，人が集まり，人心が統合され，動機づけられ，事業の方向性が定まっていくのである。

ここでは，中小企業基盤機構が掲げる地域リーダーの7つの要件の中に，リーダーシップ機能とマネジメント機能がどのように織り込まれているのかを見てきたが，それを図表10—4のコッターの定義に当て嵌めてみると，図表10—5のように整理される。

　上掲の通りリーダーシップとマネジメントを切り離したことによって，地域活性化事業に取り組む地域の中に必要なリーダーシップと中間支援組織など外部の組織が代替することが可能なマネジメントが明確に区分された。

　また，変革を成功させるリーダーシップは複数のリーダーの連帯によって発揮されるというコッターの指摘から，ここで示したリーダーシップの要件が複数のリーダーたちによって発揮されることで，商業活性化やまちづくり事業が成功に導かれる。一人のカリスマ的リーダーではなく，地域内にこうしたリーダーシップの要素を持った人材を見出し，ネットワーク化していくことで，地域活性化事業が成果を上げることができるのだ。

　次節では，図表10—5に示すリーダーシップ機能とマネジメント機能を上手く分業しながら成果を収めた向島橘銀座商店街協同組合の事例をあげつつ，カリスマ的リーダーによらずとも地域活性化事業の推進が可能であることを検証する。

第3節　商店街リーダーのリーダーシップとマネジメントの実際

1　向島橘銀座商店街協同組合と千葉商科大学の産学連携

　本節では，東京都墨田区の向島橘銀座商店街協同組合（以下，橘銀座商店街）の産学連携事業の取り組みを事例として，前節で導出したリーダーシップの要件がどのように発揮されているのかを探っていく。

　橘銀座商店街は，東京都墨田区の京島地区に位置しており，最寄り駅の京成曳舟駅から，徒歩8分に立地している。集積している業種は，食品や総菜を販売する店舗が多い典型的な近隣型商店街といえる。橘銀座商店街は，中元・歳末売出し以外にも，朝市や夜市，七夕イベントなど様々なソフト事業に継続的に取組んでおり，平成25年には経済産業省がんばる商店街30選にも選出された商店街であり，全国的にみても活発な商店街活動を行っている商店街である。

　同商店街は，平成25年以来千葉商科大学との産学連携事業「つまみぐいウォ

写真 10—1　キラキラ橘商店街の様子

ーク」を開催している。さらに平成27年からは街路灯の建て替え事業といったハード整備事業にも着手し，新機軸の取組を次々と打ち出す活力溢れる商店街である（写真10—1）。

　この商店街が従来からの事業を継続しつつ，新たな取組を実行できるのは，商店街活動の中心的な役割を担う大和事務局長（以下，大和氏）の存在が大きい。大和氏は，橘銀座商店街で肌着店を営んでいたが，自店の閉店を機に同商店街の事務局長に就任した人物であり，この地域で長年活動をしてきた地元民でもある。第8回東京商店街グランプリ個人の部で受賞しており，カリスマ的リーダーとも言える存在である。

　先にあげたリーダーシップ要件の視点から大和氏が事務局長に就任以来実施してきた産学連携事業を事例として分析を行う。

　大和氏は，向島橘銀座商店街において，日曜日に営業する店舗が少ないことに強い危機感を抱いていた。女性も働く時代における買い物行動は，平日よりも土曜日・日曜日・祝日などの休日に行われるというライフスタイルの変化に気づいていたからである。大和氏はこうした変化への対応を急ぐべく，個人的にネットワークを持っていた千葉商科大学教授（当時）故毒島龍一氏に相談をしながら解決策を模索していった。

　こうした真摯な働き掛けに毒島氏も真剣に応え，大学側から橘銀座商店街青年部に対してアイディアを提案し，新たな事業を開始することになったのである。幾度もの会議を重ねた後，学生側から青年部に対し，「つまみぐいウォーク」

第 10 章　商店街活動におけるリーダーシップとマネジメント　299

写真 10—2　つまみぐいウォークチラシ

という日曜日に開催する新機軸のイベントが提案され，その後具体的な開催に向けての話し合いが学生側と青年部双方の間で重ねられていった。その中で，マップチラシは学生の手書きによって手づくり感を醸し出し，印刷の手配等は青年部，当日の運営は基本的に学生側が担当するという具合に役割を明確にし，事業を推進していった（写真 10—2）。手探りの状態で協働体制を組み上げながら，商店街理事会での承認を得，平成 25 年 11 月「第 1 回つまみぐいウォーク」が晴れて開催されることとなった。また，平成 25 年 9 月には，墨田区商店街連合会と千葉商科大学大学院の間で，産学連携協力に関する協定書の調印を推進し，協力体制の公式化を行った。「つまみぐいウォーク」は，その後も年 3 回のペースで定期的に開催され，平成 29 年 3 月には 11 回目の開催を数える伝統のイベントへと発展してきたが，初回の開催以来，運営は学生と青年部が協働で行ってきたのである。

この「つまみぐいウォーク」が始まるきっかけは、既述の通り大和氏と毒島氏との非公式なネットワークが出発点となっている。リーダーが持つべき"広いネットワーク"から協力者を見出し、新機軸の事業にまで発展させてきたことが確認できる。

　また大和氏が、リーダーシップの要件である"地域への愛情や情熱""旺盛な行動力と実践力""厚い信頼感"を有し、"私利私欲に依らない人材"であることは誰しも認めるところであり、こうした人間的資質と価値観に人は共感し、衆知が集まり、事業が大きく発展してきたと考えられるのである。

　一方、同事業の推進において、マネジメント機能（計画と予算の設定・組織編成と人員配置・統制と問題解決）はどのように発揮されていったのであろうか。「つまみぐいウォーク」の具体的なアイディア出しや運営方法、またチラシ等の作成・配布などに係る予算立案の議論は、基本的に商店街青年部と学生側との協議で進められ、商店街理事会で承認を得るという形で推進されていった。大和氏は必要に応じてアドバイスする、というマネジメントスタイルを一貫していた。

　組織におけるマネジメントは、「トップ・マネジメント」・「ミドル・マネジメント」・「ロワー・マネジメント」の3階層に分けて論じられるが、同事業に当て嵌めて考えると、「ミドル・マネジメント」と「ロワー・マネジメント」の権限は商店街青年部と学生側に大幅に委譲され、大和氏自らは「トップ・マネジメント」に専念するというマネジメントを貫いたのである。「何かあった時だけ、私に相談しなさい。それ以外は青年部と進めなさい」とアドバイスする大和氏の言葉はその分かりやすい証左である。

　大和氏が貫いたこうしたマネジメントの背景には、"事業は人、商店街も人"という強い思いがあり、そのためには次代を担う人材を1日も早く育成する必要があるという強烈な危機感を抱いていたからである。

　平成29年3月で11回を数える名物イベントに育ってきた「つまみぐいウォーク」であるが、その歩みの中で確実に言えることは、大和氏の狙い通り次代を担う人材が育ち、今では大和氏のアドバイスを必要とする場面がほとんど見られないほどに変貌してきたのである。この事実は、「ミドル・マネジメント」と「ロワー・マネジメント」の経験とノウハウを積み重ねた商店街青年部と学生たちが、「トップ・マネジメント」の領域にまでマネジメント能力を高めてきたことを物語っており、大和氏もその手応えを確実に感じているのである。

カリスマ的リーダーが，「リーダーシップ」機能と「マネジメント」機能の全てを掌握し事業を推進することは一時的には可能である。しかし，事業の継続性を担保することは困難である。それを担保するためには，カリスマ的リーダーが持つ機能と権限を分業する仕組みを構築し，徐々に次代の人材に委譲していくことが肝要である。そうすることで，次代を担う人材の育成が図られ，事業の継続性が担保されていくのである。産学連携事業「つまみぐいウォーク」の事例は，まさにカリスマ的リーダーが「マネジメント」機能を徐々に切り出し，最終的には完全に切り離すことに成功した好事例であり，今後他の商店街組織においても実現可能な取組ではないかと評価した次第である。

お わ り に

　本章では，商店街活動におけるリーダーシップのあり方について言及してきた。
　第1節では商業者参加によるまちづくりの是非を問い，商業者が地域住民としての顔を持つことや多様なネットワークを有していること，また商業者が居住するまちや地域の活性化なくして商業活性化はあり得ないという視点から，商業者はまちづくりに積極的に参加すべしと結論付けた。
　第2節では，成果を上げる商店街に存在するリーダーに注目し，そうしたリーダーに求められる要件を中小企業基盤整備機構の調査報告書の中に求めた。しかしそこには，カリスマ的リーダー像が描かれており，こうしたリーダーを現在の商店街に多く求めることは困難であることが容易に想定された。
　そうした中，筆者はコッターのリーダーシップ理論に着目し，カリスマ的リーダーが持つ機能を「リーダーシップ」機能と「マネジメント」機能に分解し，複数人で分業することで，それへの代替が可能になるのではないかと推定した。
　第3節では，向島橘銀座商店街協同組合での事例を紐解き，同商店街大和事務局長と商店街青年部・千葉商大学生との間で，上記で推定した内容が見事に具現化されている事実を確認するとともに，他の商店街組織においても実現可能な取組ではないかと評価したのである。
　今後，他の商店街での実態を踏まえ，本章で検討してきた内容が他地域にも一般化できるか否か，今後の継続課題として更に検証を加えていきたいと考えている。

注

1）原田（2003）。
2）ジョン P. コッター著，DIAMOND ハーバード・ビジネス・レビュー編集部，黒田由紀子，有賀裕子訳（2012）。
3）小川（2010）。
4）辻井啓作（2013）90 ページ。
5）福田敦（2014）関東学院大学経済経営学年報第 36 集。
6）福田敦（2008）133 ページ。
7）中小企業庁委託調査事業。
8）加藤司（2005）。
9）独立行政法人中小企業基盤整備機構（2013）。
10）小川雅人（2010）202 ページ。
11）石原武政（2006）156 ページ。
12）福田尚好（2005）105 〜 120 ページ。

参考文献

石原武政（2006）『小売業の外部性とまちづくり』有斐閣。
小川雅人・毒島龍一・福田敦共著（2008）『地域商業革新の時代』。
小川雅人（2010）『地域小売商業の再生とまちづくり』創風社。
小川雅人編著（2013）『持続性あるまちづくり』大熊省三「商店街活動のリーダーと組織づくり」創風社。
加藤司編著（2003）『流通理論の透視力』原田「まちづくりと商業論」。
加藤司・石原武政編著（2005）『商業・まちづくりネットワーク』ミネルヴァ書房。
加藤司・石原武政編著（2009）『地域商業の競争構造』中央経済社。
ジョン・P・コッター著，DIAMOND ハーバード・ビジネス・レビュー編集部，黒田由紀子，有賀裕子訳（2012）『第 2 版リーダーシップ論――人と組織を動かす能力』ダイヤモンド社。
中小企業庁委託調査事業『平成 27 年度商店街実態調査報告書』。
辻井啓作（2013）『なぜ繁栄している商店街は 1％しかないのか』阪急コミュニケーションズ。
独立行政法人中小企業基盤整備機構（2013）『地域リーダーにみる「戦略性」と「信頼性」――地域振興とリーダーの役割に関する調査研究――』。

福田敦（2014）『商店街のレーゾンデートルとポテンシャル——CSV パースペクティブによる議論——』関東学院大学経済経営学年報第 36 集。

（池田　智史）

第 11 章　商店街の自己組織化の要としてのリーダーの役割
―――墨田区向島橘銀座商店街の活動とリーダー育成―――

第 1 節　商店街の自己組織化とリーダーシップについて

　本章では，本書第 2 章でも触れた商店街の自己組織化と商店街のリーダーシップの関係を確認しながら，墨田区向島橘銀座商店街で長年にわたり活動を指揮してきた本章の筆者の 1 人である向島橘銀座商店街事務局長の大和の実績を事例として検証する。

　自己組織化（self-organization）とは，一見バラバラなもの（混沌）が，機能的なプロセスの中から 1 つのまとまり（序列）へと移行していくことを言う（本書第 2 章）。商店街の自己組織化とは，自然発生的に集まった独立経営を行っている個店経営者たちがグループを作り，共同で販売促進活動などを行うことを通じて，その商店街らしさや商店街の方向性を確立していくことである。

　従来の商店街活動は，共同化によってスケールメリットを追求することが中心的な内容であり，商店街支援施策もそうしたことを前提とした支援メニューを用意してきた。福田（1998）も主張しているように，最近までの商店街支援施策は商店街組織がまとまって 1 つの行動を起こす，共同化する自己組織化を前提とした施策であったが，「多くの商店街で自己組織化が困難となったとして，商業集積の再構築を展開した」[1]。

　競争環境の激化に加えて，商店街の経営者の高齢化や後継者不足といった内部環境の変化によって，多くの商店街で商店街活動を維持できなくなった。また，独立心が強い個性ある経営者の集まりである商店街組織の経営者同士で意思決定していくためには，経営者たちの意識をまとめて同じ方向性に向かわせる必要があるため，公式的な序列が確立された組織に比べて難しい。こうした困難が，当初は組織活動に積極的だった経営者さえも商店街活動から遠ざける要因となる。田中（1983）[2] は商店街組織自体の意思決定システムの複雑さが挫折感につながると指摘している。このように，商店街の自己組織化が維持できなくなった結果，商店街活動が十分に行えず，商店街の将来の方向性やビジョンが見いだせない商店街が数多く存在する。

一方で現在，2009年に成立した「地域商店街活性化法」にもあるように，商店街には地域コミュニティの担い手としての役割が求められている。地域の文化的伝統を継承する存在であったことに加えて，少子化・高齢化をはじめとした地域課題を解決していくための核としての役割の重要性が増しているからである。地域商業がその自主的・自律的な取り組みを通じて，地域の生活者や住民との出会いと交流の基盤（プラットフォーム）になるという大切な役割を果たすことが重要なのである。その役割を果たすためには，従来からある経済的機能を強化する中でさらに，外部組織との連携を進め，地域社会の1つの構成主体として地域課題の解決を図っていかねばならない。外部組織との連携事業は，商店街組織として推進する必要があるため，やはり商店街の自己組織化が重要である[3]。バラバラな方向を向いている商店街の経営者を束ねる要となり，商店街の自己組織化を推進するのが，商店街リーダーである。

　本章では，商店街が活力ある組織活動を実施するために必要な自己組織化や地域のプラットフォームとなるために必要な外部連携とリーダーシップの関わりについて墨田区を事例としながら確認する。

　共著者である大和は地域商業者として長年にわたり商店街活動に携わってリーダーシップを発揮してきた。大和が墨田区で商店街活動に関わった1970年代から現在に至るまでのおよそ40年を商店街活動初期，中期，後期の3つの時代に分け，商店街が墨田区の産業振興政策の中でどのように位置づけられ，振興が図られていたか，また実際の現場ではどのような活動をしてきたかを確認していく。単一の商店街の事例ではあるが，1つの商店街を40年という長い年月にわたって観察を続けた研究は他に例を見ないと考えている。

　対象となる商店街は，東京都墨田区の向島橘銀座商店街（以下，橘銀座商店街）である。この地域を写した現在入手できる最も古い写真は昭和2年の写真であり，その当時には既に小売店の集積地となっていたことが確認できる。東京大空襲の被害からも逃れたため，今も古い町並みが残る地域の商店街である。商店街組織についてはその成り立ちからして，石原（2006）[4]が指摘する所縁型組織である。業種構成は食品を扱う個店が多く集積しており，最寄駅から徒歩で10分程度を要する地域に立地している典型的な近隣型商店街といえる。昭和30年代にはスーパー「ダイエー」が関東出店第1号店として当商店街内に出店をしていた。こうした商店街の40年以上にわたる活動の変遷や中心的な課題を探ることは他にない研究として学術的な意義を持つと考える。

第2節　商店街リーダーシップの発揮のための基礎的自治体の役割

1　事業の現場と自治体等とのインターフェイスの役割

　墨田区が実施してきた商業活性化について，製造業の振興とともに墨田区の施策の歴史[5]をみていくと，その先進性を確認できる。1977〜1978年に「墨田区中小製造業実態調査」を実施した。この調査で一躍墨田区の中小企業振興は有名になった。実施方法は区内の工場名鑑作成のためのヒアリングを区役所の係長級職員全員で区内町工場を1社1社回り，企業の経営課題などの確認をした。その内容は，それ以降の産業活性化のための支援策づくりの基礎資料となった。この大きな意義は外部委託ではなく職員自らが直接現場を確認したことで区内製造業の強さ・課題を職員が実感して支援策を作成できたことである。この発想は商業においても同様である。1978〜1979年に「墨田区商業関係実態調査」を実施した。この製造業，商業の実態調査を背景に1979年に，全国の産業振興条例の範となった「墨田中小企業振興基本条例」を制定した。この条例を受け1980年に「墨田区産業振興会議」が設置された。この会議のメンバーには区内の大学研究者等の学識経験者だけでなく，製造業経営者や商店経営者など区内で経営者としてだけでなく地域の活動で頑張っている地域の若手経営者等もメンバーとして加わったのである。後述する大和はその時の経営者の一人メンバーであった。

　この産業振興会議の商業部会は積極的に商店街や商業環境の実態や課題を提案した。墨田区としてもできる限りこの内容を施策として実現していった。こうしたやり取りを経て，WIN—WIN関係ができていった。

　この関係はメンバー経営者としての個人の役割では終わらなかった。産業振興会議での真剣な議論の結果メンバー商業者は要望するだけでなく区の行政としての課題も理解し，地元に帰って地域の商業者のまとめ役としてのいわばインターフェイスとしての役割を果たすようになり，自治体と商業者，双方の信頼関係を構築しただけでなく，地域での商業者としてのリーダーとなっていった。自治体の地域リーダー人材育成の場となったのである。その結果，区とともに，「墨田で産業カレッジ」の「商業振興スクール」を立ち上げることとなった。インターフェイスとしての役割を持ったリーダーが，このスクールで次

のリーダーを育成する仕組みができあがったのである[6]。

　商店街でのリーダーづくり[7]は，各商店街で待望されている。筆者（池田）はリーダーとなっている人の多くは経営者としてすぐれた事業実績を持ち，信念を持って仲間と議論できる人であることを確信している。例えば墨田区で実施した商業振興スクール（のちに「すみだ商業人塾」と名称変更）では，座学は最低限にして，各店の経営を通じた情報提供や経営の実践の場での学習を重視した。メンバーの店舗を他のメンバーが実際に見て，話を聞きお互いにその経営をケーススタディにして議論するのである（個店診断と呼んだ）。メンバーは個店診断を受け次の順番が来るまでに指摘を受けた課題についてはほとんど改善していた。このように経営塾で勉強するだけでなく，自治体は産業振興会議などで意見を聞く機会をつくり，より広域的なネットワークを形成する機会ができるように支援をすることで，直接ではないにしても行政と現場との橋渡しができるリーダーを自治体が育成していったのである。前記した商店街の自己組織化を担う人材育成を実現したのである。準拠集団である商店街では，他の経営者から一目おかれる人を育成しなければならないのである。

　以下に商店街のリーダー育成の格好の事例として墨田区の産業政策の流れをたどりながらみることにする。

2　墨田区の中小企業施策

（1）　墨田区独自の産業振興政策の始まり

　墨田区の産業振興政策は，全国でも先進的な取組を実施してきたことで知られる。墨田区が産業行政に力を入れるようになったのは1970年代からであり，それまでは商工業融資や商工相談，経済講演会などを実施していた。

　戦後日本の復興期から高度成長期にかけては国家主導で産業振興政策を実施してきたが，オイルショックを契機に，地域の自治体が主体となって，産業振興を柱とする独自の地域経営を打ち出す必要に迫られた。こうした時代背景に加えて，墨田区では，区の産業と活力をリードしてきた製造業の減少と弱体化が進行していた。産業と街のあり方の転機に立っていることが明らかとなったことから産業振興を区政の重要な課題として掲げるに至った。

　前述のように1977年に墨田区中小製造業基本実態調査を，1978年に墨田区商業関係実態調査を実施して，1979年に墨田区中小企業振興基本条例を制定したことから，墨田区独自の施策の展開が始まった。産業施策の実施に向けて，

図表11—1　工房ネットワーク都市実現のための主な施策

企画開発力がすぐれた製造業を育てる
交流のある商店街づくり
墨田のイメージアップ対策
個々の企業や業界の力をつける
産業と文化が共生するまちづくりを進める

出所：イーストサイド（1987）より作成。

1982年から1986年にかけて，独自の施策を具体的に展開していった。

墨田区が産業政策の実施を通じて目指す全体の方向性が，「工房ネットワーク都市」であった。産業振興は施策の柱は，図表11—1の通りである。

墨田区の産業振興政策全体は「工房ネットワーク都市」を目指していた。具体的には，墨田区内の代表的な産業であったニット産業を中心として，生産加工基地としての側面に加えて，企画開発力を付加して販売まで行うことを目指した。ファッション関連産業以外のガラス製品・パン等食料品・紙加工品・日用消費財製造業等もネットワーク化することによって，生活全般にわたる生活提案を行うことを目指した。

こうしたビジョンの実現には区内の中・小規模工業の活性化とネットワーク化が重要であった。そういった意味では，当時の産業振興政策全体の中心的課題は中・小規模工業の振興であったといえる。中・小規模工業が活発化することによって，地域内全体が潤うという考え方である。

こうした産業振興政策の方向性は，以降の墨田区の産業振興政策の基礎となっている[8]。2013年に策定された墨田区産業振興マスタープランにおいても，この当時に展開された産業振興施策を引き継いだ施策が組み込まれている。

1990年には墨田区地区別商業振興ビジョンが策定され，地域毎にテーマをもって商業振興を進めていく方針も示された[9]。このビジョンの中で橘銀座商店街が立地する墨田区の京島は，墨田区の北東地区に分類され，商業振興の方向性として，① 近隣最寄型商業の育成，② ゆとりとやすらぎのまちづくり，③ クラフトショップの促進，の3点の推進が施策の中心であった。

図表11―2　墨田区内の商店街に求められる役割

① 生鮮食品をはじめとした日常生活に必要な商品やサービスを提供し，区民生活を支える
② 地域コミュニティの中心として地域の「顔」的役割を果たすとともに，地域文化の発展・継承と創造を担う

出所：墨田区商店街振興プラン（2002）より作成。

（2）　墨田区商業振興プラン策定

1980年代半ばから，墨田区は独自の産業振興政策を実施するようになったことは確認した。その内容は，工業振興を中心とした地域内産業の活性化であり，商業振興はそうした地域内で暮らす住民の生活を支えるために実施するという位置づけであった。以降の墨田区の産業振興プランでは，主に工業活性化が中心的課題として扱われている。1995年に策定された墨田区産業振興プランの目的は「工房文化の都市」実現であり，従来の工業振興を中心とした産業振興政策の方向性を保っていた[10]。地域経済は，多くの自治体では，製造業の活性化策と商業の活性化策の連動が明確ではない。墨田区は以前から産業振興は一体として考えていた。墨田区では商店街の顧客の多くは町工場の経営者であり従業員及びその家族であった。町工場に活気があるときは商店街も元気があったことは区にとって自明である。工業振興は結果として商業振興になることを意識したことである。2002年に策定された商店街振興プランは東京都が2001年に策定した「21世紀商店街づくり振興プラン」の討議を踏まえて墨田区内商店街振興策の方向性と事業の体系化を図ったものである[11]。2002年の商店街振興プランでは商店街に求められる役割として図表11―2の2点をあげた。

商店街に求められる役割は，図表11―2の区民生活を支えるという点は従来からあげられていたが，コミュニティの中心や地域文化の発展・継承と創造を担うという役割は，新たに地域商業に期待される役割として示されたものであった。

一方，1976年から1999年にかけて，大型店の出店を要因として墨田区内の小売業従業員数，年間販売額，売り場面積共に増加傾向を示しているものの，区内の商店数は減少傾向にあった。大型店との競争の中で，特に生鮮三品など生活必需品を取扱う商店は大きな影響を受け，転業や廃業に追い込まれるケースが増加し，商店街には空き店舗も増えつつあったが有効な打開策を見いだせ

ないのが当時の状況であった。

　区内商業の状況は大型店との競争や消費者ニーズの変化等により決して良くない状況にあっても，墨田区民の生活を支え地域文化の発展・継承と創造を担う区内商業を育成するために墨田区では ① 魅力ある個店づくり，② 独創的な商店街づくり，③ 後継者育成とリーダーづくり，を中心的な施策メニューとして振興施策を展開していった。

　こうした墨田区の商業振興政策の動きの中で，先進的な取組と言えるのが「e-すみだ2000」[12]という電子商店街を区として正式な商店街と認めて，2000年に正式発足させ，その活動の支援を行ったことである。e-すみだ2000は，ネット社会到来に向けてネット上で商取引が可能な仕組みを作り，その活動を通じて墨田区内へ数多くの人を集め，地域活性化と発展を目指すことを理念としている電子上で集積する商店街である。加盟店は，区内の全域に点在しており，加盟する個店同士の物理的な近接性は有していない。物理的に近接して商業集積を形成している，という商店街の概念を拡大して，一定の意識やコンセプトを共有した商業経営者の集まりを商店街として正式に認めて支援する例は，全国的に見ても珍しく，先進的であった。

（3） 墨田区商業振興政策の方向転換

　2007年に作成された商業活性化すみだプログラムは，区内小売店及び商店街の活性化と，スカイツリー完成を機に「観光都市すみだ」を実現することを目的として策定されたプログラムであった[13]。プログラムにおいて特に主眼が置かれていたのは，スカイツリー完成後の区内観光の強化であった。これまで，観光産業については，触れられることが少なかった墨田区の産業振興政策の方向転換が図られた時期であったと言える。

　商業活性化すみだプログラムでは「観光都市すみだ」を達成するために取り組むべき課題として，次の3点を挙げている（図表11─3）。

図表11─3　観光都市すみだ達成のための課題

地域資源を掘起こし，有機的につなげ，地域に浸透させる
新しい観光資源をつくりだす
区全体がもてなし（馳走）の心をもって来街者を迎える

出所：商業活性化すみだプログラム（2007）より作成。

この全体課題を解決し，中小小売商業の活性化を図るためには，大規模店との差別化を図るための品揃えで工夫すること，文化や伝統を重視した商店街の復興を図ること，総合的なエリアマネージメントを実践する地域力をつけることに取り組むことが課題であると位置づけた。橘銀座商店街が立地する京島エリアは，商店街を中心にした強いコミュニティのつながりにより下町文化を保持した地域を目指す方針としていた。

エリアマネージメントを推進する中で，商店街は多様な主体と連携を取って地域活性化にあたる，ということが強調されている。

3　産業政策における商業の位置付け

1980年代から2007年の商業活性化すみだプログラムまで，対応すべき課題は共同化の推進であったり，観光対応であったりとその時代によって変わるものの，基本的な墨田区内における商店街の位置づけは1980年代の産業振興政策の位置付けから変化がない。すなわち，商店街は中・小規模工業が集まる墨田の職住接近した生活を支える存在として位置付けられる。

1987年当時の区内商業の課題は，図表11—4の通りである。

こうした課題に対応するための具体的施策として，商店街振興計画づくり指導や若手経営者の育成，墨田区商店街連合会への助成等を実施した。区内産業活性化を担う人材育成については，商業・工業共に行政が支援するすみだ産業カレッジを開講し，人材育成とそのネットワーク化の推進を図っていた。この人材育成事業は，墨田区産業振興施策の特色となっており，現在も産業人育成事業を一貫して実施している。

個店や商店会ごとに実施されていた共同事業を商店街連合会と連携を取りな

図表11—4　墨田区内商店街の課題

区内人口の減少と高齢化の進展による購買力の低下
消費者ニーズ・消費スタイルの変化への対応
売上不振を原因とした転廃業の増加と後継者難，規模の零細化の悪循環への対応
商店街役員の世代交代
共同事業の活性化

出所：墨田（1987）イーストサイドより作成。

がらより広域な共同事業を実施していくことが望ましいとした。具体的には，区内全域で使えるスタンプ事業など区内全域サービスを実施してきた。こうした，区内商店街同士の共同事業の要として，墨田区商店街連合会等を活用してきた。連合会のメンバーは，区内の各商店街理事たちである。墨田区では，こうした各商店街のリーダーたちの人材育成と，その場を利用してネットワーク化することで区内商店街の自己組織化を促してきたのである。

こうした流れの中で，墨田区は全国的に活躍する商店街リーダーたちを輩出してきた。大和もその1人である。

（池田　智史）

第3節　墨田区橘銀座商店街の活動

1　橘銀座商店街での活動（1970年代〜1994年）

当時の墨田区商業振興政策における商店街の課題には，商店街役員の世代交代や共同事業の活性化があがっていた。ここで，現場ではどのような取組を行っていたのかを確認する。

（1）　青年部の立上げ

1970年代，橘銀座商店街が取り組んでいた商店街活動は，中元や歳末に行う共同売出し事業が中心的な取組であった。当時，若手の商店主たちの中で，従来からある共同売出し以外に，「お客様に楽しみや，お得感を作り集客したい」と考える有志が集まり新たな商店街活動の可能性を模索していた。集まった若手の商店主たちは他の商店街の視察と議論を重ね，現在でも続く共同売出し事業「朝市」を開始するために動き出した。事業を開始する際，当時の商店街理事たちを説得し，集まった有志たちの力で「朝市」の事業スキームの企画と運営を行った。この「朝市」は，販促チラシなどを商店街の会費ではなく，参加・協力する有志のお店から徴収することによって賄った。

朝市への参加に合意した個店の店主達は「投資分はイベント売上で取り返す」という高い意識を持つことができた。こうした高い意識は顧客にも伝わり，商

写真11—1　朝市の様子

写真11—2　ワイワイウィークの様子

店街会費で実施していた共同売出し事業以上に集客がある活気ある売出し事業となった。「朝市」を開催したことで，今まで商店街活動に興味がなかった若手メンバーに「やる気」が芽生え，自分達から積極的に商店街活動に関わるようになった。その結果，商店街内部に青年部が立ち上がり，以降のイベント事業を運営する中心的な役割を果たすこととなった。この青年部が中心となって開始したソフト事業の多くは，現在でも継続して開催できている事業が多い。

（2）　ハード整備事業

1988年，橘銀座商店街は，東京都コミュニティ商店街事業の認定を受けて，カラー舗装・街路灯整備・アーチ建替えといったハード整備事業に取り組んだ。この事業は，橘銀座商店街が商店街活動として取り組んだ最も大きな事業であった。ソフト事業以上に合意形成が必要な事業であったが，「朝市」をきっかけに商店街活動が活発になっていたため，こうした事業を推進することが可能な体制ができていた。

また，「地域の方々から必要とされる商店街，愛される商店街でありたい」との商店街メンバーの思いから，地域に愛される愛称を一般公募し，ハード整備事業完成式典の際に「下町人情キラキラ橘商店街」という愛称を採用したことを発表した。それ以降，当商店街の愛称として定着し，現在では正式名称の向島橘銀座商店街協同組合よりも「キラキラ橘」と呼称されることが多くなって

いる（写真11―1，11―2）。

2　橘銀座商店街での活動（1995年～2007年まで）

　1990年代半ば頃から，バブルの崩壊により消費需要が落ち込んだ。また，大規模小売店舗法（大店法）が規制緩和のため幾度かの改訂を行った後，2000年に撤廃され，大規模小売店舗立地法（大店立地法）へ切り替わったことで，大型店の出店が容易になった。消費需要の縮小と大型店の出店が増加したことにより，商店街を取り巻く競争環境は厳しさを増していった。橘銀座商店街の周辺にもスーパーマーケットが出店するようになり，消費者の購買行動やライフスタイルも変化した。個店はこうした消費者のニーズの変化に対応して，自店の経営改善を行っていくことが重要な課題となっていた。

　この時期から現在でも悩まされる，商店街活動の課題が浮き彫りとなった。問題点の1つ目は商店街組織のマンパワー不足である。商店街の個店経営者の高齢化や後継者不足に伴い，商店街活動を実施・運営するためのマンパワーが不足していった。こうした状況の中で，共同販促イベントなどを実施すると，商店街役員達はイベントのスタッフとして動かざるを得ず，自店を休業してイベント運営を行うといった事態を招いた。

　商店街活動に対してやる気のある個店の経営者が，自店の営業を休んでイベントを実施していては，共同活動の成果として集積効果を高め，結果的に自店の売上向上につなげるという本来の目的を果たせないのである。

　2つ目は，商店街が実施するイベント事業等に必要な運営資金の補助金依存度が高いという問題である。補助金を活用すること自体を否定するものではないが，補助金で開始したイベント等事業を補助金の終了に伴ってやめてしまうケースが多いため，一過性の活動にとどまってしまい，地域や商店街の活性化につながらないという問題が慢性化していた。

　イベントを実施して，来街者に楽しんでいただき「この商店街に来れば何かやっている」という期待感を来街者に抱かせることが商店街活性化には重要である。さらに，顧客の期待に応え続けることで，顧客との信頼関係が構築される。この段階に至ってこそ商店街は活性化されるのである。期待に応え「続ける」には，一過性の取組ではなく，継続的にイベント事業などの商店街活動に取り組むことが必要になる。

　そのため，商店街の共同活動の有無が，補助金の有無によって決まってしま

うような状態は望ましいとは言えない。こうした問題に対処するためには，会費以外の自主財源を持つ仕組みづくりや，補助金を使わなくても継続できるサービスや体制を構築する必要に迫られた。

　商店街活動の問題点が浮き彫りとなった一方で，商店街活動が持つ地域に対する役割は，経済的な買い物機能を提供するだけではないという点に注目するようになった。この点は，墨田区の産業振興施策の流れと一致している。防犯・防災といった点で地域住民に貢献することや，顔が見える関係を消費者と構築することで，見守りやコミュニケーションの場となることが，大型店ではできない商店街ならではの強みであると商店街内でも認識されるようになった。

　商店街が対応するべき問題点や強化すべき強みが見えてきたこの頃，橘銀座商店街の青年部は，墨田区役所の職員も交えた勉強会を3年間ほど継続して実施していた。橘銀座商店街では「商店街は，地域における準公共財であり，地域住民の生活を支えるライフライン」であると考え，地域の方々へのイベント以外にも日常的に実施できる新たなサービスを模索していた。アイディアを出す意見交換の中で，「高齢者にサービスを行う方が有効だ」という意見と，「若い子育て世代にサービスを行う方が有効だ」という意見で割れていた。

　そこで，日常的に橘銀座商店街で買い物をしている年代は，どの年代なのかを客観的に調べるために来街者調査と人口調査を実施した。来街者調査は，青年部が中心となって実施し，人口調査は墨田区に依頼して調査を行った。人口調査の結果，当時は墨田区全体も京島地区も年間3％ずつ人口減少していることが分かった。特に減少している年代は10～40代であった。一方で，60代以降の人口は増加傾向となっていた。地区内の人口調査の結果，京島地区の人口23.8％が60歳以上であり，超高齢社会となっていた。また，来街者調査の結果，平日の昼間に橘銀座商店街で買い物をしている消費者の平均年齢は67.2歳であった。

　こうした客観的資料によって，普段から商店街に来てくれている高齢者の方々へサービスを行うための仕組みを作る方向で事業が動き出した。その中で，シルバーカード事業を実施することとなった。シルバーカード事業は，カードを持っているお客様は，13～15時の間に買い物をすると，割引やスタンプなどのサービスを受けられる，というサービスであった。また，カードの裏面には緊急時の連絡先や血液型等の情報が記載されたライフカードとしての性格を持ったカードであった。

シルバーカード事業開始の説明会には，商店街加盟店有志90店舗が集まり，事業内容とこのカードの意義・意味を説明し賛同を得た結果，80店舗でスタートするに至った。

この事業は商店街が実施するライフカード事業としては日本で初めての取組みとなり，5年で1,000名ほどの会員が集まった。

その後，個人情報保護の観点からこの事業は廃止となったが，商店街が地域の方々に還元できるサービスは商業的な機能だけでなく，安心・安全といった面での地域への貢献できると感じると共に，地域貢献という視点を商店街活動に組み込むことで，顧客に対してより高い価値を提供できることが示唆された事業であった。

また，2005年頃から，外部の組織や団体との連携に取組むようになった。外部の組織との連携が実を結んだのは，橘銀座商店街・早稲田大学・墨田区役所・東京東信用金庫との4者連携事業であった。4者連携の会議の中で，東京東信用金庫がお客様アンケートを取るといった提案があった。当時，橘銀座商店街も来街者にアンケートを取り，ニーズを汲み取ろうとする動きは存在していたが，東京東信用金庫が取るアンケートは商店街が来街者向けに行うアンケートとは全く違うものであった。それは，アンケート項目が「橘銀座商店街を知っていますか？」という項目から始まることからも分かる。商店街が取るアンケートは，橘銀座商店街に来街したお客様から取っていたので，こうした視点は全くなく，地域を小さく見ていたことに気付かされた。

アンケート結果は商店街に危機感を抱かせるのに十分な結果となった。商店街内部では，商圏内だと考えていた地域に居住する住民にも当商店街が認知されていないことや，普段は聞くことができない不満が数多く寄せられたのである。

こうした問題にどう取り組むかという会議の中で，早稲田大学の学生の意見をヒントとして，商店街でも取り組める「笑顔」を取組のコンセプトにした事業を実施することとなった。

連携事業の具体的な成果として，東京東信用金庫や墨田区の協力のもと，橘銀座商店街の個店の経営者たちの笑顔を写真に撮り，ポスターを作成した。

商店街組織の外部の人々と連携することによって，商店街のメンバーだけで話し合っている時とは，全く違う発想で事業を進めていくことが可能となった。この事業をきっかけとして，外部との連携事業を積極的に進めていくことにな

写真11—3 「笑顔のポスター」(左) と「キューピッドガールズ」(右)。

った。

3 橘銀座商店街での取組 (2007 ～ 2016 年まで)

(1) 地域の劇団との連携

　現在も続いている商店街外部の組織との連携の一例として，キューピッドガールズの活動がある。2011 年，墨田区で活動しているシアターキューブリックという劇団が地域の銭湯を使って演劇を行い，演劇が終わった後には近隣の商店街等で街歩きをする，という活動に取り組んでいた。こうした活動を行っている中で，橘銀座商店街にも訪れ，交流をする中で彼らからより活動を広げたい，という相談を受けた。

　当時，墨田区は「墨田区商店街活性化に関する条例」(通称：商店街加入促進条例) が制定され，筆者の大和が導入委員を務めていた墨田区商店街加入促進条例大会で，テーマとして「地域に商店街は必要だ」という内容を盛り込んだ30 分の演劇をシアターキューブリックに依頼した。この演劇の評判が良かったため，橘銀座商店街でも演じることを依頼した結果，現在でも毎週末にキューピッドガールズとして演劇を行っている。

（2） 大学との連携

筆者（大和）が 60 歳を迎えたことを機に，自店の「肌着の大和」の閉店を決意した。2013 年 1 月に閉店後，橘銀座商店街の事務局長に就任した。

事務局長に就任し，自分が商店主として商店街活動を行っていた頃に悩んでいた，マンパワー不足や継続性の問題を解消することが活動のテーマとなった。また，新たな課題には，新たな住民を商店街のお客様として取り込む，という課題も加わった。こうした課題は，外部との連携を進めていくことによって解消できると考えた[14]。

具現化した取り組みの一例として，千葉商科大学との連携事業「つまみぐいウォーク」がある。千葉商科大学との連携活動「つまみぐいウォーク」は，日曜日に営業する個店を増やすきっかけを作るという課題に取り組んでいる。

橘銀座商店街の最寄り駅である東武曳舟駅は，再開発エリアでありマンション等の建設が進んでおり，新しい住民の方々が増加している地域である。新たな住民の方々は子育て世代が多いため，惣菜店等が多い当商店街としてはターゲットとして取り込みたいお客様の層であった。一方で，現在の子育て世代は昔とはライフスタイルが異なっており，休日に家族で買い物を楽しむという方が多い。そのため，新しい住民をターゲットとするならば，土曜日と日曜日の営業を行うことが非常に重要となるが，当商店街の店舗は日曜日の営業を行わない店舗が多い，という課題を持っていた。

「日曜日に営業すれば売れる」という意識を商店主に持たせることが，日曜日営業店を増やすという課題に対しては有効と考え，日曜日に実施する新たなイベントを立ち上げることとなった。しかし，日曜日に通常営業すら行っていない商店街に対して，新たに単独で日曜日イベントの立上げを打診しても，実現は難しい。従前から悩まされているマンパワー不足によって，新たな事業を実施する人的余裕がないからだ。こうした課題について，従前よりプライベートな交流があった千葉商科大学の故毒島龍一教授に相談していた[15]。会議を重ねた結果，イベント運営を大学ゼミが行う商店街イベント「つまみぐいウォーク」を実施する運びになった。

このイベントは，イベント実施前に商店街事務局が 1 枚 100 円のチケット 6 枚綴りを 500 円でお客様に販売し，お客様は個店で使用する。個店は，チケット 1〜2 枚の範囲内で商品を用意してお客様に販売し，受け取ったチケットを商店街事務局で現金に換金する。その際に事務局は手数料を個店から徴収する，

という仕組みで運営しており，100円商店街やまちバル，まちゼミといった3種の神器と言われるイベント事業の要素を採り入れた内容になった。ただし，イベントのすべてをそのまま取り入れるのではなく，参考にして橘銀座商店街の身丈に合った形で実施することができた。

　このイベントは，商店街事務局も収益を上げることができる。更に，イベントの広告チラシ作成は大学生が行い，イベント当日の準備・運営も大学生が行うので，商店主たちは自店の経営に集中することができるイベントとなっている。商店主の負担を軽減しつつも，イベントを実施することができるようになり，大学側にはゼミナールで取り組む体制を構築したことによって継続性についてもある程度担保することができた。来街者アンケートの結果，お客様の反応は良好である。また，この日の来街者の年代は平日とは違って，30代40代の子育て世代のお客様が多く来街しており，狙い通りの結果となった。この千葉商科大学との連携事業のようなスタイルで実施するイベント事業は，これからの商店街運営に重要な役割を果たすと考えている。また，学生にとっては実学を学ぶ場として商店街を活用することで，双方にメリットがある関係づくりを大事に取り組んでいる。

4　まとめとして

（1）　橘銀座商店街の今後

　現在，橘銀座商店街は，空き地となっているスーパーの跡地に，再びスーパーを誘致している。商店街に足りない品物を補完することができ，個店の休みが多い日曜日も営業を行うなど，商店街全体の利便性を高めるためキーテナントとして大きな役割を果たすことが期待できるからである。商店街を商業集積として考えた場合，顧客の利便性等は確実に高まり集客にも寄与すると考えられるが，スーパーと競合する店舗からは反対の声が上がる。こうした反対があっても合意形成を図って事業を進めていくためには，多様な意見を束ねるリーダーの存在が必須となる。また，現在の空き店舗問題にしてもオーナーとの調整等に手間がかかる等リーダーがいなくては合意形成が進まない事業を商店街は数多く抱えている。

　リーダーは反対の声と対峙して束ねていかねばならないため，孤独になりがちである。そこで相談ができる人材が必要となる。商店街事務局もリーダーを支える主体であるが，事務局を持たない商店街も依然として多い。そうした場

合に，行政や支援機関が今後そうした役割を積極的に担うことに期待したい。その一方で大和が開設した「すみだ笑人ソサエティ」は，経営者だけでなく，自治体支援機関，金融機関，大学教授など様々な人の勉強会がある。これが大和の大きな相談できる場となっている。

現在の商店街は変革期にある。橘銀座商店街についても，建物の老朽化，経営者の高齢化及び商店街理事・役員の高齢化が顕著となっている。橘銀座商店街は長年継続してきたことが評価され2013年度には経済産業省の「がんばる商店街30選」に東京都で唯一選出され，一定の評価を得ているが，良い部分は継続しながらも見直しを図っていくべき時期に来ていると考えている。今後は，個店の売上を作るために来街者から来店客への仕組み作りが必要となる。

個店の売上につながる商店街活動を実施するには消費者目線を最も大切にしなければならない。近隣型商店街である橘銀座商店街は，地域の買い物インフラ，生活インフラを守ることで地域から買物難民，買物弱者を出してはいけないということを肝に銘じて今後の商店街事業を実施していくことが重要だと考えている。

また，外部団体との連携事業強化と連携を継続させるための仕組み作りに取り組んでいくことが必要である。長期にわたる問題である日曜日営業も千葉商科大学の力を借りて実施している「つまみぐいウォーク」以外の日曜日は問題解決には至っていない。連携事業によって，改善していくきっかけを得たが，商店街や地域の課題解決には商店街の経営者が本気になって取り組んでいかなければ難しいのである。こうした課題への取組が今後の課題となる。

（2）商店街活動の要としてのリーダー

大和の事例では，商店街初期の商店街活動は，共同事業の実施によって更に売上を伸ばしていくため自己組織化が始まったこと，中期はそうした共同事業の継続が高齢化や後継者不足といった商店街の問題により難しくなったこと，後期はそうした商店街の問題を克服するために外部との連携を進めていったことが確認できる。また，大和の商店街活動の変遷は，行政の支援政策の流れとも一致する。

現在，親しみをもって商店街で買物をしていた年代の消費者は高齢化が進み70～80代になった。また，経営者も同じように年齢を重ねて，商店街の高齢化や後継者不足は現在の商店街の課題の1つとなっている。こうした課題に対

して真摯に向き合い，若い年代の消費者の取り込みや，魅力的な個店づくりをしていかなければ，商店街が存在できなくなることは明白である。

今まで商店街が実施してきたイベント事業やハード整備事業といった共同化活動も重要であるが，商店街は個店の集合体であるという認識を再認識して，個店経営力向上のための自助努力を基本として商店街活動を進めていかなくてはならない。商店街活性化の基礎は，個店の経営力にある。この点を踏まえれば，今後の商店街活動や商店街支援は，やる気がある個店の経営力向上に資する取組や，そういった経営者だけを束ねてスピード感をもって共同事業ができる体制を整えることが重要である。

商店街は一国一城の主の集まりであり，商店街を形成している一店一店の経営者すべてが同じ方向に向くことはない。横社会の商店街を大まかでも目的意識と危機意識を共有したいが難しいのが現状である。やる気がない経営者がいたとしても，その経営者の経営方針に口を出すことは難しく，全員が足並みを揃えて取り組むことは現実的には不可能であると考えられる。

大型店であれば，売上が不振・不調な部門があれば変更や改善を実施できるのに対して，商店街はクレームが多かったり，商店街活動に消極的であったりする個店に対して強制力のある命令を行うことはできず，お願いをして自主的に改善することを待つよりほかない。これは商店街組織が持つ特徴であり，商店街活動の難しさの根底には，必ずこの問題が背景として存在する。これまでの商店街活動は，こうした条件を所与のものとして受け入れ推進してきた。これからも，この条件は不変であり前提として進めていかなくてはならない。

こうした前提条件の中で事業を推進していくためには，商店街メンバー全員でなくてもやる気のある店舗を見つけ，束ねて実行するリーダーが必要である。活気がある商店街には必ずリーダーがいる。商業振興施策は，顧客のニーズの変化や競争環境の変化によって商業の高度化であったり観光対応であったりとテーマが変わることがあるが，地域活性化のためには地域内リーダーが必要であるという点は不変である。

墨田区の商業振興施策の中には，人材育成とネットワーク化を目指す取組が必ず組み込まれていた。筆者の大和もこの人材育成施策が墨田区内外にさまざまなネットワークを得るきっかけとなった。ただし，その育成には長い期間が必要だ。さらに，今後の商店街活性化に必要な人材は，商店街内部だけではなく，行政，中間支援組織，大学など，多様な主体と商店街のインターフェイスとな

ることが求められる。これからも人との関係を大切にする活動をしていきたい。

注

1) 福田敦 (1998)。
2) 田中道雄 (1983)。
3) 小川雅人 (2011) 参照のこと。
4) 石原武政 (2006) 参照のこと。
5) 墨田区 (1987) 163ページ。
6) 墨田区副区長高野祐次氏に確認 (2017年3月21日)。高野氏は当時の産業政策立案時の担当者の1人。
7) 小川雅人 (2010) 204～206ページに詳しい。
8) 墨田区 (1987) 157～166ページ。
9) 墨田区 (1990)。
10) 墨田区 (1995)。
11) 墨田区 (2002)。
12) 現在は「e-すみだ電子商店街」へ名称変更。
13) 墨田区 (2007)。
14) 毒島龍一 (2008), 望月照彦, 毒島龍一 (1994) 参照のこと。
15) 毒島教授が急逝された後は, 小川雅人客員教授のゼミに引き継がれ, すでに11回のつまみぐいウォークが実施されている。

参考資料

石原武政 (2006)『小売業の外部性とまちづくり』有斐閣。
小川雅人 (2010)『地域小売商業の再生とまちづくり』創風社。
小川雅人 (2011)『地域における商店街の経済的機能・社会的機能の見直しと商店街組織の連携のあり方』千葉商科大学大学人博士課程博士論文。
小川雅人 (2013)『持続性あるまちづくり』創風社。
墨田区 (1987)『イーストサイド 工房ネットワーク都市の構図』墨田区商工対策室産業経済課。
———— (1988)『地域産業活性化のための政策プログラム——墨田区工業振興マスタープラン——』墨田区商工対策室産業経済課。
———— (1990)『墨田区地区別商業振興ビジョン 川の手楽市SKIPPN』墨田区商工対策室産業経済課。

―――(1995)『墨田区産業振興プラン――「工房文化の都市」をめざして』墨田区商工部産業経済課。

―――(2002)『墨田区商店街振興プラン』墨田区地域振興部商工担当産業経済課。

―――(2003)『墨田区工業振興マスタープラン 中小企業のまちすみだ新生プラン――歴史があるまち 明日があるまち 希望と勇気があるまち――』墨田区地域振興部商工担当産業経済課。

―――(2007)『商業活性化すみだプログラム』墨田区地域振興部商工担当産業経済課。

―――(2013)『Stay Fab――楽しくあれ！――墨田区産業振興マスタープラン』墨田区産業観光部産業経済課。

田中道雄(1983)「小売流通段階における経営者意識の現状と動向――経営的無気力と組織間関係理論からの接近――」『経済経営論集』京都産業大学経営学会。

福田敦(1998)『商店街のレーゾンデートルとポテンシャル――CSVパースペクティブによる議論――』。

毒島龍一(2008)「商学連携の意義と課題」福田敦・毒島龍一・小川雅人『地域小売商業革新の時代』創風社。

望月照彦・毒島龍一(1994)『商業集積の戦略と診断』同友館。

(大和　和道)

終　章　今日の商店街とまちづくり政策の限界と方向
―― 商店街機能強化のための政策と実践活動の決意 ――

第1節　国のまちづくり政策の現状と課題

　1998年にまちづくり三法が制定されてからほぼ20年になる。この間中心市街地活性化法に基づく，国交省都市局によると中心市街地活性化基本計画は690地区で作成された。国が自ら認めているように「昼間人口の減少，公共公益施設の移転や郊外大型店の立地といった原因により衰退が進んでいるのが現状であった」[1]。その理由について国は明確にはしていないが，2004年9月に総務省から行政評価・監察結果に基づき「基本計画の見直し，基本計画の的確な評価等の改善が必要であるとの勧告がなされた」[2]。結果として都市計画法，中心市街地活性化法が改正された。2006年5月31日には都市計画法が，同年6月7日（公布）には中心市街地活性化法が改正された。さらにこの中心市街地活性化法は政府の「日本再興戦略」[3]に定められた「コンパクトシティの実現」[4]に向け，中心市街地への来訪者の増加，中心市街地活性化のための商業活性化のために事業認定や道路占用許可の特例などを盛り込んで，中心市街地活性化法はさらに改正され，2014年4月25日に公布し，7月3日に施行された[5]。

　国の指摘にもあるように，まちづくり三法は，中心市街地活性化法の改正を繰り返して20年経っても思うような効果が上がらなかった。最新の改正ではコンパクトシティを実現することが最大の狙いであることは前記したとおりである。しかし，これまで多くの市町村でまちづくり三法の支援でコンパクトシティを目指したが成功した都市はほとんどなかったのは事実である。国は，効果が上がらなかった理由について人口減少や郊外の大型店の出店などを理由にあげているが，もっと重要なのは経済拡大期の都市政策を転換できなかったことである。旧法で郊外への広域展開を推進してきた結果である。この状況になっての国の危機感は理解できるが，既に郊外の住宅団地や大型店，公共施設などが整備され，郊外の生活圏域ができあがった都市などが，これまで以上の補助金や税制優遇策などで効果が上がるかは疑問といわざるを得ない。例えば計画認定後の実施期間を原則5年間としていることは変わらない。高度成長期か

ら30〜40年の期間を経て拡大した都市圏を短期間で再興できるであろうか。『日本経済新聞』も「コンパクトシティは1990年代から何度も試みられたが，行政のかけ声だけで集約が進まなかった」（2017年3月4日付）と今回の国のかけ声を危惧している。

　国の都市再生特別法に基づく立地適正化計画の主な内容は居住，医療，福祉，商業，交通等都市機能についての立地計画を支援するスキームとなっているが，実効性に疑問なしとしない。民間の力を活用するとしているが，これまでの支援スキームと何か変わったのか明確ではない。依然として都市計画や建物などのハード整備優先の支援内容は変わらず，地域の商店や商店街の視点はどこまであるか不明である。また，中心市街地活性化法も基本計画を策定に関わる中心市街地活性化協議会にも大きな違いはない。イギリスのTCM（タウンセンターマネジメント）[6]とは基本的に異なるものである。大規模小売店舗立地法でもその対象となるのは小売店だけで，如何に面積が大きくともサービス業，飲食業は対象ではない。小売店でも家具店・ホームセンター等はスーパーなどの顧客数が多いところより駐車台数の軽減が例外として認められる。しかし，業態は不変でなく，変化することは考慮されないのである。地元商店街などの経営的な影響は審査対象外である。

　地域商業は生活密着の近隣性で成り立っている。既存の中小小売店全てが顧客に向けた経営を展開しているとはいえない。自らの顧客に求める価値を提供するというマーケティングの欠如した店が多いのも事実である。しかし，高齢社会で買物難民さらに拡大する現状の中で既存の中小小売店が存続し，地域で営業を継続してもらうことが，仮に国がコンパクトシティを志向するなら大きな助けとなるはずである。1998年に中小企業基本法が抜本的に変わり，国，自治体による中小企業診断制度が廃止された。それに伴い個別の店舗，商店街に無料で相談・診断を受けることができなくなった（ただし，他機関への委託による有料の診断を実施している自治体もある）。コンパクトシティができても商店街がなくなった地域で，買物難民は日常的な買い物はどこでするのであろうか。全てのところでコンビニの宅配や移動店舗などができるわけではない。

第2節　自治体の地域商業支援の実態と課題

　自治体の商店・商店街支援についても見てみたい。自治体の支援は商店街の特定機能を支援することで，組織がまとまり，経営が改善され，活性化する（商店街自己組織化）と思っていたからである。すなわち，イベント補助，街路灯施設運営補助など，補助金による支援がほとんどである。経済が拡大成長している間は，商店街の課題として大きくは表面化しなかっただけである。石原（2011）も指摘するように「新たな公共的支援」[7]を考えなければならない時代である。結論の一つとして提案するように国や自治体の商店街機能の総合的支援が必要である。具体的には商店街機能を総合的・融合的に発揮するために商店街が地域社会の他の組織とネットワークを形成する支援が重要である。特に，商店街活動の自立化と商店街メンバーの意識改革を促進する支援は必要である。また，商店街の機能発揮には地域社会のプラットフォームになることの支援が効果的である。

　自治体の支援は直接事業者と接することが多く，補助金による支援が多くならざる得ないことは理解できる。しかし，自治体は政策実行の役割が大きい。各自治体の行政範囲内の商業者をどのような方向に進むべきかを明確なビジョンを持たねばならない。まだ多くの自治体で見られる補助金でのイベントや販売促進は，補助金支出期間が済めばそれで終わりになってしまうことが多い。商店街にとって商店街活動は公的な色彩は強いものの，結果として商店街活性化は各店舗の売上増加につながるのである。商店街活動に参加するのは「ボランティア」感覚の人も見られるが，商店街活性化は自分の経営に効果が上がる経営そのものと見ることが必要なのである。仮にイベントが賑わっても自店の売り上げが増えないとすれば，自身の経営の問題と認識しなければならない。もう一つの視点として商店街活性化のための支援は，頑張る個別店舗の支援が必要という認識となれば，商店街は何かということを再考する必要が出てくるのではないだろうか。全国の自治体で市・区の商店街連合会の組織がある。それらの多くは商店街組織として一定地域内で商店が連担している集まりを商店街呼んでいるのであろう。個店支援が意味を持ってくるとなると地域的一体性で商店街とみることに拘泥する必要はないであろう。すなわち同じ自治体内であれば意欲ある商店の集まりを商店街（必ずしも商店街と呼ぶ必要はないが）

として支援対象することも意義があるのではないか。東京都墨田区では墨田区商店街連合会の正式会員として「e-すみだ電子商店街」というバーチャルモールを商店街連合会の会員として支援対象としている。区内で意欲あり地域の中で経営努力して影響力を持つことで商業全体に好影響が出てくるといえる。

第3節　商店街支援についての本書の狙い

　本書は，ほとんどの執筆者が国家資格の中小企業診断士の資格を持つ人や同診断士の養成をしている大学教員などの研究者である。本書執筆者は，普段から経営や商店街などの現場についての見聞を経営者や大学教員，中小企業診断士などのメンバーで研究会を持ち情報の共有化を図っている。特に商店街の現場を重視しており，時に商店街のイベントに協力し，商店街役員との交流会を持っている。その最たるところを本書の事例として取り上げている，墨田区向島橘銀座商店街である。前記した墨田区の商業振興スクールの発展した形態で第11章を担当した大和氏をトップとして「すみだ笑人ソサイエティ」という人材育成を兼ねた研究会をこの商店街で開催している。

　この人材育成を兼ねている研究会はなぜ商店街を重視しているかといえば，中小企業診断士の資格を持つ専門家も個別店舗の経営には詳しくとも商店街についてはほとんど専門的知識や経験はない。現場の商店街では商店街の分かる専門家が今必要とされている。この意義はこれからもっと必要になってくると信じている。

　本書は，商店街の活性化のために商店街のあり方だけでなく，国や自治体の商店街の支援のあり方についても考えてきた。

　前記したように墨田区は，立地の共通性による商店街ではないバーチャルモールの商業者のグループも区の商店街連合会の正式会員としている数少ない例である。商店街の支援を考えるとき，自治体や中間支援組織の商店街支援は対象となる商店街は立地の共通性だけで見られなくなっているのである。すなわち商店街活動は，会員全体の賛成があることはあり得ないといってよい。全体の賛成を前提とした支援は既に機能しないのである。商店街自己組織化の中で説明したように，意欲があり，危機感を持つ経営者が率先して商店街活動をすることが必要なのである。既にいくつかの都市で実施しているように，商店街全体の支援でなく意欲ある個店の支援を自治体は商店街支援として実施するこ

とが期待されるのである。地域の中で消費者から支持され，頑張る店が増えることでその影響が他の店にもおよぶのである。商店街活性化の最も有効な支援策といえよう。強調しておきたいのは，商店街活性化支援には，個店活性化支援が前提でなくてはならない。かつて国の支援のもと各自治体が公的役割で行っていた商店街診断が制度ではなくなり商店街の課題や方向性を確認する機会がほとんどなくなったことで，商業者と自治体が大きく乖離する結果となった。

最後に，本書の第1章，第2章，第3章は，編著者である小川の博士論文の一部を修正したものである。博士論文の審査には，委員長の小栗幸夫先生をはじめ，伊藤公一先生，影山僖一先生，懸田豊先生には大変お世話になったことを付記し，お礼の気持ちを表明しておきたい。

本書が全国の商店街活性化に取り組んでいる関係各位のヒントとなれば執筆者一同この上ない喜びである。

（小川　雅人）

注

1）国土交通省都市局まちづくり推進課（2016）ページ。
2）同上。
3）内閣府「日本再興戦略2016」2016年6月7日戦議決定されました（平成28年6月2日）。
4）日本再興戦略を受けた都市再生特別措置法の立地適正化計画で「多極ネットワーク型コンパクトシティ」を位置づけている。
5）本章では中心市街地活性化法は，ことわりのない限りこの改正法をいう。
6）小川雅人（2010）63ページ。
7）石原武政（2011）49ページ。

参考文献

石原武政（2011）「小売業から見た買い物難民」『都市計画』294 25, Dec. 2011 Vol. 60／No. 6.
小川雅人（2010）『地域小売商業の再生とまちづくり』創風社。
国土交通省都市局まちづくり推進課（2016）『中心市街地活性化ハンドブック』。
内閣府「日本再興戦略2016」2016年6月7日。

執筆者略歴

　小　川　　雅　人（おがわ　まさと）
　担当：編集・執筆　序章，第 1 章，第 2 章，第 3 章，終章
　1947 年　北海道生まれ。東京経済大学経営学部卒業。千葉商科大学大学院政策研究科博士課程単位取得退学。博士（政策研究）。現在，千葉商科大学商学研究科客員教授，神奈川県大規模小売店舗立地審議会副会長他。
　東京都商工指導所，東京都産業政策部，福井県立大学教授を歴任。主な外部役職として福井県大規模小売店舗立地審議会会長，中小企業基盤整備機構中心市街地活性化サポートマネージャー等を歴任。
　主著：『新版・現代の中小企業』創風社（共著），『現代の商店街活性化戦略』創風社（共著）（商工総合研究所中小企業研究奨励賞受賞），『現代のマーケティング戦略』創風社（共著），『地域商業革新の時代』創風社（共著），『地域中小小売業の再生とまちづくり』創風社（単著），『持続性あるまちづくり』創風社（共著），『地域再生と文系産学連携』同友館（共著），他多数。

　菊　池　　宏　之（きくち　ひろゆき）
　担当：第 4 章
　1958 年，茨城県生まれ。現在　東洋大学経営学部マーケティング学科教授。博士（学術）　流通政策研究所常務理事，（公財）流通経済研究所客員主任研究員，目白大学経営学部教授を経て今日に至る。
　主著・主論文：『フードシステム革新のニューウエーブ』日本評論社（共著），『フードチェーンと地域再生』日本農林統計協会（共著），『製配販をめぐる対抗と協調』白桃書房（共著），『現代マーケティング入門』同文舘（編著）他多数。

　大　熊　　省　三（おおくま　しょうぞう）
　担当：第 5 章
　1959 年東京都生まれ　横浜国立大学大学院環境情報学府　博士課程後期修了。博士（技術経営），日本キャリア開発協会認定 CDA。　現在　関西学院大学准教授。
　主著：『持続性あるまちづくり』創風社（共著），『21 世紀中小企業の発展過程——学習・連携・承継・革新——』同友館（共著），『地域商業（商店街）活性化事業における実証研究』全日本能率連盟（単著）（経済産業省経済産業局長賞受賞）他。

古望　高芳（こもう たかよし）
担当：第6章

1957年，静岡県生まれ。早稲田大学商学部卒。千葉商科大学大学院商学研究科修士課程修了。松下電器産業（株）（現パナソニック（株））に入社し，主に自動車メーカーOEM営業を担当し，中部営業所所長などの職歴を経る。「松下幸之助経営理念実践伝道師」資格（社内資格）を持ち，社内人材を育成する役割を兼務。中小企業診断士。

青木　靖喜（あおき やすよし）
担当：第7章

1956年，福岡県小倉生まれ。商学修士，千葉商科大学非常勤講師，中小企業診断士。シニア・ワインエキスパート，チーズプロフェッショナル。関西大学卒業後，日本通運（株）入社。米国駐在，欧州・ロシア・トルコ・南米への長期出張時に小さな町・村が多いことに刺激を受け，我が国の資産である歴史・価値を発信している中小企業や地方の活性化の一助となるため千葉商科大学大学院・中小企業診断士養成コースで実践を学んだ。

柳澤　智生（やなぎさわ ともお）
担当：第8章

1971年静岡県生まれ。東京都出身。2000年に長野県移住。

経歴：明治大学商学部商学科卒業，千葉商科大学大学院修了。CVSのスーパーバイザー，信用調査会社の調査員に従事。現在は，ヤナギサワトモオ経営サポート代表。

資格：中小企業診断士，与信管理士

三浦　達（みうら とおる）
担当：第9章

1978年宮城県生まれ。現在，神奈川県産業労働局産業部金融課に所属。首都大学東京大学院社会科学研究科経営学専攻及び千葉商科大学大学院商学修士課程を修了，中小企業診断士。2004年に神奈川県庁に入庁後，土木や教育，商業振興等の分野を経て現在に至る。

池田　智史（いけだ さとし）
担当：第10章、第11章

1986年，東京都生まれ。中央大学商学部卒業，千葉商科大学大学院修了。現在，中小企業診断士，千葉商科大学非常勤講師・外部講師，株式会社Ludius取締役。大学院修了後，中小企業支援に携わる。

大 和　和 道（おおわ　かずみち）

担当：第 11 章

1953 年東京都産まれ。墨田区向島橘銀座商店街で商店経営の傍ら，商店街役員として商店街運営に携わり，国，自治体の各種委員会等の委員を歴任。全国での商店街運営などの講演会等を数多く担い，商店街運営のカリスマとして活躍。商店経営後は商店街事務局長として商店街運営の要としての役割を果たしている。千葉商科大学大学院客員教授を兼務。2012 年度　第 8 回東京商店街グランプリ個人の部受賞。

商店街機能とまちづくり
──地域社会の持続ある発展に向けて──

2017年4月5日　第1版第1刷印刷	編著者　小川　雅人
2017年4月15日　第1版第1刷発行	発行者　千田　顯史

〒113─0033　東京都文京区本郷4丁目17─2

発行所　　（株）創風社　電話（03）3818─4161　FAX（03）3818─4173
　　　　　　　　　　　振替 00120─1─129648
　　　　　　　　http://www.soufusha.co.jp

落丁本・乱丁本はおとりかえいたします　　　　　　印刷・製本　光陽メディア

ISBN978─4─88352─237─8